O PRINCÍPIO DO PROGRESSO

Teresa Amabile
Steven Kramer

O PRINCÍPIO DO PROGRESSO

Como usar pequenas vitórias
para estimular satisfação, empenho
e criatividade no trabalho

Tradução de
ANA DEIRÓ

Título original
THE PROGRESS PRINCIPLE
Using Small Wins to Ignite Joy, Engagement,
and Creativity at Work

Copyright © 2011 *by* Teresa M. Amabile e Steven J. Kramer.
Todos os direitos reservados.

Nenhuma parte desta obra pode ser reproduzida ou transmitida por qualquer forma ou meio eletrônico ou mecânico, inclusive fotocópia, gravação ou sistema de armazenagem e recuperação de informação, sem a permissão escrita da Harvard School Publishing, 60 Harvard Way, Boston, Massachusetts 021663.
e-mail: Permissions2@harvardbusiness.org

Edição brasileira publicada mediante acordo com a
Harvard Business Review Press.

Direitos para a língua portuguesa reservados
com exclusividade para o Brasil à
EDITORA ROCCO LTDA.
Av. Presidente Wilson, 231 – 8º andar
20030-021 – Rio de Janeiro – RJ
Tel.: (21) 3525-2000 – Fax: (21) 3525-2001
rocco@rocco.com.br
www.rocco.com.br

Printed in Brazil/Impresso no Brasil

revisão técnica:
NIVALDO MONTINGELLI JR.

preparação de originais
VILMA HOMERO

CIP-Brasil. Catalogação na fonte.
Sindicato Nacional dos Editores de Livros, RJ.

A488p Amabile, Teresa
  O princípio do progresso: como usar pequenas vitórias para estimular satisfação, empenho e criatividade no trabalho / Teresa Amabile, Steven Kramer; tradução de Ana Deiró; revisão técnica de Nivaldo Montingelli Jr. – Rio de Janeiro: Rocco, 2013.
  16x23cm

  Tradução de: The progress principle: using small wins to ignite joy, engagement, and creativity at work
  ISBN 978-85-325-2861-2

  1. Administração de pessoal. 2. Cultura organizacional. 3. Criatividade nos negócios. 4. Liderança. 5. Pensamento criativo. I. Kramer, Steven. II. Título.

13-02737

CDD–658.3
CDU–005.95/.96

Aos nossos pais,
Charles M. Amabile e ***Louis S. Kramer***,
para quem ganhar a vida era importante,
mas ter uma vida era o verdadeiro objetivo.

E para nossas mães,
Carmela C. Amabile e ***Manja Kramer***,
que criaram essa vida com eles e para nós.

Juntos, eles nos ensinaram a dar valor ao progresso e a nunca nos esquecermos das pessoas que estão por trás dele.

Sumário

Introdução 9
1. Cenas da trincheira organizacional 19
2. A dinâmica da vida interior no trabalho 35
3. O efeito da vida interior no trabalho: como a vida interior no trabalho impulsiona o desempenho 51
4. Descobrindo o princípio do progresso 75
5. O princípio do progresso: o poder da realização significativa 93
6. O fator catalisador: o poder do apoio ao projeto 107
7. O fator de nutrição: o poder do apoio interpessoal 135
8. Ao final do dia 161
9. Como cuidar de sua própria vida interior no trabalho 185

Apêndice: Sobre a pesquisa 195
Notas 225
Agradecimentos 253

Introdução

Em 2008, o Google realizou um feito raro entre empresas de qualquer área, de qualquer ramo da indústria. Posicionado com base nas gloriosas fileiras das cinco empresas mais admiradas da América pela revista *Fortune,* o Google também se classificou entre as cinco primeiras empresas da lista para as quais é melhor trabalhar. Milhões de pessoas ao redor do mundo usam a ferramenta de busca do Google, e suas receitas de publicidade alcançaram um patamar de lucro espantoso. O quartel-general da empresa, em Mountain View, na Califórnia, adquiriu um status quase mítico, induzindo muitos observadores da área de negócios a presumir que regalias monumentais estimulavam o desempenho extraordinário dos funcionários.

Relatos da mídia faziam com que a potência econômica da internet, com 10 anos de idade, parecesse um paraíso dos funcionários, mesmo baseada numa riqueza fabulosa. *Chefs* de renome mundial serviam três refeições gratuitas por dia, nos vários cafés espalhados pelas duas dúzias de prédios que compõem o campus da Google. Ônibus de hora em hora com acesso wi-fi transportavam gratuitamente os funcionários no percurso entre Mountain Valley e San Francisco. Jogos de pingue-pongue animavam a rotina dos dias de trabalho, cachorros acompanhavam seus donos e o ginásio esportivo gratuito e ultramoderno nunca fechava as portas. Como poderiam outras empresas aspirar a este duplo nirvana de sucesso nos negócios e deleite dos funcionários?

Nossa pesquisa mostra como. E o segredo não é alimentação gratuita nem instalações desportivas. O segredo é criar condições para a existência de uma maravilhosa *vida interior no trabalho* – as condições que fomentam emoções positivas, forte motivação interna e percepção favorável dos colegas e do trabalho em si. Uma maravilhosa vida interior no trabalho tem a ver com o *trabalho,* não com benefícios e acessórios. Ela começa por dar às pessoas algo significativo para realizar, como a missão do Google de "organizar as informações do mundo e torná-las universalmente acessíveis e úteis". Exige oferecer metas claras, autonomia, ajuda e recursos – aquilo de que as pessoas precisam para fazer progresso real em seu trabalho diário. E depende de mostrar respeito por ideias e pelas pessoas que as criam.

Como Larry Page e Sergey Brin, fundadores do Google, disseram durante os mágicos anos iniciais da empresa, "pessoas de talento são atraídas para o Google porque lhes damos poder para mudar o mundo; o Google tem grandes recursos computacionais e de distribuição que permitem aos indivíduos fazer diferença. Nosso principal benefício é um ambiente de trabalho no qual os funcionários podem contribuir e crescer".[1] Em outras palavras, o segredo de um desempenho assombroso é dar condições e poder a pessoas talentosas para que obtenham sucesso em realizar um trabalho significativo.

Este livro revela exatamente o que isso significa – para qualquer empresa. Escrevemos o livro para líderes e aspirantes a líderes, curiosos sobre a vida interior do trabalho e sobre o que podem fazer, no dia a dia, para apoiar e estimular o tipo de vida interior que resulta em desempenho extraordinário – uma vida interior marcada por alegria, profundo engajamento no trabalho e o estímulo para buscar a criatividade. Incorporamos e expandimos muito nossos escritos anteriores sobre essas questões na *Harvard Business Review* ("Criatividade na mira da arma", "Vida interior no trabalho" e "Ideias revolucionárias para 2010: 1: O que realmente motiva os funcionários").[2]

Com base em mais de 30 anos de pesquisa, o presente livro tem como foco um estudo recente que examinou em profundidade sete empresas, rastreando os eventos do dia a dia que impeliam a vida interior de seus funcionários. Embora não tenhamos estudado o Google, incluímos uma empresa que alcançou um sucesso comparável ao dele, reinando no topo de seu ramo de negócios ao longo de anos e criando funcionários altamente motivados, com orgulho de seu trabalho e entusiasmo pela empresa. Outra dessas empresas marcou o ponto baixo de nosso estudo; consistentemente frustrados em seu trabalho e desgostosos com a organização para a qual trabalhavam, seus funcionários se desesperavam enquanto viam o destino da empresa soçobrar, como o *Titanic* afundou nas águas do Atlântico.

Ao longo deste livro, vocês verão muitos exemplos de péssima gestão que poderia causar a falência de empresas. Isso não acontece porque acreditamos que seus administradores sejam maus ou incompetentes, mas porque o trabalho de gerência e administração é ao mesmo tempo difícil e criticamente importante. Valorizamos o trabalho dos bons gerentes, e o nosso objetivo é ajudar os gestores a melhorar, apontando e ressaltando as ciladas ocultas. Quando é bem-feita, a administração pode propelir uma organização em direção ao sucesso, ao mesmo tempo em que ilumina a vida das pessoas que nela trabalham. E quando os administradores conseguem realizar esses dois objetivos, sua vida interior também será beneficiada.

Com muita frequência, nossa cultura e nossas organizações colocam administradores e subordinados em oposição. Testemunho disso é dado pelo enorme sucesso de público, durante a primeira década deste século, do seriado de televisão *The Office* e da tira em quadrinhos *Dilbert*. Mas descobrimos, porém, que se trata de um estereótipo perigoso. No presente livro, vocês também verão bons administradores que transcendem o estereótipo. Líderes assim são cruciais para organizações eficientes porque servem como força positiva, dando apoio à vida interior no trabalho dos funcionários.

O estado da vida interior no trabalho determina o estado da vida da empresa. Descobrimos que as pessoas são mais criativas e produtivas quando estão profundamente engajadas no trabalho, quando se sentem felizes, e quando têm admiração por seus projetos, colegas de trabalho, administradores e empresas. Mas ainda há mais. Quando gozam consistentemente de vida interior no trabalho positiva, elas também são mais dedicadas e têm maior probabilidade de trabalhar bem com seus colegas. Em outras palavras, os benefícios psicológicos para os funcionários se traduzem em benefícios de desempenho para a empresa.

A sabedoria convencional da administração de empresas está completamente desalinhada com a psicologia dos funcionários. Ao fazer uma pesquisa sobre o que motiva os funcionários, entre centenas de administradores ao redor do mundo, ocupando cargos diversos, de chefes executivos a líderes de projeto, obtivemos resultados surpreendentes: 95% desses líderes basicamente compreendiam mal a fonte mais importante de motivação. Nossa pesquisa dentro das empresas revelou que a melhor maneira de motivar pessoas, no dia a dia e ao longo dos dias, é lhes facilitar o *progresso* – mesmo pequenas vitórias. Mas os administradores em nossa pesquisa classificaram "apoiar o progresso" como o último fator motivador de trabalho.[3]

No presente livro, revelamos nossas surpreendentes descobertas e iluminamos o caminho correto para qualquer líder desejoso de obter o máximo de benefícios para seus funcionários e para a empresa.

Revelando a vida interior no trabalho: cenas de 12 mil dias

Nunca tivemos intenção de estudar a vida interior no trabalho. Uma de nós, Teresa, passou 35 anos pesquisando a criatividade em Stanford, Brandeis e Harvard, concentrando-se inicialmente em como o ambiente social – inclusive o ambiente de trabalho – pode influenciar a produção criativa. Na Harvard Business School, este interesse evoluiu para um par de perguntas fundamentais: como surgem ambientes de trabalho positivos e negativos, e como exatamente eles afetam nas pessoas a solução criativa de problemas? Steven, um colega psicólogo que estudava solução de problemas na Universidade da Virginia, Varderbilt e Brandeis, depois de horas de conversa com Teresa, se deixou fascinar por essa mesma questão.

À medida que nos aprofundávamos no tema, nos demos conta de que só poderíamos desvelar o mistério do que realmente afeta a criatividade no ambiente profissional se conhecêssemos e compreendêssemos as histórias humanas por trás da vida interior no trabalho: o que acontece com os pensamentos, sentimentos e motivações das pessoas quando elas tentam solucionar problemas complexos no seio da empresa? Este livro, e o programa de pesquisa por trás dele, resultou de uma confluência dessas questões e de nossa vida pessoal.

Já estamos casados há mais de 20 anos. Durante esses anos, conversamos muitas vezes sobre como nossos pais construíram seus pequenos negócios – negócios que não apenas tiveram sucesso, mas também trouxeram muita alegria e orgulho a seus funcionários. Com frequência, ponderamos sobre como eles conseguiram isso, não só em períodos de bonança econômica, mas também em períodos economicamente ruins. Ficamos consternados ao ver como são poucas as organizações modernas que sustentam ao mesmo tempo desempenho altamente criativo e eficaz e alta satisfação por parte dos funcionários a longo prazo. Nós nos demos conta de que, ao investigar a vida interior no trabalho, também poderíamos descobrir quais são as diferenças entre empresas que conseguem realizar tudo isso e as que, efetivamente, não conseguem.

Para obter respostas, abrimos uma janela para os pensamentos, sentimentos e motivações de funcionários enquanto faziam seu trabalho de todo dia. Passamos anos olhando por essa janela, descobrindo o mundo rico e complexo da vida interior no trabalho, como ela flutua à medida que os eventos no trabalho mudam, e como influencia o desempenho a cada dia.[4] Convidamos os leitores a olhar por esta janela conosco e ver a vida interior cotidiana de funcionários tentando fazer trabalho criativo. Verão como eles percebem e reagem às ações dos administradores, de seus colegas, da organização e até do trabalho propriamente dito. Nosso foco na vida interior no trabalho dos *funcionários*, não dos gestores, tem como objetivo mostrar-lhes algo que normalmente nunca veriam. No último capítulo, completamos o quadro ao nos voltarmos para a vida interior no trabalho dos gestores.

Este livro é fruto de nossa exploração psicológica. Em busca de parceiros para esta empreitada, recrutamos 238 pessoas em 26 equipes de projeto, em sete empresas, de três ramos de negócios. Algumas das empresas eram pequenas empreitadas em fase inicial de atividade; outras eram empresas bem estabelecidas com nomes conhecidos. Mas todas as equipes tinham uma coisa em comum: eram compostas principalmente por trabalhadores com conhecimento, profissionais cujo trabalho exigia que solucionassem problemas complexos criativamente. A maioria das equipes participou de nosso estudo ao longo da trajetória de um projeto em particular – em média, durante cerca de quatro meses. A cada dia de trabalho, enviávamos por e-mail, para toda a equipe, um formulário incluindo várias perguntas sobre aquele dia. A maioria delas pedia uma avaliação numérica de sua vida interior no trabalho – suas percepções, emoções e motivações naquele dia.

A pergunta mais importante permitia a nossos participantes uma resposta livre: "Descreva brevemente um evento do dia de hoje que se destaque em sua mente." O evento tinha que ser relevante para o trabalho de alguma maneira, mas a narrativa diária podia descrever qualquer tipo de acontecimento positivo, negativo ou neutro – desde as ações de administradores e colegas, ao comportamento do próprio funcionário, até algo que tivesse acontecido fora do trabalho. Para maximizar a sinceridade das respostas, prometemos total confidencialidade – que é o motivo pelo qual disfarçamos a identidade de todas as empresas, equipes e pessoas no livro. (Coletamos muito mais informações adicionais além das narrativas diárias. Você poderá encontrar mais detalhes sobre todos os aspectos dessa pesquisa no apêndice.)

Espantosamente, 75% desses formulários via e-mail nos foram devolvidos respondidos em 24 horas, resultando em 12 mil narrativas diárias individuais. Esses diários cotidianos se revelaram uma mina de ouro, dando-nos algo que nenhum pesquisador jamais tivera antes – acesso em tempo real às experiências do dia de trabalho de muitos trabalhadores em variados contextos, durante um longo período de tempo. Várias medidas de desempenho indicaram que alguns deles, e algumas de suas equipes, acabavam se saindo muito bem; algumas se saíam muito mal.

Descobertas da vida interior no trabalho

Os relatos diários revelaram o que fazia diferença. Eram uma vigia mostrando o que muitos administradores, como os capitães daquela empresa tipo *Titanic*, raramente podem ver:

- A vida interior no trabalho é um fenômeno rico e multifacetado.

- A vida interior no trabalho influencia o desempenho das pessoas em quatro dimensões: criatividade, produtividade, compromisso com o trabalho e espírito de coleguismo. Denominamos tudo isso de *o efeito da vida interior no trabalho*.

- A vida interior no trabalho é importante porque, não importa quão brilhante seja a estratégia de uma empresa, sua execução depende de um excelente desempenho por parte das pessoas no seio da organização.

- A vida interior no trabalho é profundamente influenciada pelos eventos que ocorrem todos os dias no ambiente profissional.

- A vida interior no trabalho é profundamente importante para os funcionários. Prova disso é a extraordinária participação dos voluntários em nossa pesquisa, completando o formulário, dia após dia, sem nenhuma outra compensação senão o *insight* que ganhariam sobre si mesmos, sobre seu trabalho e sobre o trabalho de sua equipe.

Além de revelar o quanto essa vida interior é importante para os funcionários – e, portanto, para as empresas –, nossa pesquisa encontrou outra camada mais profunda de significado, dizendo respeito a *eventos que são parte da jornada cotidiana*:

- Três tipos de eventos – que chamamos de os *três chave* – mostram como forças particularmente potentes apoiam a vida interior no trabalho, na seguinte ordem: *progresso* em trabalho significativo; *catalisadores* (eventos que ajudam diretamente o projeto); e *nutridores* (eventos interpessoais que levantam o moral daqueles que trabalham).

- A primazia do progresso entre as três influências-chave na vida interior no trabalho é o que denominamos de *princípio do progresso*: de todos os eventos positivos que influenciam a vida interior no trabalho, o mais poderoso individualmente é o progresso em um trabalho significativo.

- As formas negativas – ou ausências – dos três eventos-chave minam intensamente a vida interior no trabalho: *reveses* no trabalho; *inibidores* (eventos que prejudicam diretamente o trabalho); e *toxinas* (eventos interpessoais que prejudicam aqueles que trabalham).

- Eventos negativos são mais poderosos do que eventos positivos, mesmo com todas as outras circunstâncias se mantendo estáveis.

- Mesmo eventos aparentemente corriqueiros – como pequenas vitórias e pequenos reveses – podem exercer grande influência na vida interior no trabalho.

Dos escritórios e salas de reuniões executivas do mais alto nível aos cubículos do mais baixo nível e laboratórios de pesquisa de todas as empresas, todos os dias se desenrolam eventos que moldam a vida interior no trabalho, guiam o desempenho e determinam o curso da organização.[5]

Relatos da frente de batalha: vida interior no trabalho nas trincheiras

Histórias fascinantes podem ser encontradas nos 12 mil formulários diários que forneceram o trigo a ser moído por nossa moenda de análise estatística. Resultados numéricos, por mais significativos que sejam, não podem contar essas histórias. Em cada capítulo, os apresentaremos às pessoas, equipes e empresas por trás dos números.

O Capítulo 1 oferece os primeiros relances da vida interior no trabalho, à medida que se observa uma empresa de bom nome se encaminhando para um desastre. Você verá os homens e mulheres da equipe de uma renomada fabricante de bens de consumo se esforçarem por inovar à medida que uma nova administração assume o controle de seu programa de desenvolvimento de produto.

No Capítulo 2, vocês observarão os efeitos devastadores da má administração sobre as percepções, emoções e motivações da equipe. Essas cenas ilustrarão o que é vida interior no trabalho e como ela opera. Começarão a ver a força que mesmo pequenos eventos podem exercer sobre a vida interior no trabalho.

O Capítulo 3 apresenta uma equipe de engenheiros de programação servindo clientes internos em um vasto império hoteleiro. À medida que lerem sobre sua alegria ao receber os elogios dos clientes, o desânimo diante da perspectiva iminente de uma tomada de controle e seu desdém pela administração quando as demissões dizimam os quadros da empresa, verão o *efeito da vida interior no trabalho* – como ela influencia todos os aspectos do desempenho individual.

O Capítulo 4 começa com uma virada surpreendente dos eventos para esses engenheiros de programação – um forte incentivo para sua vida interior no trabalho. A história deles lhes mostrará o *princípio do progresso* – a capacidade de direcionar os pensamentos, sentimentos e motivações das pessoas. Vocês verão como os engenheiros de programação precisavam de um projeto maciçamente positivo para tirar suas vidas interiores de trabalho do fundo do riacho poluído de más notícias que os havia engolfado. Análises dos diários de todos os membros da equipe revelarão que progresso em trabalho significativo é a mais importante das três influências positivas na vida interior no trabalho.

O Capítulo 5 revela como funciona o princípio do progresso. Vocês verão por que mesmo pequenos eventos de progresso podem ser tão poderosos – mas também por que reveses têm ainda mais força. De maneira geral, quando se trata de evento influenciando a vida interior no trabalho, o mal é mais forte do que o bem. O Capítulo 5 apresenta as ferramentas mais importantes para alavancar o princípio do progresso e mostra como progresso e vida interior no trabalho podem influenciar um ao outro.

No Capítulo 6, vocês verão a segunda das três influências-chave, o *fator catalisador*. Ele inclui a miríade de maneiras pelas quais gerentes podem apoiar projetos, tais como estabelecer metas claras, permitir autonomia e fornecer recursos suficientes. O capítulo compara duas equipes que diferiam enormemente no apoio que receberam durante a execução de seus projetos. Uma delas, labutando no *Titanic* dos bens de consumo na tentativa de desenvolver um acessório de cozinha inovador, foi prejudicada por uma chefia administrativa indecisa, grupos de suporte organizacional não comunicativos e agendas que competiam entre si. A vida interior no trabalho dos membros dessa equipe estava entre as piores que vimos. A outra equipe, integrante de uma firma respeitada de produtos químicos, encontrou apoio a cada curva enquanto trabalhava para criar um novo revestimento para tecidos à prova de água. Os chefes administrativos responderam prontamente a pedidos de recursos, deram opiniões honestas sobre ideias e garantiram que todos os grupos organizacionais lhes dessem apoio. Apesar de sérias dificuldades técnicas, a equipe triunfantemente produziu dois grandes avanços, e seus membros gozaram de soberba vida interior no trabalho ao longo do projeto. A empresa continuou a vicejar. A empresa de bens de consumo não.

O Capítulo 7 mergulhará na atmosfera fervilhante de insultos e desconfiança que uma equipe de engenheiros mecânicos teve que suportar numa fábrica de equipamentos, antes de levá-los ao oásis de camaradagem criado pelos líderes do grupo de programadores da empresa hoteleira. Essas histórias ilustram a terceira das três influências-chave na vida interior no trabalho – *o fator de nutrição*, ou as diferentes maneiras de fornecer apoio interpessoal, tais como encorajamento, demonstração de respeito e promoção do coleguismo.

O Capítulo 8 lhes dá uma ferramenta e um conjunto de orientações para assegurar que as pessoas que você administra recebam os catalisadores e nutridores de que precisam para fazer progresso regular no trabalho. Esses catalisadores e nutridores são o sangue da boa vida interior no trabalho que, a longo prazo, sustenta o desempenho superior. Você conhecerá um líder, numa firma de produtos químicos diferente, que conseguiu manter sua equipe avançando – criativa, produtiva e alegremente – diante de clientes exigentes e boatos corporativos perturbadores. Intuitivamente, ele seguiu um conjunto de práticas que o Capítulo 8 codifica para formar uma disciplina diária.

O Capítulo 9 mostra como aplicar essas orientações não só na administração de pessoas, mas também no suporte à sua própria vida interior no trabalho.

As novas regras

De acordo com as regras convencionais de administração na atual era da informação, líderes gerenciam pessoas. Eles recrutam os profissionais de maior talento, fornecem os incentivos apropriados, atribuem missões prolongadas para desenvolver talentos, usam inteligência emocional para se conectar a cada indivíduo, examinam cuidadosamente o desempenho, e conservam aqueles que obtêm os resultados desejados. Por mais importantes que sejam tais atividades, basear-se exclusivamente nelas significa apoiar-se na presunção equivocada de que o desempenho individual depende unicamente de algo inerente ao funcionário. O guru da administração Jim Collins aconselha que é de crucial importância "trazer as pessoas certas para dentro do ônibus".[6] Muitos gestores saltam para a solução tentadoramente simplista de que fazer isso é a parte mais importante de seu trabalho.

Infelizmente, as regras convencionais deixam passar o ato fundamental da boa gestão: *administrar visando progresso*. De acordo com as novas regras nascidas de nossa pesquisa, o peso verdadeiro da administração entra em cena quando você foca no progresso – que é algo mais direto do que focalizar nas características de um indivíduo. Quando você faz o que é preciso para facilitar o progresso no trabalho de que as pessoas gostam, gerenciá-las e gerenciar a organização se torna bem mais simples. Você não precisa analisar a psique dos funcionários nem mexer em seus incentivos, porque ajudá-los a ter sucesso virtualmente garante boa vida interior no trabalho e um desempenho forte. Também é mais eficaz em termos de custos do que confiar apenas em incentivos maciços. Quando você não administra visando o progresso, não existe inteligência emocional nem planejamento de incentivos que possam salvar o dia. As histórias de nossas equipes dão testemunho mais que sólido disso. A primeira dessas histórias começa num leilão.

1
Cenas da trincheira organizacional

Sob o sol escaldante de julho, o leiloeiro se aproximou do microfone. Diante dele, grande parte de um vasto estacionamento se torna um *showroom* de tendas, repleto de elegantes escrivaninhas moduladas, cadeiras Aeron, computadores, equipamento CAD, ferramentas de oficina mecânica e outros itens menores da fábrica que ainda não tinham sido vendidos. Todas as peças haviam sido devidamente rotuladas, agrupadas e limpas para atrair o mais alto lance. Os compradores em potencial estavam prontos, alguns tendo vindo de quilômetros de distância daquela cidade rural do Michigan, desejosos de comprar itens específicos e com a intuição lhes dizendo que fariam um bom negócio. Atrás do leiloeiro, erguia-se a antiga sede da Karpenter Corporation, um prédio de tijolos de 10 andares que se elevava como um gigante acima da fábrica de três pavimentos que se estendia pelo vasto terreno que antigamente fora de terras cultivadas. Os escritórios estavam vazios, a fábrica silenciosa. Mato brotava ao lado da porta da frente.

Em direção ao fundo do estacionamento, atrás do equipamento e dos compradores, havia um grupo menor, praticamente silencioso: cerca de 50 antigos funcionários da Karpenter, alguns dos quais haviam trabalhado na empresa por mais de 30 anos. Bruce, engenheiro e fotógrafo amador, se posicionara na frente, com sua câmera Canon velha de guerra pendurada no pescoço. Lucas, um analista financeiro que escondia a calvície com um boné dos Detroit Tigers, estava por perto. Lisa, jovem desenhista de produtos que tinha trabalhado com Bruce e Lucas, se juntou à dupla e segurou seu chá gelado enquanto observava a cena diante deles. Os "Karpenteers", como se autodenominavam até não muito tempo, outrora haviam se orgulhado de trabalhar numa empresa que era respeitada ao redor do mundo por produtos inovadores que faziam parte da vida de tanta gente: pequenas ferramentas elétricas, acessórios de cozinha, equipamentos manuais e elétricos de limpeza, aparelhinhos domésticos que variavam de "práticos e bacanas" a quase essenciais. A marca fora conhecida por 90% dos adultos americanos e seus produtos ainda podiam ser encontrados em quase 80% dos lares do país. Em seus tempos de equipe Domain, da Karpenter, Bruce, Lucas e Lisa haviam projetado aparelhos de limpeza que continuavam a ver em quase todos os lares que visitavam, em qualquer lugar para onde viajassem, por todo o continente.

Enquanto o leiloeiro dava início a sua tarefa, alguns dos ex-funcionários da Karpenter sacudiam a cabeça com incredulidade, faziam caretas de tristeza ou praguejavam com raiva. Alguns choravam. Designers, gerentes de produtos, técnicos, engenheiros, operários da fábrica – muitos ainda estavam atordoados com o fim da empresa. A Karpenter tinha sido seu segundo lar e uma empregadora estimada ao longo de muitos anos; o ambiente de trabalho lhes parecia o de uma grande família, em que eles eram valorizados e seu trabalho era importante. Era também fonte de sustento daquela comunidade e de várias outras que abrigavam instalações da empresa. Agora tudo havia acabado. Embora muitos deles tivessem encontrado emprego em cidades próximas, choravam a perda e viam o leilão como um funeral.

Apenas quatro anos antes a empresa de produtos de consumo que chamamos de Karpenter fora eleita uma das 10 mais inovadoras e bem-sucedidas da América.[1] Aquele estacionamento vivia repleto de carros, os jardins eram impecáveis e a porta da frente tinha se aberto constantemente para um fluxo regular de visitantes – não apenas clientes e fornecedores, mas também jornalistas, pesquisadores e outros, ávidos em descobrir os segredos do sucesso de cinco décadas da Karpenter. Mas alguma coisa saíra dos trilhos. Embora os sinais ainda não fossem visíveis para a maioria dos observadores, aqueles que trabalhavam nas trincheiras, como Bruce, Lucas e Lisa, sabiam que a Karpenter se tornara um lugar terrível para trabalhar. Sua vida de trabalho se tornara quase intolerável, e o trabalho que realizavam não atingia mais os mesmos padrões. Agora, enquanto o resto da indústria do setor e a economia continuavam a florescer, a Karpenter estava morta.

Em rota de desastre

O que havia precipitado aquele final impressionante? Quatro anos antes, a Karpenter contratara um novo grupo de altos executivos, que reorganizara todas as divisões em equipes interfuncionais, cada uma cuidando de um conjunto de linhas de produto relacionadas. Quando entrevistadores perguntavam qual era a fórmula do sucesso da empresa, estes executivos contavam uma história convincente a respeito desse modelo. Cada equipe devia funcionar como um grupo empresarial, autonomamente responsável por tudo, desde a criação de novos produtos até o gerenciamento dos estoques e da lucratividade. Melhor do que tudo, as equipes contariam com os recursos de uma grande corporação para sustentá-las, com um mínimo de interferência.

Mas as coisas não tinham se desenrolado assim. Observem uma reunião de avaliação trimestral, realizada no final de junho, quando a empresa ainda era a queridinha da sua indústria. Jack Higgins, o administrador geral da divisão de Vida Doméstica e Manutenção da Casa, costumava se encontrar com os vice-presidentes de cada equipe divisional quatro vezes por ano. Homem esguio, jogador de golfe, aos 48 anos, Higgins gostava de metáforas esportivas e afirmava que aquelas reuniões permitiriam à administração ajudar a equipe a "refinar seu repertório de lances e jogadas" ao receber informações e dar feedback construtivo sobre os esforços de desenvolvimento de novos produtos. Naquele dia, seria a vez de avaliar a Domain, uma equipe cujas linhas de produtos se concentravam em utensílios manuais de limpeza doméstica.

As coisas não correram bem. A sala de conferências no andar térreo estava abafadíssima, com o sistema de ventilação quebrado. O som de telefones tocando, oito recepcionistas e mais de 20 visitantes tagarelas no vestíbulo principal adjacente criavam uma distração constante. A um sinal de Higgins, o chefe da equipe, Christopher, o gerente de desenvolvimento de produtos, Paul e os outros membros convidados da equipe Domain começaram a mostrar os materiais que o grupo havia trabalhado diligentemente para preparar. Depois de ouvir a apresentação por algum tempo, examinando os desenhos com o auxílio de um computador e manuseando os protótipos, os executivos assumiram o controle da reunião. Eles tinham suas próprias ideias sobre os produtos que a equipe deveria desenvolver. Jack Higgins começou com uma breve declaração sobre o grupo precisar de "um novo plano de jogo". Mas foi a equipe de administração divisional – os vice-presidentes de pesquisa e desenvolvimento, manufatura, finanças, marketing e R.H. – que apresentou o plano de jogo. (Para ajudar nossos leitores a saber quem é quem, usaremos pseudônimos com nome e sobrenomes para os administradores de fora das equipes, e apenas o nome de batismo como pseudônimo para os demais.)

A designer de produto da Domain, Lisa, o engenheiro de produto sênior, Bruce, e vários outros membros haviam trabalhado febrilmente em um novo desenho radical para esfregões de chão, projeto que defendera na reunião trimestral anterior e para o qual receberam os fundos solicitados, levando adiante as etapas fundamentais. Três outros novos produtos também tinham estado em elaboração há meses. Mas agora, quase sem explicação, Fisher e o resto dos executivos decretaram que a Domain devia se concentrar em quatro ideias completamente diferentes. Uma era revitalizar uma linha de rodos para limpeza de janelas, o que não deixou a equipe nada animada. Pouco importava – as decisões haviam sido tomadas.

O pessoal da Domain presente à reunião não discutiu muito a decisão. Eles sabiam que, com aqueles executivos, protestos de nada adiantavam. Mas as reações particulares foram outra história. Extremamente contrariada, a maioria daquelas pessoas se sentiu furiosa, frustrada, desapontada e triste, ou tudo ao mesmo tempo. Lisa, na época com 26 anos, havia entrado com grande entusiasmo para a equipe da Karpenter logo que saíra da universidade. Mas naquele dia viu sua motivação para o trabalho subitamente minada. Como descreveu mais tarde em seu relatório digital diário (do qual apresentamos um trecho, virtualmente literal), todo o progresso que ela pensara estar fazendo ao projetar um novo produto tinha sido em vão: "Depois da (...) reunião de avaliação dos novos produtos desta manhã, Ralph (gerente de design executivo) veio me procurar e me disse que o projeto dos Esfregões Spray Jet estava morto. Assim, depois de várias semanas de trabalho, o projeto simplesmente morre de repente e todas as prioridades da equipe são mudadas."[2]

Lucas, o gerente financeiro da Domain, refletiu a opinião pessoal de muitos funcionários da Karpenter quando classificou o pessoal da administração executiva como excessivamente controlador:

> Durante a nossa reunião de avaliação de produtos, a administração basicamente nos disse quais eram as nossas principais prioridades para desenvolvimento de novos produtos. (...) Foi desanimador ver nossa "liberdade" para escolher nossa direção/prioridades ser cerceada enquanto equipe e nos ser dada uma direção, em vez de nos ser permitido tomar mais decisões por conta própria. (Lucas, 30/6)

Michael, o gerente da cadeia de suprimentos da equipe, vira várias alterações abruptas de objetivo, aparentemente arbitrárias, acontecerem na Karpenter desde que a nova administração assumira o comando, três anos antes. Ele encerrou sua descrição da reunião com vívida ironia:

A agulha ainda aponta para o norte, mas viramos a bússola de novo. (Michael, 30/6)

E Bruce, engenheiro sênior de produtos de longa data, ficou profundamente entristecido por este e por outros eventos que via, pouco a pouco, destruindo a força central da Karpenter.

Depois de trabalhar no projeto do Esfregão Spray Jet por um período de tempo considerável, soube que agora não vamos mais produzi-lo. Dizem que o projeto foi posto em espera, mas sei que nunca o faremos. Seria bom se pudéssemos voltar a ser os líderes em inovação de produto e não os copiadores. (Bruce, 1/7)

Esta reunião de análise de produto demonstrou ser um evento muito importante para a equipe Domain. Como um golpe de espada, ela cortou meses do grupo. Não apenas provocou desagrado e frustração, mas também azedou a visão que seus integrantes tinham da administração e acabou com a motivação para o trabalho.

Mas mesmo eventos de pequeno porte – mais como alfinetadas do que cortes – podiam ser igualmente prejudiciais para os pensamentos, sentimentos e motivação dos funcionários. Algumas semanas mais tarde, quando a chefia da administração executiva começou a pressionar as equipes para que mostrassem resultados no programa de redução de custos da Karpenter, a Domain se reuniu para avaliar o programa para sua linha de produtos. Embora Michael tivesse sugerido uma abordagem *"brainstorming"* para analisar novas ideias de redução de custos além das que já estavam sendo executadas, o líder da equipe, Christopher, insistiu para que o grupo se concentrasse em apresentar melhor o que já havia feito – mesmo se isso significasse inflacionar um pouco o desempenho. Embora a maioria dos integrantes da equipe falasse pouco durante a reunião, suas reações em particular foram explosivas, prejudicando inclusive a opinião que tinham de Christopher, denotando frustração por terem suas ideias sumariamente descartadas de saída, e desesperança quanto à possibilidade de algum dia alcançarem as metas de redução da administração.

O engenheiro de produtos Neil não se deixava abalar facilmente. Embora tivesse apenas 29 anos, seus colegas o viam como uma ilha de estabilidade, uma pessoa simpática e extrovertida, que acalmava os temores em momentos de estresse. Mas foi assim que ele descreveu a cena:

Hoje, nossa equipe inteira se reuniu para debater reduções de custos em nossa linha de produtos. Tem havido muita pressão da chefia administrativa para reduzir custos (...) O estilo relacional de Chistopher ditou o tom o tempo inteiro. (Tenso!!) Ele parecia mais interessado em passar para trás o sistema apenas para fazer com que os números do nosso grupo parecessem bons. (Fazer com que ele parecesse bem!) Ele ficou apenas citando seu cargo, dando uma de chefe e nos dizendo o que fazer. Não me senti nem um pouco motivado a seguir sua liderança. Em vez disso, tive vontade de fazer o oposto! Quero ter como líder alguém que mostre coragem, e hoje Christopher não demonstrou nenhuma! (Neil, 27/7)

Estas reuniões foram apenas dois eventos na vida organizacional da Karpenter Corporation – um importante e o outro de pequeno porte. Eles nos dão um vislumbre das decisões estratégicas com as quais a chefia executiva lutava naquela ocasião, decisões que sem dúvida contribuíram para o fracasso da empresa. Elas mostram como os desafios de um mercado em constante mudança se refletiram de cima para baixo, dos altos executivos para a gerência de equipe. Mas será que a estratégia em um mercado difícil conta toda a história por trás daquele leilão no estacionamento, da liquidação daquela empresa outrora orgulhosa apenas quatro anos antes?

Não, e a nossa pesquisa esclarece por quê. Existe uma história mais profunda que explica o sucesso e o fracasso da organização, uma história que brota de seu próprio coração – seus funcionários. Esses dois eventos nocivos – a reunião de análise de produtos de Jack Higgins e a reunião de redução de custos de Christopher – eram parte de um drama que se desenrolou, dia após dia, ao longo dos anos finais da empresa, afetando profundamente os funcionários e seu trabalho.

Por mais bem-intencionados que saibamos que tenham sido, os gestores da Karpenter não compreenderam o poder daquilo que chamamos de *vida interior no trabalho* – as percepções, emoções e motivações que as pessoas vivenciam à medida que reagem e compreendem em termos lógicos os eventos de um dia de trabalho. Esses administradores não compreenderam que suas próprias ações – mesmo as aparentemente triviais – poderiam ter um efeito poderoso sobre os funcionários trabalhando nas trincheiras da organização. Como a vida interior no trabalho é, em sua maior parte, oculta, e como os seres humanos geralmente querem acreditar que tudo está bem, os executivos da Karpenter não tinham ideia de como a vida interior no trabalho estava realmente péssima na empresa. Eles não sabiam o quanto o desempenho dos funcionários podia sofrer em consequência disso. E não compreendiam como a vida interior no trabalho podia afetar o destino da própria organização.

O volume oculto do iceberg organizacional

Quando um ícone corporativo como a Karpenter Corporation morre durante um período econômico de bonança, isso parece o naufrágio do *Titanic*. Contudo, nenhum evento cataclísmico isolado foi responsável pela queda da Karpenter. Não houve nenhum escândalo contábil, nenhum colapso de mercado, nenhum defeito de design que causasse o desastre que pouco tempo antes parecia impossível. Analistas da indústria de bens de consumo correram em busca de explicações e apontaram para os suspeitos habituais. Alguns culparam a estratégia equivocada de produtos para o mercado, de abandono da verdadeira inovação em troca de mudanças graduais nos produtos de grande sucesso já existentes. Outros afirmaram que o novo grupo de executivos da Karpenter, que assumira o comando cerca de três anos antes de a empresa começar visivelmente a tropeçar, não tinha experiência em lidar com os grandes clientes de vendas a varejo dos quais ela dependia. Mas alguns também culpavam uma fonte incomum: o péssimo moral coletivo existente, que afirmavam ter sido responsável por uma rotatividade excepcionalmente alta entre valiosos gerentes e profissionais de nível médio, bem como o mau desempenho entre os que ficaram.

Sabemos que estes últimos analistas estavam certos, embora evitemos a vaga terminologia "péssimo moral coletivo". Nossa pesquisa de uma década, na Karpenter e em outras empresas, revela o poder das percepções, emoções e motivações não verbalizadas dos funcionários, os três componentes da vida interior no trabalho. A curto prazo, uma vida interior ruim compromete o desempenho individual; a longo prazo, pode afundar até um titã, como a Karpenter.[3]

Ações observáveis em uma organização formam apenas a ponta do iceberg; a vida interior no trabalho é o enorme volume escondido sob a superfície da água. Quando anda pelos corredores de seu local de trabalho, você pode ver e ouvir pessoas fazendo apresentações para gerentes, trocando ideias com colegas, pesquisando na internet, conversando com clientes, participando de reuniões, ou fazendo experimentos. Esta é a *vida no trabalho observável*, a parte visível do que cada indivíduo faz, o que se poderia ver ao olhar para as atividades diárias de todo mundo. O que você provavelmente não vai observar são os julgamentos sobre a indiferença das chefias durante a apresentação, os sentimentos de triunfo durante a conversa com o cliente ou a motivação apaixonada para solucionar um problema infernal durante um experimento. A vida interior no trabalho é principalmente a parte invisível da experiência de cada indivíduo – os pensamentos, sentimentos e motivações desencadeados pelos eventos da jornada diária.

Cada indivíduo tem uma vida interior no trabalho privada, mas quando várias pessoas vivenciam os mesmos eventos, ao mesmo tempo, com frequência têm experiências pessoais extremamente parecidas. Se ao longo de dias, semanas e meses, os mesmos tipos de evento continuam acontecendo com um grupo ou com uma organização, essas experiências semelhantes podem combinar-se para criar uma força considerável – mesmo se cada evento, por si, parecer trivial. "O poder de pequenas vitórias (e derrotas)" revela a surpreendente força de eventos triviais.[4]

Na Karpenter, a reunião trimestral de análise de produtos, durante a qual os membros da equipe Domain fizeram anotações enquanto os executivos de divisão mudavam todas as prioridades, continha a ponta visível do iceberg organizacional. A reunião sobre redução de custos, realizada um mês depois, quando muitos daqueles mesmos funcionários deixaram de contribuir com ideias e, em vez disso, passaram a ouvir em silêncio enquanto o líder da equipe expunha seu plano para burlar o sistema, ainda era apenas parte daquela ponta. Mas e a percepção que aquelas pessoas formaram sobre seus superiores, como excessivamente controladores, fracos ou aéticos? E suas emoções de raiva, tristeza e desagrado? E a motivação cada vez menor para vir para o escritório a cada dia e dar duro no trabalho? Tudo isso formou o enorme volume oculto do iceberg. Com o passar do tempo, essa massa se tornou grande o suficiente e grave o suficiente para afundar o navio organizacional.

Infelizmente, como os altos executivos da Karpenter, a maioria dos administradores de empresas não compreende a vida interior no trabalho bem o suficiente para assegurar uma navegação segura e evitar o desastre que se aproxima. Muitos deles se descuidam não porque sejam mesquinhos de espírito, mas porque não sabem apreciar o quanto as pessoas lhes dão importância. Em 1993, os comissários de bordo da American Airlines entraram em greve para protestar contra as políticas internas da empresa. A questão central não era salários ou benefícios – era falta de respeito.

– Eles nos tratam como se fôssemos descartáveis, apenas um número – disse uma comissária.

Outra falou:

– Meu respeito próprio é mais importante do que meu emprego.[5]

Quatro anos mais tarde, as coisas não tinham mudado muito. Agora, eram os pilotos que estavam protestando:

– Enquanto vocês tratarem seus funcionários como apenas "custos unitários", como os copos de isopor que jogamos fora depois de cada voo, o moral dos funcionários vai permanecer no fundo do poço.[6]

As empresas ainda cometem o mesmo erro. De fato, em 2010, uma pesquisa global revelou que o engajamento e o moral dos funcionários havia declinado mais naquele ano do que em qualquer outro momento nos 15 anos de vida da pesquisa.[7]

Este livro revela a realidade da vida interior no trabalho e o efeito que ela pode ter sobre o desempenho de sua organização. Você verá que administradores em todos os níveis afetam a vida interior no trabalho dos funcionários e, consequentemente, sua criatividade e sua produtividade em toda a organização. Mais importante, você aprenderá como dar suporte à vida interior no trabalho de uma maneira que mantenha ao mesmo tempo alto desempenho e dignidade humana.

O que é vida interior no trabalho?

Vida interior no trabalho é a confluência de percepções, emoções e motivações que os indivíduos vivenciam à medida que reagem e dão sentido lógico aos eventos de seu dia a dia profissional. Lembre seu dia mais recente no escritório. Escolha um evento que se destaque e reflita sobre como você o interpretou, como ele fez com que você se sentisse e como afetou sua motivação. Foi sua vida interior no trabalho naquela ocasião. Cada palavra desta frase revela aspectos-chave do fenômeno.

A vida interior no trabalho é interior porque acontece no íntimo de cada pessoa. Embora seja central para a experiência pessoal, é geralmente imperceptível para os demais. De fato, pode até passar despercebida pelo indivíduo que a vivencia. Mas parte do motivo pelo qual a vida interior no trabalho se esconde é que *tentamos* escondê-la. A maioria das organizações têm regras não escritas contra manifestar emoções fortes ou expressar opiniões fortes – especialmente se forem contrárias às opiniões dominantes. E embora as pessoas

MATERIAL PARA REFLEXÃO

O PODER DE PEQUENAS VITÓRIAS (E DERROTAS)

Pequenas coisas podem significar muito para a vida interior no trabalho. Provavelmente, você pode pensar em eventos importantes na história de sua própria vida interior no trabalho que poderiam parecer objetivamente triviais. Os exemplos são muitos nos formulários diários que coletamos – relatos de eventos sem importância no dia de trabalho que poderosamente estimulavam ou abatiam sentimentos, pensamentos e motivação. Houve o caso do cientista que se sentiu feliz depois que o principal diretor técnico dedicou alguns momentos a debater com ele sua última experiência; o da gerente de produto que começou a considerar seu chefe incompetente ao vê-lo cheio de rodeios numa decisão de fixação de preço; o do programador cujo engajamento no trabalho deu um salto gigantesco quando ele finalmente conseguiu derrotar um vírus insidioso – uma poderosa *pequena vitória* no grande esquema das coisas.[a]

Ao analisar os comentários diários, descobrimos que as reações emocionais imediatas aos eventos, com frequência superavam a *própria avaliação* do envolvido sobre sua importância objetiva. Descobrimos, de maneira nada surpreendente, que a maioria dos acontecimentos (quase dois terços) era trivial e que a maioria das reações (quase dois terços) era pequena. Como seria de esperar, a maioria das reações a grandes eventos gatilho era grande, e a maioria das reações a pequenos eventos era pequena. Mas aqui vai a parte surpreendente. *Mais de 28% dos pequenos eventos desencadeava grandes reações.*[b] Em outras palavras, mesmo acontecimentos que as pessoas consideravam sem importância, com frequência tinham efeitos poderosos sobre sua vida interior no trabalho.

Um volume cada vez maior de pesquisas documenta o poder de pequenos acontecimentos.[c] Um estudo de 2008 revelou que eventos pequenos, mas regulares, inclusive frequentar a igreja e exercitar-se na academia, podem render aumentos cumulativos no sentimento de felicidade. De fato, quanto mais os participantes do estudo iam à igreja ou se exercitavam, mais felizes eles eram.[d] Embora qualquer

---

se sintam à vontade para confiar em um de seus pares, elas geralmente detestam se revelar para seus superiores. Mesmo se seu sangue ferver quando o presidente do conselho descartar a análise cuidadosa que você acabou de apresentar, por exemplo, você provavelmente vai sorrir agradavelmente enquanto

pequeno evento tenha por si só um efeito minúsculo, esse efeito não desaparece enquanto acontecimentos semelhantes continuarem ocorrendo; uma pessoa que se exercita regularmente se sente um pouco mais feliz cada vez que sai da academia, e fica mais feliz do que estava antes de começar a frequentar a academia. De modo semelhante, um gerente de produtos que repetidamente presencie a indecisão de seu chefe terá dele uma opinião pior do que tinha antes de entrar para a equipe. Pequenos eventos positivos ou negativos são minúsculas doses de estimulantes ou de desestimulantes psicológicos.[e]

Ao gerir pessoas, você realmente deve dar atenção a pequenas coisas.

a. Pegamos emprestada a expressão *pequenas vitórias* do clássico estudo de Karl Weick, "Small Wins: Redefining the Scale of Social Problems", *American Psychologist* 39 (1981): 40-49.
b. Você poderá encontrar detalhes sobre este estudo e sobre todos os outros estudos relatados em nosso programa de pesquisa diária no apêndice.
c. Em geral, afirmam os estudiosos que pequenas coisas realmente são muito importantes. No estudo seminal de Karl Weick, de 1981, ele argumentava que os problemas sociais podiam ser manejados de maneiras mais inovadoras se inicialmente pudessem ser abordados com sucesso em pequena escala. Sugerindo que a enorme escala da maioria dos problemas sociais causa uma emotividade paralisante e oprime os recursos cognitivos, ele propunha que existem grandes vantagens nas pequenas vitórias que podem ser conquistadas ao se dividir tais problemas em partes menores e mais fáceis de lidar.
d. Esta pesquisa relatava estudos sobre o quanto as pessoas se sentiam "bem" e "satisfeitas" – seu estado emocional ou sensação de bem-estar (D. Mochon, M. I. Norton e D. Ariely, "Getting off the Hedonic Treadmill, One Step at a Time: The Impact of Regular Religious Practice and Exercise on Well-Being", *Journal of Economic Psychology* 29 (2008): 632-642). Pesquisas também demonstraram os efeitos de pequenos eventos – espantosamente pequeninos – na motivação intrínseca (motivação interna) e no desempenho. (I. Senay, D. Albarracin e K. Noguchi, "Motivating Goal-Directed Behavior Through Introspective Self-Talk: The Role of the Interrogative Form of Simple Future Tense", *Psychological Science* 21 (2010): 499-504).
e. Esta analogia com drogas vem de D. Mochon, M. I. Norton e D. Ariely, "Getting off the Hedonic Treadmill, One Step at a Time".

pergunta que informações adicionais poderiam ser úteis. Ser "profissional" significa esconder sua indignação.[8]

A vida interior no trabalho é *trabalho* porque é este ao mesmo tempo o lugar onde ela surge – no escritório – e sobre o que ela trata – as tarefas que as pessoas desempenham. Em algum nível, todos nós temos consciência de que temos vida interior no trabalho, mesmo se passamos pouco tempo concentrados nela. A vida interior no trabalho pode ser afetada por eventos em nossa existência pessoal, mas só quando estes gatilhos influenciam nossas percepções, emoções ou motivações profissionais. Por exemplo, uma discussão com seu marido, ou com sua mulher, pela manhã, pode deixá-lo entristecido, desanimado e reduzir seu engajamento no trabalho mais tarde nesse mesmo dia. Do mesmo modo, sua vida interior no trabalho pode transbordar de forma a influenciar seus sentimentos fora do trabalho – um dia ruim no escritório pode estragar o churrasco com os amigos à noite. Mas deixando de lado esse transbordamento, a vida interior no trabalho se refere fundamentalmente às reações diárias a eventos profissionais.

A vida interior no trabalho é *vida* porque é uma parte contínua e inevitável da experiência humana de todos os dias. Reagimos continuamente a tudo o que acontece no trabalho. Determinamos se o que estamos fazendo é importante e quanto esforço a ele devemos dedicar. Também fazemos julgamentos sobre aqueles com quem trabalhamos, inclusive nossos superiores. Eles são competentes ou incompetentes? Devemos respeitar suas decisões? A vida interior no trabalho é *vida* também por outra razão: porque passamos tanto tempo no trabalho, e porque a maioria de nós está tão envolvida com o que fazemos, que nossos sentimentos de sucesso como indivíduos estão ligados à percepção de nós mesmos profissionalmente. Se acreditarmos que nosso trabalho é valioso e que somos bem-sucedidos, então nos sentimos bem com relação a esta parte-chave de nossa vida. Se nosso trabalho carecer de valor ou se sentirmos que fracassamos, então nossa vida fica muito desvalorizada.

Percepção, emoção e motivação

Considerem a vida interior no trabalho de Lucas, Lisa, Michael e Bruce e seus companheiros da equipe Domain, na Karpenter Corporation, enquanto se preparavam para a reunião de avaliação trimestral com Jack Higgins e os vice-presidentes de sua divisão. Membros de uma equipe transfuncional, ostensivamente gerindo suas próprias linhas de produtos, eles estavam orgulhosos dos avanços que haviam obtido com os novos produtos, especialmente os esfregões Spray Jet. Ao mesmo tempo, embora houvesse desafios, eles acreditavam que tinham planos eficazes para o projeto em curso. A maioria deles tinha uma boa vida interior no trabalho à medida que a reunião se aproximava. O encontro pareceu começar bem, com os executivos ouvindo a apresentação da equipe sobre as linhas de produtos existentes e examinando os protótipos (bem como os gráficos de progresso) para os novos lançamentos.

Não demorou muito, contudo, e a vida interior no trabalho de Lucas sofreu um golpe, bem como a de seus companheiros. Jack Higgins fez alguns comentários genéricos sobre sua convicção de que a equipe precisava mudar de direção, e então Dean Fisher unilateralmente apresentou uma lista de novas prioridades. Tornou-se claro que aqueles executivos não tinham nenhuma intenção de permitir à equipe Domain manter a autonomia de que supostamente gozava. Embora possam quase não ter revelado exteriormente, Lucas e seus companheiros imediatamente tentaram dar sentido ao que estava acontecendo. Será que estavam ouvindo corretamente? O programa do esfregão Spray Jet deveria ser interrompido imediatamente? Será que *todos* os seus projetos de produtos em desenvolvimento seriam interrompidos? Será que eles realmente deviam revitalizar uma linha tediosa de rodos para limpar janelas que ainda vendia bem?

Este tipo de *sensemaking* (processo interpretativo de atribuir significados) é uma parte contínua da vida interior no trabalho das pessoas. Quando alguma coisa inesperada ou ambígua acontece, tentamos compreendê-la e tirar conclusões sobre o trabalho, os colegas e a organização, baseados naquele evento. Deste modo, um único incidente pode continuar a reverberar e a ter impacto muito depois de o evento gatilho propriamente dito ter acabado.

Alguns integrantes da equipe Domain já consideravam os chefes executivos da Karpenter ditadores mal informados; aquela reunião só fez reforçar essa opinião. Funcionários com menos tempo de casa imediatamente se viram como sujeitos impotentes. Eles começaram a ver a missão da equipe como incremental e não inovadora. *Vida interior no trabalho diz respeito a percepções – impressões favoráveis ou desfavoráveis (e por vezes bastante mescladas) – sobre chefes executivos, gerentes, a organização, a equipe, o trabalho e até mesmo sobre o próprio indivíduo.*

No mesmo momento, os membros da equipe – ainda se controlando exteriormente – começaram a reagir de forma emocional. Suas reações foram imediatas, reforçando (e sendo reforçadas por) suas percepções negativas. Eles ficaram frustrados por seu trabalho árduo ter sido rejeitado por pessoas que, em sua opinião, conheciam muito menos sobre o negócio do que eles. Sentiram-se desencorajados por sua autonomia estar sendo sufocada. Ficaram tristes por ver uma empresa que era conhecida pela inovação afastar-se da criação de novos produtos. *Vida interior no trabalho diz respeito a emoções – positivas ou negativas – desencadeadas por qualquer evento no trabalho.*

Tanto as emoções quanto as percepções influenciaram a motivação dos integrantes da equipe Domain. Elas haviam feito progressos concretos com os Esfregões Spray Jet, solucionando problemas múltiplos de design e custos, e a sua determinação em concluir o projeto fora grande ao entrarem na reunião de avaliação. Acreditavam que muitos de seus outros projetos eram factíveis – e também atraentes. Os pensamentos e emoções profundamente negativos desencadeados pelo que a chefia executiva fez naquele encontro desinflou o balão da motivação da equipe. Ao falar a respeito dessa parada abrupta no progresso do grupo, Lisa empregou termos relacionados à morte; lembrem-se de seu lamento: "o projeto dos esfregões Spray Jet estava morto. Depois de várias semanas de trabalho, ele simplesmente morre de repente..." *Vida interior no trabalho diz respeito a motivação – à determinação de se fazer alguma coisa, ou não.*[9]

Depois daquela reunião, a equipe Domain obedientemente interrompeu toda atividade com o esfregão Spray Jet e com os outros projetos dados por encerrados, e se concentrou nas novas prioridades. Como se revelou mais tarde, a despeito dos esforços ao longo de várias semanas, a revitalização do programa do rodo de limpeza de janela não correu bem. Do design ao marketing, da fixação de preços à embalagem, o desempenho foi medíocre, sem nenhuma centelha inovadora. Os membros da equipe não precisavam que os executivos nem os clientes manifestassem desapontamento; eles estavam desapontados consigo mesmos.

Não foi coincidência que seu desempenho saísse prejudicado depois de sua vida interior no trabalho ter sofrido tamanho golpe. O desempenho individual está intimamente ligado à vida interior no trabalho. Se as pessoas não percebem que elas e seu trabalho são valorizados por uma organização digna de confiança, se não encontram nenhum orgulho ou felicidade no que fazem, terão pouca determinação para dedicar a um projeto. E sem uma forte determinação para se engajar nos problemas e nas oportunidades de um projeto, não se tem probabilidade de dar o melhor de si no trabalho.

À medida que assistiam os restos da Karpenter serem leiloados, Lucas, Bruce, Lisa e seus companheiros "Karpenteers" se recordaram de como, nos anos finais da empresa, se tornara insuportavelmente difícil obter um progresso simples. Na opinião deles, aquele sofrimento diário tinha sido tão desnecessário quanto finalmente a morte da Karpenter. E os executivos da empresa nunca compreenderam a dinâmica de uma vida interior no trabalho negativa.

Embora seja tão importante para o desempenho, a vida interior no trabalho é em grande parte não observável, levando os administradores de empresas que a compreendem a se verem diante de um dilema. O que se pode fazer para melhorá-la se você não é capaz sequer de medi-la? Os achados no presente livro e suas implicações são baseados em psicologia humana. Mas pode ficar tranquilo – dar apoio e suporte à vida interior no trabalho não exige que você tenha um diploma de Psicologia nem que invada a privacidade de seus funcionários. Por outro lado, não é algo que possa passar adiante para o departamento de recursos humanos. Independentemente do título ou do nível de seu cargo, você pode promover sua vida interior no trabalho todos os dias. É tão simples, ou tão complicado, quanto criar as condições para que os funcionários tenham sucesso em um trabalho importante, porque poucas coisas podem nutrir tanto a vida interior no trabalho quanto ser bem-sucedido.

Este livro lhes servirá como guia na busca para adquirir conhecimento naquilo que faltou aos executivos da Karpenter. Ele os ajudará a evitar o destino da Karpenter mas, mais importante, os ajudará a criar uma organização bem-sucedida – uma organização para a qual as pessoas adorarão trabalhar, porque terão a oportunidade de realizar algo que importa a cada dia.

A jornada de vocês se inicia com um breve *tour* pela vida interior no trabalho.

2

A dinâmica da vida interior no trabalho

A vida interior no trabalho é difícil de ver, mas a nossa pesquisa a capturou "na natureza". Um exemplo simples, mas notável, veio de Neil, o engenheiro de produtos da equipe Domain, da Karpenter Corporation, apresentado no Capítulo 1, ao descrever a análise de seu desempenho anual feita pelo gerente de desenvolvimento de produtos. Embora Neil fosse geralmente calmo e inabalável, todo mundo estava ansioso durante a "temporada de avaliação" da primavera. Para seu grande alívio, a reunião correu bem:

> Paul, "o Chefe", fez hoje a avaliação do meu desempenho. Ele me encorajou e me fez grandes elogios. No que diz respeito às chefias, Paul é um sopro de ar fresco aqui na Karpenter. Sinto-me realmente motivado por ele e ainda mais disposto a ajudá-lo e a ajudar nossa equipe a ser bem-sucedida. (Neil, 15/6)

Este exemplo é apenas um de um punhado nos 12 mil registros diários que explicitamente mencionavam os três componentes da vida interior no trabalho – emoções, percepções e motivação. Neil se *sentiu* encorajado; em *pensamentos* manifestou uma boa opinião sobre Paul, e se sentiu *motivado e determinado* a ajudá-lo e a equipe a obterem sucesso. Muito provavelmente Paul tinha apenas uma ligeira ideia do que acontecia na vida interior no trabalho de Neil durante a avaliação de desempenho. Ele pode ter visto um sorriso e ouvido algumas palavras de agradecimento e concluído corretamente que Neil se sentia bem e satisfeito. Mas provavelmente ele não tinha nenhuma ideia de que Neil o tinha em tão alta conta e estima se comparado com os demais executivos chefes, tampouco de que suas palavras seriam uma força positiva motivadora tão poderosa.

Como as ações dos executivos geralmente tinham efeitos negativos na vida interior no trabalho da Karpenter, Paul era uma raridade; ele deflagrava vida interior no trabalho *positiva*, pelo menos para Neil. Embora a Karpenter fosse, de acordo com qualquer tipo de avaliação, a pior empresa de nosso estudo, a maioria dos participantes da organização vivenciava de fato dias de boa vida interior no trabalho. No contexto das outras histórias que apresentamos sobre a Karpenter, o comentário escrito por Neil mostra apenas um pouquinho da complexidade da vida interior no trabalho e das muitas forças que a influenciam.

O registro no diário de Neil revela outro ponto importante: *vida interior no trabalho não é a mesma coisa que personalidade*. Recordem-se de que, na reunião da equipe Domain sobre redução de custos descrita no Capítulo 1, Neil se sentiu desmotivado pelo que viu como covardia de Christopher como líder da equipe – abortar a geração de ideias e tentar fazer com que os números obtidos pela equipe parecessem bons. Era o mesmo Neil, que não estava *sempre* motivado ou desmotivado, nem *sempre* estava feliz ou infeliz.

A sabedoria convencional afirma que, no trabalho como na vida, existem pessoas felizes e infelizes; isso é apenas sua maneira de ser, e não há muito o que vá mudá-las, exceto acontecimentos transformadores de vida. De fato, as pesquisas já demonstraram que temperamento cordato e agradável ou temperamento difícil e desagradável se mantêm relativamente estáveis com o passar dos anos, e que certos aspectos da motivação também são estáveis.[1] Mas a grande novidade descoberta por nossa pesquisa é que a vida interior no trabalho da maioria das pessoas sofre grandes alterações ao longo do tempo em função dos eventos vivenciados – *não* de sua personalidade. Eventos desagradáveis desencadearão dias deprimentes até para pessoas que são basicamente otimistas. Quase todo mundo em nosso estudo teve dias em que a vida interior no trabalho se elevou nas alturas e dias em que foi ao fundo do poço. Tais mudanças podem ocorrer muito rapidamente.

Do mesmo modo, pessoas diferentes podem reagir de modo diferente ao mesmo evento, mas apenas parte desta diferença pode ser explicada por sua personalidade. Na verdade, descobrimos que a personalidade não é o principal fator determinante da resposta da vida interior no trabalho aos eventos.[2] Em vez disso, a interpretação do evento é crítica – como as pessoas o compreendem logicamente e lhe dão sentido no contexto de suas posições, trabalho, planos, história e expectativas individuais. Da mesma maneira que Neil e muitos de seus colegas tinham expectativas, planos e posições semelhantes, quando entraram na reunião de redução de custos de Christopher, eles tiveram igualmente vida interior no trabalho negativa ao sair dela.

Os três componentes da vida interior no trabalho

Para explorar mais plenamente a vida interior no trabalho, examinaremos mais de perto cada um de seus três componentes, ilustrados na figura 2-1. Observem que nossa concepção de vida interior no trabalho *não* inclui todos os processos psicológicos que uma pessoa poderia vivenciar durante o dia de trabalho. Nós nos concentramos em três processos principais que, de acordo com pesquisas psicológicas, influenciam o desempenho: *percepções* (também

FIGURA 2-1

Os componentes da vida interior no trabalho

chamadas de *pensamentos* ou *cognições*), *emoções* (ou *sentimentos*) e *motivação* (ou *determinação, impulso*).[3] Estes são de longe os principais processos internos que nossos participantes descreveram em suas narrativas diárias, além do trabalho básico que haviam desempenhado e o "evento específico do dia" de cada um deles. Embora a vida interior no trabalho inclua uma vasta diversidade de atividades mentais, não abordaremos todas elas no presente livro. Ainda que o devaneio sem dúvida contribua para a criatividade, não abordaremos o tema porque virtualmente nenhuma das 12 mil narrativas diárias o mencionou. Contudo, muitas das narrativas registraram emoções. E é por aí que começaremos.

Emoções

Emoções são ao mesmo tempo reações fortemente definidas e sentimentos mais genéricos, como bons ou maus humores.[4] A emoção é a alegria que você sente quando finalmente soluciona um problema difícil; a frustração quando suas soluções falham; o desapontamento quando o chefe rejeita seu plano estratégico; o orgulho quando um companheiro gerente reconhece sua criatividade em uma reunião da empresa; a gratidão quando um assistente o ajuda a encontrar informações críticas; e a raiva quando você descobre que seus subordinados deixaram de ver um ponto fundamental porque uma outra equipe deixou de fazer o trabalho que deveria. Emoção também é o humor geral positivo que você sente quando tudo parece estar correndo bem em um determinado dia, ou o humor negativo quando o dia começa com um revés e segue ladeira abaixo.

As emoções variam de acordo com duas dimensões principais: o grau de prazer e o grau de intensidade.[5] Você pode estar ligeiramente aborrecido por uma breve queda do sistema de intranet da empresa ou furioso por uma resposta petulante a uma ideia que você apresentou em uma reunião de executivos. Ambas são emoções desagradáveis, mas a última é bem mais desagradável *e* bem mais intensa.

Lucas, o gerente financeiro da equipe Domain, com frequência manifestava emoção, desmentindo o estereótipo brincalhão de que todas as pessoas que trabalham com números são autômatas desprovidas de emoções. Quando a Domain recebeu um relatório de vendas inesperadamente bom, certo mês, Lucas manifestou seus sentimentos da seguinte maneira:

Recebi o relatório de lucros de abril, que mostrou vendas de nossa equipe 3% acima da meta estabelecida e 11% acima da do ano anterior. Foi uma *agradável surpresa* saber que nossos resultados de abril foram superiores aos de nossa meta e melhores que os do ano anterior. Isso demonstrou que nosso trabalho dedicado ao longo dos últimos meses, de tentar fazer vendas adicionais ou obter novas contas, obteve resultados. (Lucas, 18/5) (*o grifo é nosso*)

Por mais satisfeito que Lucas tivesse estado com seus colegas de equipe naquela ocasião, dois meses depois ele estava terrivelmente frustrado com dois deles, conforme ressaltou enquanto se esforçava para cumprir um prazo apertado:

Nossa equipe tinha uma reunião marcada de manhã para examinar o pacote (do Relatório) trimestral. Eu tinha preparado a papelada sobre a parte financeira, mas Michael e Christopher não completaram nada para a parte de texto. Eu me senti *frustrado* porque havia trabalhado duramente ao longo dos últimos dois dias para concluir a parte financeira. (Lucas, 20/7) (*o grifo é nosso*)

Lucas não era um caso isolado. Quase todos os 238 participantes de nossa pesquisa manifestaram emoção em pelo menos algumas de suas narrativas diárias – *apesar de nunca termos dito a eles para fazê-lo*. A pergunta no formulário diário lhes pedia apenas: "Descreva brevemente um evento do dia de hoje que sobressaiu em sua mente", e não para dizer como haviam reagido a esse evento. Ainda assim, mais de 80% dos registros diários manifestavam alguma forma de sentimento, fosse por meio de palavras ou por pontuação. (Vimos muitos "!!!", bem como alguns "*!$@*#!") Isso faz parte da realidade da vida interior no trabalho: não se desligam as emoções. Apesar do fato de que muitos gerentes – e funcionários – teriam preferido ignorá-las, fingindo que aquelas coisas "bagunçadas" não eram apropriadas ao local de trabalho, esse tipo de ignorância deliberada é uma jogada perigosa.

Recentemente, grande parte da literatura sobre administração de empresas tem ressaltado o papel há muito negligenciado das emoções no trabalho. A maioria dos administradores esclarecidos leu a respeito da necessidade de inteligência emocional – conhecimento e compreensão de suas próprias emoções e das emoções dos outros e capacidade de usar essa compreensão para orientar o pensamento e as ações administrativas.[6] Pesquisas recentes também revelaram que as emoções podem ter tanto efeitos negativos quanto positivos em uma variedade de comportamentos no trabalho, inclusive criatividade, tomada de decisão e negociações.[7] Por exemplo, sentimentos positivos podem resultar em maior flexibilidade na solução de problemas e em negociações. Claramente as emoções são de importância crucial.

Mas tenham cuidado. É tentador classificar o fenômeno inteiro da vida interior no trabalho como "sentimentos", em parte porque a emoção se tornou um tópico tão em voga na administração de empresas. Além disso, emoções são o que você mais tem probabilidade de ver quando a vida interior no trabalho vem à tona. Recordem as expressões consternadas dos funcionários da Lehman Brothers quando deixaram o prédio da empresa, naquele dia de setembro de 2008, quando a firma entrou com pedido de falência. E quando, em 2010, o filme em 3-D *Avatar* bateu todos os recordes de bilheteria, foi fácil imaginar a euforia que dominou todo mundo na 20th Century Fox.

Contudo, a vida interior no trabalho *não* diz respeito apenas a emoções. Elas são somente uma peça do quebra-cabeça, e administradores que se baseiam em inteligência emocional para criar organizações de alto desempenho estão lidando com apenas uma fração do quadro da vida interior no trabalho. Nossa teoria leva adiante as teorias da inteligência emocional, ao colocar a emoção no contexto de dois componentes adicionais: percepção e motivação. Como as emoções, ambas são essenciais.

Percepções

Percepções podem variar de impressões imediatas a teorias plenamente desenvolvidas sobre o que está acontecendo e o que isso significa. Podem ser simples observações sobre evento em um dia de trabalho, ou podem ser julgamentos sobre a organização, seu pessoal e o trabalho em si. Quando alguma coisa que acontece desperta sua atenção no trabalho, você começa a buscar *sensemaking* – a tentar compreender o que ela significa. Sua mente formula uma série de perguntas, especialmente se o que aconteceu foi ambíguo ou inesperado; essas perguntas e as respostas a elas compõem suas percepções.[8] De maneira interessante, geralmente você não tem consciência desse processo. As perguntas seguintes podem aflorar inconscientemente se a chefia executiva cancelar o projeto de sua equipe sem aviso nem explicação: será que eles sabem o que estão fazendo? Serão meus colegas de equipe incompetentes?

Será que eu sou incompetente? Será que o trabalho que eu faço tem algum valor real?

Bruce, o engenheiro sênior de produto da equipe Domain, se viu exatamente nessa situação depois da reunião de análise de produto. Quando ele escreveu que botar em espera o projeto do esfregão Spray Jet era o mesmo que cancelá-lo, observou com certa amarga ironia: "Seria bom se pudéssemos voltar a ser os líderes de inovação de produto e não seguidores." Ele compreendeu que o projeto era uma causa perdida, que seus esforços tinham sido desperdiçados e que a empresa era um gigante caído. Por que Bruce tinha tanta certeza de que o programa estava morto? Por que suspeitava que a empresa não poderia mais liderar a indústria do setor no campo de inovações?

Em filmes e peças de teatro, os personagens recebem uma *história de vida anterior*, um *passado*, para ajudar o ator a compreender como deve desempenhar o papel – por exemplo, a infância mimada e protegida de Scarlett O'Hara no sul de antes da Guerra Civil em *E o vento levou*, ou a infância inocente de Luke Skywalker e sua criação na fazenda do tio no filme *Guerra nas estrelas*. Esse passado é a experiência acumulada do personagem em um ambiente particular, durante um período de tempo específico. Tomamos por empréstimo a expressão porque ajuda a ilustrar como o componente da percepção da vida interior no trabalho opera. Pessoas de verdade têm passado, histórias reais de vida anterior no trabalho, e formam percepções com base nesse passado.

Havia um longo passado para fundamentar as percepções de Bruce quando ele tomou conhecimento de que o projeto do esfregão Spray Jet estava fora da lista de prioridades de sua equipe. Depois de quase 20 anos na empresa, ele soube de imediato que alguma coisa havia mudado dramaticamente depois que a nova administração assumia o comando. Ele havia observado seu padrão de decisões. E sabia que Jack Higgins e seu chefe corporativo, Barry Thomas, haviam parecido temerosos sobre desenvolver produtos radicalmente novos. Bruce comparou desfavoravelmente o estilo deles, com o espírito radicalmente inovador das gerações anteriores dos altos executivos da Karpenter, que haviam levado a empresa às alturas, onde o resto do mundo ainda pensava que ela se encontrava. Comparando com a história anterior, enquanto interpretava o que havia acontecido com seu projeto favorito na reunião de análise de produto, Bruce tirou conclusões pessimistas e negativas.

Cada um de nós interpreta cada evento do dia, comparando-o com nosso passado e nossa história de vida anterior nas empresas em que trabalhamos.

Motivação

Motivação é a compreensão de alguém sobre o que precisa ser feito e sua disposição em fazê-lo em qualquer dado momento. Mais precisamente, motivação é uma combinação da escolha de alguém em executar uma tarefa, seu desejo de dedicar esforço em executá-la e a determinação de persistir com este esforço.[9] Existem muitas fontes possíveis de motivação, mas três se destacam como as mais relevantes para a vida no trabalho.[10] A primeira, a motivação *extrínseca*, impulsiona, em alguma medida a maioria de nós em nosso trabalho – a motivação de fazer alguma coisa de modo a conquistar alguma outra coisa. É a sua motivação para aceitar determinado cargo porque o salário e os benefícios são insuperáveis; para trabalhar jornadas de 14 horas, a semana inteira, apenas para cumprir um prazo que você considera arbitrário; fazer tudo o que for preciso para ganhar um prêmio da indústria; ou redigir um parecer que você sabe que ficará bem por ocasião da avaliação de seu desempenho. Os dois dias de trabalho árduo de Lucas para preparar o relatório financeiro provavelmente haviam sido extrinsecamente motivados pelo prazo apertado.

A motivação *intrínseca* é o amor pelo trabalho em si – é realizá-lo porque ele é interessante, prazeroso, satisfatório, fascinante ou pessoalmente desafiador. A motivação intrínseca – um profundo *engajamento* no trabalho – pode impelir a surpreendentes demonstrações de esforço aparentemente não recompensado. Prova disso é o fenômeno da inovação em projeto de programação "Open Source", no qual milhares de programadores colaboram *on-line* para criar e aprimorar plataformas de computador – sem nenhuma compensação tangível.[11]

A atmosfera organizacional opressiva, na qual a equipe Domain estava vivendo na ocasião em que a estudamos, sufocava repetidamente a motivação intrínseca. Mas, mesmo naquela atmosfera, alguma motivação intrínseca sobrevivia. Alvin era um engenheiro sênior de produtos, de 47 anos, que entrou para a Karpenter assim que saíra do colegial. Esforçado e determinado, ele conseguira seu diploma universitário enquanto aprendia, na prática, desenvolvimento de produtos na empresa. Ele havia idolatrado seus mentores e sorria com orgulho enquanto enumerava os famosos produtos que ajudara a inventar. Em um dia especialmente frustrante de maio, um gerente de produtos da Domain lhe pedira que modificasse as medidas de um protótipo pela terceira vez, em um esforço para reduzir ainda mais os custos de matéria-prima. Alvin sabia que o exercício era inútil porque o produto simplesmente não funcionaria se fosse menor. Entretanto, mesmo diante disso, mais um em uma série de obstáculos para criar o produto, ele manteve sua motivação intrínseca:

> Tivemos mais obstáculos em nosso caminho e mais trabalho redundante do que se pode imaginar. Ora, pois bem – não importa – felizmente eu adoro desenvolvimento de produto. (Alvin, 26/5)

Finalmente, a motivação *relacional* ou *altruísta* surge da necessidade de se ligar e de ajudar outras pessoas.[12] A camaradagem que vem de colaborar com colegas simpáticos pode nos impulsionar, do mesmo modo que a crença de que nosso trabalho tem valor real para alguém, um grupo ou para a sociedade em geral. A motivação altruísta pode ser bastante genérica ("Meu trabalho ajuda pessoas com diabetes tipo 1") ou bastante específica ("Minha pesquisa poderia resultar em um tratamento para meu filho diabético"). Geralmente, o motivo por trás da motivação relacional não é nem de longe tão premente quanto o tratamento de uma doença – mas mesmo motivos menos dramáticos podem ser poderosos ("Minha colaboração ajuda um pobre desenhista principiante"). Muita gente é impelida a mostrar um bom desempenho a alguém ou a um grupo de que goste ou a quem respeite. Foi o caso de Neil quando, depois de Paul ter elogiado seu progresso na análise de desempenho, escreveu: "Eu me sinto realmente motivado por Paul e estou ainda mais disposto a ajudá-lo e a nossa equipe a serem bem-sucedidos."

As diferentes formas de motivação podem coexistir na mesma pessoa, ao mesmo tempo, pelo mesmo trabalho. De fato, quase todas as tarefas intrinsecamente motivadas têm os mesmos motivadores extrínsecos. Por exemplo, você pode ser intrinsecamente motivado pelo desafio de criar uma estratégia de marketing para um novo serviço, enquanto ainda está sendo impulsionado pelo prazo da próxima semana para apresentar essa estratégia ao conselho – um motivador extrínseco.

Infelizmente, existe um desagradável lado oculto da motivação extrínseca, uma faceta que muitos gestores não reconhecem: se os motivadores extrínsecos forem extremamente fortes e salientes, eles podem minar a motivação intrínseca; quando isso acontece, a criatividade pode sofrer.[13] Digamos que o executivo o lembra daquele prazo para apresentar sua estratégia de marketing duas vezes em um mesmo dia. Pressionado pelo sentido de que está trabalhando principalmente para cumprir o prazo, você pode perder o entusiasmo por criar algo maravilhoso. Pode começar a se concentrar estritamente em apenas executar o trabalho em vez de explorar em busca de uma estratégica "bacana" e realmente nova.

A maioria das pessoas tem forte motivação intrínseca para fazer seu trabalho, pelo menos no princípio da carreira. Esta motivação existe e continua a existir, até que algo impeça o caminho. Isso tem uma implicação surpreendente: desde que o trabalho seja importante, significativo, os administradores de empresas não precisam ficar buscando maneiras de motivar os funcionários a executá-lo. É bem mais útil que sejam removidas as barreiras para o progresso, ajudando as pessoas a vivenciarem a satisfação intrínseca que decorre da realização do trabalho.[14]

Como a motivação intrínseca é essencial para as pessoas fazerem seu trabalho mais criativo, nela concentramos nossa atenção ao analisar os relatórios diários de pesquisa.

O sistema da vida interior no trabalho

A vida interior no trabalho não é um estado fixo. É a interação dinâmica entre percepções, emoções e motivação de alguém a qualquer ponto de um dia de trabalho. Como os três elementos influenciam uns aos outros para criar uma experiência global subjetiva, isso significa que a vida interior no trabalho é um *sistema*, um conjunto de componentes independentes que interagem ao longo do tempo.

A dinâmica da vida interior no trabalho

Como exemplo de um sistema muito mais simples, considerem o ar-condicionado de um carro. Fundamentalmente, o sistema consiste de quatro elementos principais: o termostato; o compressor que converte o ar quente e úmido em ar frio e seco; o ventilador que sopra o ar do compressor para dentro do carro; e o ar dentro do carro. O aspecto chave de qualquer sistema é que você não pode explicar o que está acontecendo ao examinar apenas um ou dois elementos. O termostato reage continuamente às mudanças na temperatura criadas pelo ventilador e pelo compressor; o compressor precisa de um sinal do termostato; o ventilador não pode distribuir ar frio e seco a menos que o compressor funcione bem; e a temperatura apropriada no carro exige que todos esses elementos funcionem harmoniosamente.

Você pode compreender o sistema de ar-condicionado como um todo depois que identifica seus elementos e suas interações dinâmicas. De modo semelhante, a vida interior no trabalho é um sistema que pode ser compreendido pelo exame de cada um de seus elementos dentro do contexto do todo. Se o executivo enfia a cabeça pela porta de seu escritório pela segunda vez no dia para lhe perguntar como você está avançando na estratégia de marketing para a reunião do conselho da próxima segunda-feira, você não pode compartimentalizar sua frustração e é bem mais fácil que sua motivação intrínseca marche do que você consiga separar sua percepção do executivo como controlador demais e a tarefa como do tipo "vai ou racha". É impossível compreender sua vida interior no trabalho naquele momento sem considerar a interação dos três elementos.

A figura 2-2 retrata o sistema da vida interior no trabalho. Quando alguma coisa acontece – algum evento naquele dia – imediatamente deflagra o sistema:

FIGURA 2-2

O sistema da vida interior no trabalho

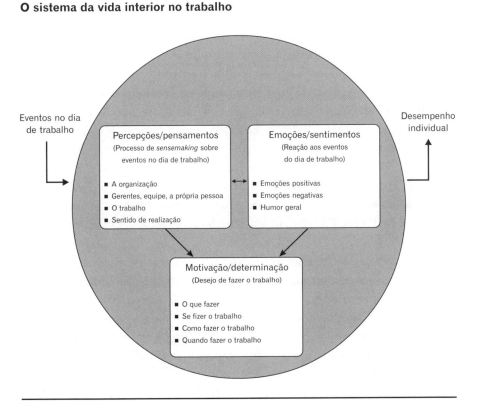

os processos cognitivo, emocional e motivacional.[15] Lembre-se do que aconteceu durante a reunião de redução de custos da equipe Domain. Os executivos haviam exigido que a equipe desenvolvesse novas ideias para reduzir custos em sua linha de produtos. Mas Christopher, o líder da equipe, cortou a sessão de *brainstorming* que o grupo tentou realizar para criar essas ideias. Ele insistiu que, para satisfazer as exigências da chefia, buscassem um modo de apresentar melhor os números daquilo que já haviam feito. Sua meta era convencer a alta administração de que a equipe não tinha problemas e que, na verdade, não precisava de novas reduções de custo.

Seu comportamento desencadeou muitos processos de racionalização nos membros da Domain. Tendo como pano de fundo histórias anteriores de outros incidentes em que administradores de um nível tentavam se livrar das exigências de administradores de um nível superior – colocando os subordinados em posições insustentáveis –, o comportamento de Christopher foi particularmente desagradável. Neil escreveu que Christopher estava "trapaceando o sistema", e o considerou um covarde egoísta, sem coragem para enfrentar a pressão da alta administração. Uma percepção que Christopher com certeza jamais quereria ouvir – e provavelmente nunca ouviu. É possível que ele não tivesse ideia de que suas ações naquela reunião resultariam em opiniões tão ruins a seu respeito.

Ao mesmo tempo que as pessoas estão formando percepções (ou pensamentos), elas estão reagindo emocionalmente ao evento.[16] Se o gatilho é algo específico e limitado pelo tempo, elas provavelmente vivenciarão uma emoção distinta, como felicidade ou frustração. Se for mais amplo, como um dia bom em que tudo parece estar dando certo, ou um dia ruim em que um fracasso se segue a outro, elas poderão vivenciar um humor geral bom ou mau. O registro diário de Neil sobre a reunião de redução de custos estava cheio de pontos de exclamação – e eles não eram positivos. "Tensa!!" foi o termo que ele usou para descrever a atmosfera, atribuindo-a "ao estilo relacional de Christopher".

Essas percepções alimentaram as emoções evocadas pelo evento, e as emoções alimentaram as percepções. Quanto mais tenso Neil se sentia naquela reunião, pior era a visão que tinha de Christopher. E quanto mais covardemente ou egoísta Christopher lhe parecia, mais agitado Neil se tornava. Por exemplo, impressões negativas intensificam a frustração, e vice-versa. A felicidade influencia as pessoas a fazerem interpretações mais positivas de um acontecimento, e vice-versa. Dependendo do que aconteça com esses processos cognitivos e emocionais, a motivação para o trabalho pode se elevar à estratosfera, mergulhar nas profundezas, ou praticamente não se alterar. No caso de Neil, a motivação se alterou muito. Quanto a trabalhar para Christopher, ele disse: "Não me senti nada motivado a seguir sua liderança. Em vez disso, eu queria fazer exatamente o oposto!"

O sistema inteiro de vida interior no trabalho influencia o desempenho, porque seus componentes são intimamente interligados. Mas a fonte primária de influência é a motivação. A motivação não apenas determina o que as pessoas vão fazer, quando e como elas vão fazer, mas também *se* elas vão fazer seu trabalho. Sem algum nível de motivação, o trabalho simplesmente não acontece. Os integrantes da equipe Domain tinham motivação extrínseca – a exigência da alta administração – para reduzir custos; mas quase não tinham motivação intrínseca. De modo nada surpreendente, a manipulação dos números por parte de Christopher não funcionou com a chefia. De modo que os membros do grupo continuaram desanimadamente a buscar meios de executar dramáticas reduções de custo, em vão. E a administração continuou a achar o desempenho deles insatisfatório.

A neurociência da vida interior no trabalho

Como percepções, emoções e motivação estão tão intimamente interligadas, um evento que desencadeie uma mudança em um componente do sistema de vida interior no trabalho também tem a probabilidade de influenciar os demais. A ciência do estudo do cérebro ajuda a explicar como os três componentes interagem para formar o desempenho. O sistema da vida interior no trabalho opera desse modo porque é assim que o cérebro humano opera. Áreas do cérebro responsáveis pelas emoções são, de forma complexa, conectadas com as áreas responsáveis pela percepção e pela cognição. Pesquisas sobre o cérebro revelam, por exemplo, que quando se mostra às pessoas imagens emocionalmente fortes, seu córtex visual é mais ativado do que quando lhes apresentamos imagens emocionalmente neutras.[17] Isso significa que a maneira como *pensamos* a respeito do que vemos é afetada por quanto aquilo nos *emociona*. Mesmo a quantidade de atenção que o cérebro dedica a um acontecimento é afetada pelo conteúdo emocional daquele evento.

O pensamento racional e a tomada de decisão não podem funcionar corretamente a menos que as emoções também funcionem corretamente. A despeito da premissa *Jornada nas Estrelas* de que os processos puramente racionais e destituídos de emoção do Dr. Spock resultavam em melhores tomadas de decisão, de fato, o oposto é que é verdadeiro – pelo menos para seres humanos. Pesquisas com pacientes que sofreram lesões nos centros de emoção do cérebro revelaram que sua capacidade de tomada de decisão ficou prejudicada, apesar de eles serem totalmente normais cognitivamente. Eles podem fazer cálculos complexos, compreender um idioma, ler e escrever, mas têm grande dificuldade para decidir até entre alternativas simples como tomar um táxi ou um ônibus.[18] Não conseguem decidir que opção é melhor, porque todas as escolhas lhes parecem igualmente boas. Sem a emoção do medo, por exemplo, acham impossível avaliar os riscos de uma escolha comparada à outra. De modo semelhante, uma vez que não conseguem se sentir felizes por suas realizações, eles têm muito pouca motivação intrínseca para o trabalho. Em qualquer dos dois casos, sua motivação para agir fica estagnada.

Os sentimentos informam valores que, por sua vez, informam decisões. Um piloto sem emoções que, numa emergência, calmamente pesa o custo da aeronave, comparando-o às vidas dos passageiros não é o que queremos. Queremos um piloto que apaixonadamente dê importância à vida e nunca considere o custo do avião.[19]

Como resultado dessas interconexões neurais, o desempenho dos indivíduos – o trabalho que escolhem fazer, o quão duramente se empenham em executá-lo, em que medida são criativos, como se comportam com os colegas de trabalho – depende de uma complexa interação de pensamentos, sentimentos e motivações. Esta é a realidade da vida interior no trabalho: uma vez que está intimamente ligada à arquitetura do cérebro, é uma parte inescapável de sermos humanos.

Vida interior no trabalho e dignidade humana

À medida que líamos os formulários diários que jorravam para os nossos computadores, dia após dia, começamos a nos dar conta do dinamismo, da urgência e da centralidade da vida interior no trabalho. Como já observamos, tínhamos pedido apenas que as pessoas descrevessem um evento memorável do trabalho no dia, entretanto, a maioria nos contou como o evento havia afetado seus sentimentos, seus pensamentos, ou sua motivação – e por vezes dois ou três destes aspectos se interligavam. Algo os impelia a nos contar sobre sua vida interior no trabalho, como se o relato ficasse incompleto sem esses dados cruciais.

Por nossas análises, sabemos que a vida interior no trabalho afeta o desempenho das pessoas. Mas também sabemos que ela afeta as próprias pessoas. Os ex-funcionários da Karpenter que apareceram no estacionamento no dia do leilão final dos bens da empresa não estavam lá por diversão voyeurística. Suas caretas, lágrimas e pragas revelavam que uma parte deles também estava indo a leilão. Ao longo dos anos, muitos Karpenteers haviam se orgulhado de fazer um bom trabalho, numa empresa admirável, onde sua vida interior vicejava. Então, nos tristes anos finais, tudo caiu por terra. Limitados em seu desempenho e tratados como mercadorias sem valor pela administração, eles passaram a ter uma má opinião da organização, de seus gestores, de seus colegas de trabalho, de seus projetos e, por fim, de si mesmos. Finalmente, perderam a centelha interior da motivação para o trabalho que outrora tinham amado. Sua vida interior no trabalho azedara e seu desempenho deixara de existir. Uma parte de sua identidade havia estado ligada ao trabalho que faziam na Karpenter, mas esta parte havia ficado vazia. Sua dignidade humana sofrera um golpe.

A vida interior no trabalho é uma parte importante da *vida humana*, que afeta a qualidade da existência cotidiana de forma significativa. Além do valor de contribuir para o desempenho organizacional, as pessoas têm valor como seres humanos. Como passam tanto tempo de suas vidas trabalhando, elas merecem a dignidade de ter uma vida profissional positiva no trabalho. Ao ler os diários, vimos em que medida o trabalho pode ser pessoal para que a ele se dedique tempo e esforço, diariamente se arriscando a fracassar em atingir suas metas. Ter um trabalho significativo, apoiado pela administração da empresa, pode realçar incomensuravelmente a vida. Trabalho desprovido de significado, interesse ou alegria pode resultar em vidas muitíssimo vazias.

Os administradores que se derem conta disso terão uma oportunidade valiosa. Ao escolher ações que apoiam a vida interior no trabalho, podem simultaneamente se tornar heróis para seus funcionários, construir sucesso de longo prazo em sua organização e acrescentar significado a seu trabalho como gestores – o que, por sua vez, vai alimentar *sua própria* vida interior no trabalho. Assim, no interesse desta tripla meta, vamos examinar mais a fundo como a vida interior no trabalho influencia pessoas e seu desempenho.

3

O efeito da vida interior no trabalho

Como a vida interior no trabalho impulsiona o desempenho

Helen sorriu e correu os dedos pelo curto cabelo louro enquanto terminava de fazer o registro em seu diário, no final de um dia atarefado de trabalho. Seu marido acabara de telefonar para dizer que fora buscar as crianças na creche e, embora exausta, a engenheira de programação, de 41 anos, estava profundamente satisfeita ao refletir sobre as 10 horas anteriores. Funcionária veterana de 15 anos na DreamSuite Hotels, agora trabalhando para uma subsidiária, Helen havia começado o dia sentindo-se grata pelo chefe de sua equipe ter lhe dito que ela poderia tirar folga durante a tarde para ver a filha, estudante da segunda série, se apresentar numa peça da escola.

> Fiquei muito grata e satisfeita com o fato de meu gerente de projetos trabalhar sempre comigo, de modo que posso ter tempo livre durante o dia para comparecer a compromissos pessoais importantes, ocasiões de família e coisas semelhantes. Isso me dá uma energizada que dura o dia inteiro. (Helen, 3/3)

Por causa do pequeno favor de seu gerente, a vida interior no trabalho de Helen levara uma injeção de ânimo antes mesmo que ela pusesse os pés no trabalho. O efeito positivo dessa injeção de ânimo era evidente em suas emoções (gratidão), em suas percepções (ter um gerente de projetos compreensivo e razoável) e em sua motivação (ficar no escritório até ter terminado o trabalho que havia planejado para o dia). De fato, Helen resumia sua percepção ao dizer: "Foi um bom dia para mim! Consegui dar conta de um bocado de trabalho."

Uma de suas principais tarefas naquele dia envolvera esclarecer uma cliente interna com dúvidas sobre um complicado programa recentemente concluído por sua equipe, a Infosuite. Ele era parte de um novo sistema de cobrança eletrônica para clientes do programa de descontos corporativos da DreamSuite Hotels. Helen se saiu tão bem ao atender às necessidades daquela cliente que recebeu um convite espontâneo para almoçar:

> Nossa cliente (...) me disse que eu era maravilhosa, e que queria me convidar para almoçar para demonstrar seu apreço! Fiquei encantada com a gentileza e com sua atenção. Aquilo me fez ter vontade de me empenhar ainda mais para fazer um bom trabalho (...) Tenho a sensação de que consegui dar conta de mais trabalho (...) do que de costume. (Helen, 3/3)

A vida interior no trabalho de Helen tinha importância para ela pessoalmente; "dava-lhe um bom dia". Mais importante, de uma perspectiva administrativa, parecia influenciar seu desempenho. Ela conseguiu dar conta de mais trabalho do que de costume *porque* começou o dia se sentindo satisfeita e otimista, com uma visão positiva de seu chefe, e bem disposta para trabalhar. Helen escreveu em seu diário que a atitude compreensiva a havia "energizado ao longo do dia inteiro". Ela escreveu que queria trabalhar mais para sua cliente *porque* ela "encantara" com sua gentileza.

A vida externa de trabalho de Helen não era um mar de rosas. Sua equipe, um grupo de profissionais competentes que colaboravam bem sob o comando de um par de colíderes, dava suporte técnico a clientes internos da Dream-Suite Hotels – uma empresa global que incluía várias cadeias famosas de hotéis. Com nove pessoas, a equipe Infosuite incluía programadores e analistas estatísticos de alto nível para as unidades financeiras da empresa, cuidando de toda a coleta de informações de armazenamento, de recuperação de dados e análise estatística. Mesmo assim, a despeito da importância do trabalho que faziam, a equipe trabalhava acampada em um cubículo extremamente feio, no canto de um armazém adaptado, nos subúrbios de Dallas. Geralmente, eram ignorados pelo pessoal da DreamSuite e até mesmo pelos gestores de sua própria subsidiária. De modo que o comentário elogioso que Helen recebeu da cliente da DreamSuite no dia 3 de março foi especialmente digno de nota; o trabalho de Helen deve ter sido realmente excepcional.

Helen achou que seu trabalho fora excepcionalmente bom *porque* ela se sentia muito bem naquele dia. Mas será que a vida interior no trabalho *realmente* estimula o desempenho de alguém? Será que uma vida interior no trabalho ruim tem um efeito negativo? Há anos, os cientistas têm debatido o efeito de emoções e (separadamente) o efeito de motivações sobre o desempenho, mas o resultado de nossa pesquisa é preciso e inequívoco.

À medida que a vida interior no trabalho tem altos e baixos, o desempenho a acompanha.

Estresse ou alegria: o que desencadeia um excelente desempenho

No momento em que desempenham suas funções, os funcionários estão "sob a influência" de sua vida interior no trabalho. Mas qual é a natureza desta influência? O senso comum parece ter opiniões contraditórias a respeito, do mesmo modo que as pesquisas acadêmicas. O ensaísta e filósofo do século XIX, Thomas Carlyle, escreveu a famosa frase "Sem pressão não há diamantes" – forma mais elegante dos ditados contemporâneos que dizem que "quando a situação é difícil, os duros se esforçam mais ainda", ou "é nas horas de aperto que os fortes sobressaem".[1] Esta importante corrente de crenças culturais ocidentais afirma que alto desempenho exige tribulações. Vários psicólogos organizacionais apoiam essa opinião. Eles argumentam que a insatisfação, o desconforto e a aflição galvanizam o desempenho – que as pessoas dão o melhor de si no trabalho quando sentem emoções negativas, pressão ou motivação extrínseca baseada em recompensas, avaliações, ou em competição com seus pares.[2] Jennifer George e Jing Zhou demonstraram, por exemplo, que breves períodos de estados de espírito negativos podem estimular a criatividade. Eles argumentam que humor negativo assinala que existe um problema a ser solucionado.[3]

Mas uma corrente igualmente forte do senso comum afirma que o sucesso resulta de se ter prazer no trabalho que se faz. Como disse o bilionário homem de negócios britânico, Philip Green, dono do grupo Arcádia: "Você tem que realmente adorar o que faz para fazer as coisas acontecerem."[4] Como Helen, muita gente vivencia dias especialmente produtivos, ou criativos, quando começa o dia num humor positivo. E a maioria deles já viveu momentos em que o estresse ou a infelicidade interferiram em sua capacidade de desempenhar bem suas funções, ou até mesmo em conseguir fazê-las. Acrescentando peso a esta perspectiva, muitos estudos mostram que o desempenho é melhor quando as pessoas estão satisfeitas com seus empregos, mais felizes e intrinsecamente motivadas pelo amor ao trabalho. E que se saem pior quando não estão.[5] Em 2008, por exemplo, Michael Riketta analisou dúzias de estudos sobre satisfação no trabalho e desempenho. Ele descobriu que, de um modo geral, maior satisfação prediz melhor desempenho subsequente.[6] Concentrando-se especificamente nas emoções, Barry Straw e seus colegas concluíram que funcionários que manifestavam emoções mais positivas em seu local de trabalho recebiam, em um ponto determinado no tempo, avaliações mais favoráveis de seus supervisores e maiores aumentos de salário em ocasiões posteriores.[7] E qual é a conclusão dos pesquisadores que defendem essa corrente do debate? Funcionários felizes e satisfeitos são melhores funcionários.

Como os estudiosos são espertos em reunir evidências, e como ambos os argumentos têm validade, podemos encontrar estudos em favor de uma ou de outra posição.[8] O problema é que nenhum dos estudos anteriores foi tão abrangente quanto o nosso. Alguns eram experimentos nos quais estudantes desempenhavam tarefas breves, concebidas pelo pesquisador, uma única vez. Outros se concentravam em funcionários fazendo trabalho de verdade, em organizações de verdade, mas se apoiavam em poucas medidas de avaliação e analisavam apenas um aspecto da vida interior no trabalho (geralmente a emoção). Nenhum deles coletou dados de uma base de amostragem tão ampla quanto a nossa; nenhum deles tinha uma visão das experiências cotidianas dos funcionários no decurso de um longo período de tempo; nenhum deles analisava tantas dimensões de desempenho ao longo do tempo. Essas medidas empobrecidas das pesquisas anteriores tornaram-nas pouco úteis para responder à questão de como a vida interior no trabalho influencia o desempenho. A verdadeira natureza deste elo permaneceu indefinida.

Nosso estudo diário faz pesar claramente o prato da balança para um lado do debate: mostra inequivocamente que uma vida interior no trabalho promove bom desempenho. O *efeito da vida interior no trabalho* é: as pessoas trabalham melhor quando estão felizes, têm opiniões positivas da organização e de seu pessoal, e principalmente estão motivadas pelo trabalho em si. Submetidas a extremo estresse, durante períodos curtos de tempo, as pessoas podem ter níveis muito altos de desempenho, mas isso só acontece sob condições especiais, que abordaremos mais tarde. A longo prazo, e sob a maioria das condições, as pessoas têm melhor desempenho quando sua vida interior no trabalho é positiva. A experiência de Helen, no dia 3 de março, realmente ilustra esse efeito.

Isso não significa que uma vida interior no trabalho positiva torna o trabalho fácil ou elimina frustrações. Dificuldades são inevitáveis porque grande parte do trabalho contemporâneo não é trivial. Aquele novo programa de cobrança que Helen teve que explicar a sua cliente da DreamSuite era extremamente complexo. A tinta eletrônica desenvolvida para o Kindle, da Amazon, levou quase uma década para ser aperfeiçoada. E tratamentos customizados contra a maioria de tumores cancerígenos ainda se mantêm uma meta indefinida, anos depois dos primeiros estudos promissores na área. Sempre existirão grandes obstáculos a ser transpostos. Mas quanto mais positiva for a vida interior no trabalho de alguém, mais capaz ele será de transpor esses obstáculos; de fato, tentar cumprir algumas metas realmente difíceis pode ser inebriante. Por outro lado, quando os eventos que se desenrolam em torno de alguém estragam sua vida interior de trabalho, seu desempenho possivelmente será prejudicado.

Não atribua à personalidade

Do mesmo modo que a personalidade não pode explicar plenamente a vida interior no trabalho, também não pode explicar inteiramente a *ligação* entre vida interior no trabalho e desempenho. Aqui também a explicação por meio da personalidade é sedutora. Gestores de empresas, por vezes nos perguntam se não é possível que certas pessoas de fato tenham melhor desempenho quando sua vida interior no trabalho piora – quando estão infelizes, consideram seus chefes como adversários e se sentem motivadas pelo medo ou pela raiva em vez de pelo trabalho em si?

Como isso realmente *é* possível, nos esforçamos para medir a personalidade e várias outras características demográficas de cada participante de nossa pesquisa, inclusive o nível de escolaridade, sexo e tempo de trabalho na organização, antes que o estudo começasse. Embora às vezes façam diferença, tais características não podem explicar nossos achados.[9] Ao examinar *os mesmos indivíduos, executando as mesmas tarefas*, vemos uma grande variação, dependendo do que estava acontecendo em suas vidas interiores de trabalho. Flutuações no desempenho dependem de variações na vida interior no trabalho decorrentes dos eventos na situação de trabalho, que independem dos traços de personalidade ou de outras características do funcionário.

Considerem o exemplo de Helen. Ela era consistentemente uma empregada alegre e dedicada ao trabalho, otimista e animada, sempre com um alto desempenho? Ela era incapaz de reações negativas? De jeito nenhum. Permitam-nos contar-lhes um pouco mais sobre a história da DreamSuite Hotels.

No início de sua participação de quatro meses em nosso estudo, os membros da Infosuite trabalhavam numa subsidiária chamada HotelData, empreendimento conjunto entre a DreamSuite Hotels e a Collander Data Systems. A meta desse empreendimento conjunto era usar a força da Collander em gerir informações de tecnologia para atender às necessidades concretas de informações da DreamSuite. A HotelData inicialmente era composta de funcionários da DreamSuite Hotels – incluindo a maioria dos membros da equipe da Infosuite – e um número menor de antigos funcionários da Collander (principalmente altos cargos executivos e administrativos).

Contudo, apenas 18 meses depois que o empreendimento conjunto foi finalizado, a Collander se retirou. Em 29 de março, apenas um mês depois do "bom dia de trabalho" de Helen, a HotelData se tornou subsidiária de propriedade exclusiva da DreamSuite. O pessoal da Infosuite foi oficialmente informado da saída apenas algumas semanas antes dela se tornar efetiva. Com considerável amargura, eles descreveram a mudança como uma "tomada de controle" por parte da DreamSuite.

A amargura resultava, em grande parte, do fato de que, quando a HotelData foi formada, os membros da Infosuite não tiveram escolha senão se tornar integrantes da HotelData e abrir mão de seu status como funcionários da DreamSuite – e dos benefícios que haviam acumulado – se quisessem manter o emprego. Como muitos de seus colegas, Helen considerou o fato uma demissão da DreamSuite. Agora, com a saída da Collander, informaram-lhes – por carta, sem quaisquer reuniões para dar seguimento – que eles precisavam começar de novo, do zero, como funcionários da DreamSuite; não haveria reintegração dos benefícios. A equipe deplorou a "tomada de controle" da DreamSuite, sentindo-se desvalorizada pela organização "mãe". Foi assim que Helen reagiu quando recebeu a notícia:

> Hoje, ouvimos fortes boatos de que o presidente de nossa empresa, HotelData, havia se demitido e levado consigo os amigos que estavam no comando com ele, deixando-nos à mercê de alguns ex-funcionários da DreamSuite imbecis que ocupam altos cargos aqui na HotelData. Apesar de saber que não tenho nenhum tipo de poder sobre a situação, me incomoda muito que a DreamSuite ainda possa me atingir. Fui funcionária da empresa por mais de 12 anos e acho que adorava a empresa. Ainda devo ter algum ressentimento por ter tido meu contrato "terminado". Fiquei

bastante aborrecida ao ouvir a notícia. Saber desses boatos influenciou no meu trabalho. (Helen, 12/3)

Observem dois aspectos importantes neste registro do diário. Primeiro, a reação de Helen a esta situação desagradável deixa claro que seu controle de humor não estava sempre virado para a posição "feliz". Os eventos mudaram, sua vida interior no trabalho também mudou. Segundo, as últimas linhas oferecem uma indicação adicional de que a vida interior no trabalho afeta o desempenho. Dessa vez, a indicação revela o lado reverso, sugerindo que uma vida interior no trabalho negativa prejudica a capacidade de atuar com eficiência.

Medindo o desempenho

O trabalho de equipe na maioria das organizações contemporâneas é colaborativo e complexo, exigindo constantes soluções para problemas e um profundo engajamento. Isso com certeza se aplicava ao trabalho que os participantes de nosso estudo estavam desempenhando. Em ambientes em que as pessoas têm que trabalhar juntas para solucionar problemas difíceis, o alto desempenho tem quatro dimensões: criatividade, produtividade, comprometimento e coleguismo. São as mesmas dimensões que muitas organizações modernas incluem em suas avaliações de desempenho.

Criatividade – a capacidade de apresentar ideias novas e úteis – é provavelmente o aspecto mais crucial do desempenho no mundo de negócios dos nossos dias. Mas a criatividade sozinha é insuficiente. *Produtividade* significa cumprir as tarefas em base regular, apresentando trabalho de alta qualidade, e finalmente concluir os projetos com sucesso. *Comprometimento* com o trabalho, o projeto, a equipe e/ou a organização é algo que os funcionários demonstram quando perseveram diante de dificuldades, ajudam seus colegas a se sair bem e fazem tudo o que é necessário para concluir a tarefa. *Coleguismo* é qualquer ação que contribua para a coesão da equipe; é o que os membros do grupo demonstram quando apoiam uns aos outros interpessoalmente, agem como se todos eles fossem parte da mesma equipe e do mesmo esforço de trabalho, mostrando que se importam que a equipe funcione bem.

Como a vida interior no trabalho é *interna*, só pode ser avaliada por relatos pessoais de cada indivíduo. Para nosso estudo, esses relatos vieram de várias medidas de pensamentos, sentimentos e motivações no formulário diário.

Obtivemos avaliações das quatro dimensões do desempenho – criatividade, produtividade, comprometimento e coleguismo – a partir de avaliações mensais feitas por supervisores e colegas de equipe. Além disso, como criatividade e produtividade são geralmente vistas como contribuições chave para o desempenho final das empresas, obtivemos medições adicionais diárias dessas duas dimensões do desempenho.

As provas

Analisar milhares de pontos de referência de todos os nossos participantes nos permitiu compreender em detalhes os efeitos da vida interior no trabalho – a relação entre cada um de seus componentes e as quatro dimensões do desempenho profissional. Vocês poderão encontrar os detalhes de nossas medições e análises no apêndice. Aqui, ressaltaremos nossos principais achados.

Descobrimos que cada dimensão de desempenho flutua acompanhando cada componente da vida interior no trabalho – emoções, percepção e motivação. Concentraremos nossa atenção na criatividade por dois motivos. Primeiro, *criatividade* é a dimensão mais importante do desempenho, dada a necessidade de trabalho desbravador nas organizações do século XXI. Segundo, não existem quaisquer grandes diferenças entre a criatividade e as outras dimensões do desempenho no padrão de resultados. Criatividade, produtividade, comprometimento e coleguismo se elevam quando os três componentes da vida interior no trabalho são positivos. Apresentaremos os resultados de criatividade para cada componente da vida interior no trabalho, a começar pelas emoções. Apesar de ilustrarmos nossos achados com alguns registros diários de nossos participantes, os achados em si são baseados em dados de análise estatística de todos os participantes.

Emoções

Nosso estudo dos diários revelou uma conexão definitiva entre emoção positiva e criatividade.[10] Observamos emoções específicas, bem como o humor geral (o conjunto de emoções positivas e negativas durante o dia). De um modo geral, quanto mais positivo for o humor de alguém, mais pensamentos criativos ele terá naquele dia. Abrangendo todos os participantes do estudo, houve um aumento de 50% na possibilidade de surgirem ideias criativas nos dias em que as pessoas relatavam estados de humor positivos, comparado aos dias em que elas relatavam humor negativo.

Para identificar a criatividade, pesquisamos cada uma das 12 mil narrativas de "eventos do dia" em busca de provas de que alguém realmente teve pensamentos criativos em determinado dia. Definimos *pensamento criativo* como apresentar ou procurar uma ideia, solucionar ou se engajar na solução de um problema. Não incluímos nada que fosse obviamente rotineiro. Por exemplo, um cientista de P&D de uma das indústrias químicas que estudamos relatou pensamento criativo quando escreveu:

> Tentei tudo o que sabia fazer (no equipamento) de modo a moldar o composto da resina e nada funcionou. Então, tentei uma coisa que não tinha sido feita antes, que fosse do meu conhecimento, e está funcionando maravilhosamente neste momento.

Tenham em mente o fato de que não pedimos aos participantes que relatassem pensamento criativo, nem mesmo lhes dissemos que estávamos interessados em criatividade. Somente quando calhou de relatarem espontaneamente algo desse tipo como o "evento do dia", pudemos dizer que eles tinham tido pensamentos criativos. Esses exemplos eram significativamente mais prováveis em dias de emoção positiva (ver "A felicidade estimula a criatividade").

Até encontramos um surpreendente efeito residual, mostrando que a criatividade se segue à emoção positiva. Quanto mais positivo tiver sido o humor de alguém em determinado dia, mais pensamentos criativos ele terá no dia seguinte – e, em certa medida, no dia subsequente – mesmo levando-se em conta seus estados de humor nos dias posteriores. É possível que isso se deva ao que os psicólogos chamam de *efeito de incubação*.[11] Estados de humor prazerosos estimulam maior amplitude de pensamentos – maior variação cognitiva – que pode se manter e até aumentar no intervalo de um dia ou mais.[12] Essa variação cognitiva pode levar a novos *insights* no trabalho. Em outras palavras, embora novas ideias possam emergir logo depois que você vivenciar uma emoção positiva, também pode acontecer de elas aparecerem bastante depois.

Vimos este efeito residual repetidas vezes nas narrativas diárias de Marsha, uma colega de equipe de Helen. Marsha, uma engenheira de programação mignon e extrovertida, que havia começado a trabalhar na DreamSuite mais de 30 anos antes, se empenhava tanto quanto todos os outros membros

MATERIAL PARA REFLEXÃO

A FELICIDADE ESTIMULA A CRIATIVIDADE

Vocês poderiam se perguntar se as emoções realmente *causam* mudanças na criatividade. A psicóloga Alice Isen, da Universidade de Cornell, uma pioneira entre pesquisadores que estudam emoção e criatividade, descobriu que a resposta é sim. Nos anos 1980, enquanto trabalhava na Universidade de Maryland, Isen e cols. conceberam uma série de engenhosos experimentos para observar o efeito da emoção na solução criativa de problemas. Em um experimento, quando os participantes chegavam individualmente ao laboratório de psicologia, os pesquisadores os punham – aleatoriamente – em um estado emocional específico.[a] Para induzir emoção positiva, exibiam o clipe de cinco minutos de uma comédia. Para induzir emoção negativa, eles exibiam um clipe de cinco minutos de um documentário sobre campos de concentração nazistas. Os estudantes na condição de emoção neutra recebiam um de três tratamentos: ou assistiam a um filme de cinco minutos sobre matemática, ou se exercitavam por dois minutos (subindo e descendo em um bloco de cimento) ou não recebiam nenhum tratamento particular naquela fase.[b]

Então, pedia-se que, trabalhando individualmente, os trinta e cinco homens e trinta e oito mulheres do experimento solucionassem um problema; era-lhes dada uma caixa cheia de tachas, uma vela e uma caixa de fósforos, e eles tinham dez minutos para afixar a vela em uma placa de cortiça na parede, de tal modo que a vela ficasse acesa sem pingar cera no chão abaixo.[c] Os estudantes que haviam assistido à comédia tinham significativamente maior probabilidade de solucionar o problema. Dada a atribuição aleatória de tarefas e o cuidadoso controle da situação no labora-

daquela equipe dedicada. E ela possuía muitas novas ideias. Pouco mais de um quarto das entradas registradas por Marsha mostrava pensamento criativo. A vasta maioria (80%) desses "desempenhos criativos" parece ter sido desencadeada por estados emocionais positivos nos dias anteriores.[13]

Por exemplo, no dia 9 de março, Marsha foi designada para trabalhar em colaboração com Helen em um novo projeto. Em seu diário, Marsha relatou que se sentia estimulada pelo desafio; teria que aprender um novo sistema e também estaria escrevendo programas novos. Além disso, ela trabalharia com Helen: "Adoro trabalhar com Helen porque sempre aprendo muita coisa tório, o experimento – como outros de Isen – demonstra causa e efeito: emoção positiva gera maior e melhor capacidade de solução criativa de problemas.[d]

a. A. M. Isen, K. A. Daubman e G. P. Nowicki, "Positive Affect Facilitates Creative Problem Solving", *Journal of Personality and Social Psychology* 52 (1987): 1122-1131.
b. Os pesquisadores determinaram separadamente que assistir à comédia induzia mais sentimentos positivos, e que o filme nazista induzia mais sentimentos negativos do que as condições neutras.
c. Este é um teste clássico, chamado de problema da vela Duncker, em homenagem ao psicólogo Karl Duncker (que o usou em um conjunto de experiências, em 1945). O problema pode ser solucionado ao se esvaziar a caixa e prendê-la com as tachas na placa de cortiça; então, acender-se a vela para derreter um pouco de cera dentro da caixa e colar-se a vela sobre a cera derretida. Desse modo, a caixa vazia serve de porta-vela e contém acumulada a cera derretida.
d. Em outro experimento de Isen, os integrantes foram médicos que participaram individualmente (C. A. Estrada, A. M. Isen e M. J. Young, "Positive Affect Improves Creative Problem Solving and Influences Reported Source of Practice Satisfaction in Physicians", *Motivation and Emotion* 18 (1994): 285-299). Os médicos escolhidos aleatoriamente para ficar em condições de humor positivo obtiveram uma pontuação significativamente mais alta no teste do que aqueles no grupo de controle. Além disso, em um questionário, aqueles que estavam em condições de humor positivo atribuíram relativamente mais importância ao humanismo (versus ganhar dinheiro) como motivo para praticar medicina. A maioria dos experimentos sobre emoção e criatividade, contudo, alistou estudantes como participantes e não profissionais médicos. Muitos desses estudos são examinados por Alice Isen nas seguintes obras: A. Isen, "On the Relationship Between Affect and Creative Problem Solving", em *Affect, Creative Experience and Psycological Adjustment*, ed. S. W. Russ (Philadelphia: Brunner/Mazel, 1999): 3-18; A. Isen, "Positive Affect", in *Handbook of Cognition and Emotion*, eds. T. Dagleish e M. Power (Nova York: Wiley, 1999): 521-539.

com ela e também nos divertimos muito!" No dia em que recebeu a nova tarefa, ela qualificou seu humor como muito acima da média.[14] No dia seguinte, relatou ter solucionado um problema criativamente e também ter contribuído com algumas novas ideias.

Hoje, participei de uma reunião com Harry (líder de nossa equipe) e Helen, sobre o novo projeto. Pude lhes relatar que havia descoberto um modo de clonar um programa velho que está em nosso sistema, o que reduzirá muitas horas do tempo previsto para o projeto. Também pude contribuir com algumas boas sugestões para esta fase de planejamento de nosso projeto (...) Acho que fui um bocado criativa hoje! (Marsha, 10/3)

O padrão no diário de Marsha ilustra nossos achados com relação a todos os participantes do estudo. Ela se sentiu bem e satisfeita em um dia, e a criatividade se seguiu no dia seguinte. Estava animada com o desafio do novo projeto e em trabalhar com Helen; estes sentimentos desencadearam criatividade.

Percepções

A criatividade era maior quando os participantes do nosso estudo tinham mais percepções positivas de seu ambiente de trabalho – dos níveis mais altos da administração e da organização inteira, até seus próprios cargos. Os funcionários eram mais criativos quando viam sua organização e seus líderes sob uma luz positiva – como sendo colaborativos, cooperativos, abertos a novas sugestões, capazes de desenvolver e avaliar novas sugestões de forma justa, concentrados em uma visão inovadora e dispostos a recompensar trabalho criativo. Em outras palavras, quando as pessoas viam que uma nova ideia era tratada como mercadoria preciosa – mesmo se no final se revelasse não factível – elas tinham mais probabilidade de contribuir com sugestões. Ao contrário, eram menos criativas quando consideravam a organização e seus líderes movidos por conflitos políticos e por competição interna, duramente críticos com novas ideias e avessos a riscos.[15]

As percepções da equipe e de seu líder também eram importantes. Os funcionários eram mais criativos quando sentiam que tinham o apoio do líder da equipe e de seus colegas. Tom, um engenheiro de programação da Infosuite, por exemplo, embora estivesse próximo da aposentadoria depois de mais de 20 anos de trabalho na DreamSuite, tinha enorme respeito e afeto pelos líderes de projeto Ruth e Harry, bem mais jovens que ele – ambos com 30 e poucos anos. Eles haviam conquistado seu respeito com a competência e a consideração com que tratavam todo mundo na equipe. Consequentemente, Tom apresentava um desempenho especialmente bom nos dias em que expressava opiniões positivas a respeito de uma interação com Ruth ou com Harry.

Percepções do trabalho em si também influenciavam a criatividade. No dia 12 de março, Marsha foi incumbida de outra missão. Parte dos dados de uma das cadeias de hotéis da DreamSuite não podia ser localizado. As informações precisavam ser encontradas e assinaladas para serem utilizadas adequadamente, sem criar problemas no resto do conjunto de dados. Como disse Marsha, "criar um programa rápido, assim de estalo, é o que chamamos de um *ad hoc*... pode ser complicado porque você precisa fazer tudo na pressa, mas ao mesmo tempo também tem que ser perfeito, caso contrário você estraga a base de dados. Gosto desse tipo de desafio." Marsha concluiu a tarefa naquele mesmo dia. Como Marsha, a maioria das pessoas se mostrou mais criativa quando considerou suas tarefas como desafios, e quando tinha autonomia para se desincumbir delas.[16]

Outros elementos-chave que apoiam a criatividade incluíam ter recursos e tempo suficientes para fazer o trabalho. Teremos mais a dizer sobre os efeitos do ambiente de trabalho no Capítulo 6. Nele há alguns achados bastante surpreendentes sobre a pressão de tempo percebida. (Dica: Tempo suficiente é necessário, mas a experiência de Marsha de ser criativa "de estalo" não era inteiramente aberrante.)

Motivação

A motivação, o terceiro componente da vida interior no trabalho, também influencia a criatividade. Ao longo dos últimos 30 anos, nós e nossos colegas conduzimos vários estudos que demonstraram que as pessoas são mais criativas quando são movidas principalmente por motivadores intrínsecos: o interesse, o prazer, a satisfação e o desafio do trabalho em si – e não por motivadores extrínsecos: a promessa de prêmios, a ameaça de avaliações duras, as pressões de competições de perder ou ganhar, ou prazos apertados demais. A maior parte das provas foi obtida em experimentos, permitindo conclusões sobre causa e efeito: se baixássemos a motivação intrínseca, ou aumentássemos a motivação extrínseca, isso resultava em menor criatividade.[17]

Para um experimento, recrutamos 72 escritores criativos.[18] Quando eles chegaram (individualmente) ao laboratório de psicologia, todos escreveram um breve poema sobre o tópico "Neve" (afinal, estávamos em Boston, no inverno). Usamos esses poemas como uma pré-medida de criatividade, antes de alterarmos seu estado motivacional. Então, aleatoriamente atribuímos a um terço dos escritores a condição de motivação extrínseca. Demos a eles um curto questionário "Razões para escrever", que lhes pedia para enumerar em ordem de importância sete motivos para ser um escritor: *todos* os itens, de acordo com pesquisa anterior, eram extrínsecos, como: "Você já ouviu falar de casos em que um livro ou coleção de poemas recordista de vendas tenha deixado o autor numa situação de segurança financeira." A ordem de importância era irrelevante; o objetivo era fazer aqueles escritores passarem alguns minutos entrando num estado mental extrinsecamente motivado. Um terço dos escritores preencheu um questionário "Razões para escrever" que incluía apenas motivos intrínsecos, como "Você gosta da oportunidade de autoexpressão". O terço final de escritores (o grupo de controle) passou alguns minutos lendo uma história irrelevante.

Então, todos escreveram um segundo poema curto sobre "O riso". Depois de todos os 72 escritores terem participado, um grupo diferente de 12 escritores julgou independentemente os níveis de criatividade de todos os poemas (sem saber qual tinha sido produzido por quem). Os resultados foram simples e claros. Embora os poemas de pré-medida não mostrassem diferenças, o conjunto produzido pelos escritores que haviam contemplado apenas motivos extrínsecos para escrever foi significativamente inferior em criatividade quando comparado aos demais. Em outras palavras, motivação intrínseca era mais conducente à criatividade do que motivação extrínseca.

Pensem a este respeito. Dediquem apenas cinco minutos ao fato da motivação extrínseca ter baixado temporariamente a criatividade poética de pessoas que normalmente *adoravam* escrever poemas. Isto ressalta ainda mais o poder de pequenos eventos. Imaginem o quanto a motivação e a criatividade podem ser fortemente prejudicadas em locais de trabalho que bombardeiem os funcionários com motivadores do tipo punição e incentivo todos os dias.

Nosso estudo dos formulários diários demonstrou que esse achado não se limita ao laboratório nem é específico de escritores criativos; a motivação intrínseca desempenha um papel na criatividade dentro das organizações. Os participantes do estudo citado foram mais criativos em seu trabalho individual nos dias em que estavam mais intrinsecamente motivados. Além disso, os projetos que se distinguiram pelos maiores níveis de criatividade global foram aqueles em que os membros da equipe tinham a média mais alta de motivação intrínseca em seu dia a dia de trabalho.

Aqui, mais uma vez, podemos ver o impacto real da vida interior no trabalho pelos olhos de Marsha. No dia 18 de fevereiro, ela estava se sentindo sobrecarregada e numa correria porque ia sair para um fim de semana de três dias. Ela conseguiu encontrar um modo criativo de realizar duas tarefas em consideravelmente menos tempo do que havia estimado – algo que não apenas agradou o cliente, mas também economizou dinheiro para a HotelData. Em sua narrativa, ela deixou claro que seu ímpeto de se desincumbir das tarefas rapidamente havia sido intrínseco, não extrínseco. Em suas palavras: "(...) não é por causa de nenhuma pressão externa. Impus a mim mesma a missão de dar conta daquelas solicitações antes de ir embora."

Da satisfação individual ao sucesso organizacional

Vida interior no trabalho positiva melhora o desempenho em indústrias de todos os ramos – naquelas que estudamos e nas que não estudamos. Considerem, por exemplo, a firma varejista de sapatos e roupas on-line, Zappos.com. Um estudo de caso de 2009 sobre a Zappo enfatizou a importância da felicidade dos funcionários para o espantoso crescimento no faturamento da empresa desde 2000. O executivo chefe, Tony Hsieh, e o chefe de operações, Alfred Lin, falavam frequentemente sobre a satisfação dos funcionários. Como disse Lin, "nossa filosofia é de que não se pode ter clientes felizes sem funcionários felizes (...)".[19] Muitos na Zappos acreditavam que a ênfase na satisfação era responsável pelo trabalho de alta qualidade dos funcionários em todos os setores da empresa, do serviço de atendimento ao cliente na central telefônica ao movimentadíssimo armazém. Em concordância com este exemplo, nossos achados demonstram que promover vida interior no trabalho positiva não apenas leva as pessoas a se sentirem melhor, como também faz com que as pessoas executem melhor seu trabalho.

Em 2010, James Harter, do Gallup Inc., publicou com vários colaboradores um estudo apresentando provas concretas de que vida interior no trabalho positiva para os funcionários se traduz em melhor desempenho e resultados financeiros para as empresas.[20] Trabalhando com mais de 2 mil unidades de negócios, em 10 empresas diferentes, de setores de indústrias tão diversas quanto saúde e transporte, os pesquisadores usaram informações de 141.900 funcionários sobre satisfação com o trabalho e percepção do ambiente profissional em diversos momentos. Os pesquisadores usaram os indicadores de vida interior no trabalho para prever o desempenho das unidades estratégicas de negócios em momentos posteriores. Os resultados mostraram que a satisfação dos funcionários e sua percepção sobre a organização, seus gestores, seus colegas e seu trabalho significativamente previam vendas, lucratividade, lealdade de clientes e capacidade de retenção de funcionários. Em outras palavras, uma melhor vida interior no trabalho para os funcionários resulta em benefícios tangíveis para as empresas e seus acionistas.

Como a vida interior no trabalho se traduz em desempenho

À luz de nossos resultados, gestores que dizem – ou em segredo acreditam – que os funcionários trabalham melhor sob pressão, incerteza, descontentamento ou medo estão pura e simplesmente enganados. A vida interior no trabalho negativa tem efeito negativo nas quatro dimensões do desempenho: as pessoas são menos criativas, menos produtivas, menos comprometidas e têm menos espírito de camaradagem umas com as outras quando sua vida interior no trabalho obscurece. Mas por quê? Como a vida interior no trabalho se traduz em comportamento profissional?

A psicologia e a neurociência oferecem algumas pistas sobre um aspecto da vida interior no trabalho – a emoção. Pesquisadores descobriram que emoções positivas e negativas são produzidas por diferentes sistemas cerebrais; como resultado, essas emoções exercem efeitos bem diferentes sobre a maneira como a pessoa pensa e age.[21] A psicóloga Barbara Fredrickson teorizou que emoções positivas ampliam o conjunto de pensamentos e o repertório de ações que as pessoas executam, mas que humor negativo faz exatamente o oposto.[22] Fredrickson e cols. testaram sua teoria de várias maneiras. Em dois experimentos com 104 estudantes de faculdade, ela usou clipes de filmes para induzir emoções positivas, negativas ou neutras, e então os fez cumprir uma tarefa.[23] A tarefa do primeiro experimento media o escopo da atenção ao testar se os estudantes tinham compreendido a configuração global de um padrão geométrico ou se se concentravam estritamente nos detalhes. Comparados com os estudantes na condição de emoção neutra, os que vivenciaram emoções positivas tinham mais possibilidade de ver a floresta do que se concentrar apenas nas árvores.

O segundo experimento de Fredrickson usou a tarefa de preencher lacunas para medir quantas ações os estudantes gostariam de executar enquanto sentiam a emoção particular evocada pelo filme a que haviam acabado de assistir. Comparados com estudantes que se sentiam neutros, os que foram induzidos a emoções positivas listaram muito mais ações que gostariam de executar; os que sentiam emoções negativas listaram bem menos ações. Analisados em conjunto os dois experimentos demonstraram que emoção positiva pode ser libertadora e que emoção negativa pode ser repressora. A pesquisa sugere como um componente da vida interior no trabalho pode afetar as pessoas.

Ao analisar cuidadosamente as respostas registradas nos diários de nossos participantes, pudemos construir um quadro mais abrangente de como os três aspectos da vida interior no trabalho influenciam a criatividade, produtividade, comprometimento e coleguismo. Descobrimos que o efeito da vida interior no trabalho opera de três modos principais: *atenção* às tarefas, e*ngajamento* no projeto e *intenção* de trabalhar arduamente. Quando a vida interior no trabalho é boa, se tem maior probabilidade de prestar atenção ao trabalho em si, de ficar profundamente engajado no projeto de sua equipe, e de se apegar à meta de executar um excelente trabalho. Quando a vida interior no trabalho é ruim, há maior tendência à distração (com frequência, por aquilo que está matando sua vida interior no trabalho), ao desengajamento dos projetos da equipe e à desistência de se tentar alcançar as metas estabelecidas que se têm diante de si.

Os piores dias da equipe Infosuite nos ajudaram a pintar este quadro. Usamos vida interior no trabalho negativa nos exemplos que ilustraremos a seguir porque os participantes do nosso estudo tendiam a escrever relatos mais vívidos em seus diários quando os eventos eram desagradáveis. Mas tenham em mente que são apenas as imagens do reverso da moeda da vida interior no trabalho positiva. E tenham em mente que essas ilustrações negativas são verdadeiras não apenas para a Infosuite, mas também para as equipes das várias empresas que pesquisamos.

Infosuite: vida interior no trabalho em ação

De um modo geral, o desempenho no dia a dia da equipe da Infosuite era médio, com muitas variações. Essas variações de desempenho refletem as oscilações extremas na vida interior no trabalho dos membros do grupo. Eles vivenciavam muitos dias bons, mas também tinham muitos dias ruins.

A maioria dos eventos negativos que afetaram a equipe foi causada por decisões da alta administração da HotelData e da empresa mãe, o DreamSuite. Descrevemos anteriormente as reações negativas da equipe à "tomada de controle", quando a DreamSuite readquiriu a HotelData como sua subsidiária. Depois desse evento crítico, as coisas rapidamente ficaram bem piores.

Pouco depois da reaquisição, começaram a circular rumores sobre demissões e, então, as demissões se tornaram realidade. Aconteceram em ondas, começando pelos gestores de alto nível, descendo para o nível de gerentes de projetos e atingindo os membros da equipe pouco depois de encerrarmos nosso estudo. Ao longo dos dois últimos meses de pesquisa, os membros da Infosuite se preocupavam com a possibilidade de que seu gerente de projetos (um de seus dois líderes de equipe) pudesse ser demitido e de que eles também pudessem perder o emprego. A preocupação cresceu porque os administradores falharam em explicar adequadamente a base para quaisquer novas demissões; eles nem sequer convidaram a equipe da Infosuite para o piquenique anual da empresa, aumentando a sensação de isolamento da equipe e o temor de que eles não fossem mais parte da empresa. Como se revelou, nenhum deles recebeu o bilhete azul. Mesmo assim, o desenrolar dos eventos criou um caos na vida interior no trabalho e no desempenho da equipe – especialmente nos dias em que as demissões ocupavam o centro do palco.

Vejam o trecho a seguir do diário de Marsha, apresentado no dia em que as demissões começaram. À medida que lerem, tenham em mente o histórico de Marsha. Ela estava com 30 anos de trabalho na DreamSuite, durante os quais havia assistido – e sobrevivido – a vários cortes de pessoal. As demissões em massa nunca se tornavam mais fáceis porque, a cada vez, ela temia perder o emprego e via colegas muito estimados saírem porta afora com suas caixas de pertences pessoais.

> Está muito difícil trabalhar e conseguir fazer alguma coisa por aqui hoje. 39 pessoas perderam o emprego (...) e parece que isso é apenas o começo. Eles agora vão se livrar do pessoal do nível de gerentes de projetos e depois passarão para o nosso nível; até fizeram circular uma carta informando! Sinto-me como uma esposa vítima de abusos que se recusa a largar o marido que a maltrata. Estou sempre dando mais uma chance e eles sempre acabam nos dando um murro na cara. Tenho vergonha da minha incapacidade de me levantar e ir embora com alguma dignidade. Em vez disso, fico sentada aqui, esperando que decidam o meu destino. (Marsha, 15/4)

É difícil a vida interior no trabalho ficar pior do que se sentir como uma esposa vítima de abusos. A maneira mais óbvia pela qual esse estado interno afetou o desempenho de Marsha, no dia 15 de abril, foi a distração dos complexos processos cognitivos que seu trabalho na Infosuite exigia. Do mesmo modo que muitos de seus colegas, Marsha ficou com a mente perturbada. À medida que as demissões continuaram, tornou-se ainda mais difícil para as pessoas se concentrarem.

30 gerentes de projetos foram postos no olho da rua hoje, durante a manhã, até pouco depois da hora do almoço. Foi de dar nos nervos, e a única coisa que todo mundo conseguiu fazer foi falar ou pensar a respeito disso durante boa parte do dia. Algumas de minhas colegas até choravam em suas mesas de trabalho. (Helen, 20/5)

Não há nenhuma necessidade de invocar mecanismos neurológicos sutis para explicar o efeito das emoções negativas desse dia no desempenho dos membros da Infosuite. É difícil prestar atenção no trabalho quando todo mundo ao seu redor está falando de ser demitido. É impossível se concentrar no trabalho de programação quando as letras na tela do computador parecem borradas pelas lágrimas.

As demissões também levaram os membros da Infosuite a se desligarem do trabalho. Marsha admitiu apatia com relação à tarefa que tinha diante de si quando disse, no dia 15 de abril, "Estou sentada aqui, esperando por eles...". A percepção de Marsha sobre a administração executiva da DreamSuite e sobre si mesma a levou a esse desligamento. Ela via a DreamSuite como um inimigo e a si mesma como uma tola covarde. Tal percepção destituiu seu trabalho de significado positivo. Sua identidade como empregada da HotelData, e mais uma vez como empregada da DreamSuite, havia se tornado um fardo; seu crachá de funcionária, um distintivo de vergonha. Não é de espantar que ela quisesse se distanciar do trabalho.

Quando os empregos são destituídos de significado pessoal, a intenção de trabalhar com afinco evapora. Isso acontece porque o trabalho não é mais intrinsecamente motivador – não é mais interessante, prazeroso ou pessoalmente desafiador. Quando a motivação se tornou puramente extrínseca – quando se está apenas cumprindo o horário para ganhar uns trocados ou para receber os benefícios – fazemos o que tivermos que fazer por obrigação, mas não mais do que isso. As metas foram estreitadas; dar um pouco mais de si pelo bem do serviço parece excessivo. A seguir, veremos o que Marsha tinha a dizer quando as demissões começaram, pouco depois da reaquisição pela DreamSuite:

Ouvimos alguns nomes, mas é claro que ninguém está dizendo nada. No minuto em que a DreamSuite entrou de novo na jogada, as pessoas começaram a andar pelos cantos apavoradas, temendo perder o emprego. (...) O que me mata é que, depois de tudo isso, eles vão se virar e perguntar por que todo mundo não se joga diante de um trem pela empresa. Que imbecis! (Marsha, 14/4)

A amargura de Marsha foi provocada pela ironia da empresa em tratar os funcionários da HotelData como descartáveis ao mesmo tempo em que esperava um desempenho altamente motivado. Em sua opinião, os executivos enganavam a si mesmos se acreditavam que aqueles funcionários teriam qualquer desejo de dar tudo de si pela empresa. Claramente – pelo menos naquele dia – ela não tinha essa intenção.

Durante aquele período, vimos relatos similares ao de Marsha, quase que diariamente, de todos os membros da equipe Infosuite. O episódio não foi difícil apenas para os membros da Infosuite; também foi prejudicial para a HotelData e para a DreamSuite. Não é possível manter alto nível de desempenho quando a vida interior no trabalho está sofrendo porque, como vimos nos diários da Infosuite e de muitos outros, as pessoas perdem a atenção, o empenho e a intenção de trabalhar diligentemente em seus projetos (ver também "Os sintomas físicos da saúde emocional"). Mas quando a vida interior no trabalho viceja, as pessoas se tornam focadas, profundamente envolvidas no trabalho, fazendo tudo o que for preciso para atingir as metas de seu projeto. O desempenho ronrona.

As lições da vida interior no trabalho

As provas são claras: a vida interior no trabalho determina como os funcionários desempenham suas tarefas e como se comportam com seus companheiros. Provas de que o efeito da vida interior no trabalho favorece o positivo; se se quiser que as pessoas tenham alto desempenho a longo prazo, deve-se evitar eventos que resultem em má vida interior no trabalho. Para a DreamSuite Hotels, dissolver o empreendimento conjunto com a Collander pode ter sido uma necessidade de negócios, mas tratar tão mal funcionários leais desde o início do empreendimento até sua dissolução não foi.

Evitar eventos que resultem em vida interior no trabalho negativa se aplica a toda a gama de eventos profissionais, desde reorganizações mal conduzidas à negligência em convidar para o piquenique da empresa. Por outro lado, pode-se fomentar vida interior no trabalho positiva com uma grande variedade de eventos cotidianos. Tentem calcular a relação custo-benefício do excepcional dia de trabalho de Helen, resultado de seu gerente ter lhe concedido uma folga para assistir à peça de sua filha na escola. O cálculo é impossível,

DICAS PARA GESTORES

OS SINTOMAS FÍSICOS DA SAÚDE EMOCIONAL

Caso vocês ainda precisem de mais motivos, além do desempenho, para dar importância à vida interior no trabalho, aqui vai outro: a saúde dos funcionários. As pesquisas constataram a existência de uma ligação direta entre saúde e emoção. A saúde física é melhor quando as pessoas vivenciam humor mais positivo e menos estados de humor negativos, possivelmente porque o humor influencia o sistema imunológico. Vocês poderiam se surpreender ao saber que esses achados abrangem de doenças tão corriqueiras quanto um resfriado a outras com risco de vida, como derrames.[a]

O diário de Marsha descrevia problemas de saúde decorrentes do temor e da incerteza que sentiu durante o episódio das demissões na Infosuite. "Tenho me sentido cansada e desanimada (...) completamente fora do meu habitual. Na noite passada, acordei às 2h da madrugada e não consegui mais dormir, pode ser por causa disso", escreveu Marsha em abril. "Ontem, meu médico me perguntou se eu estava estressada e sofrendo pressão e eu apenas ri. Realmente, estou tentando me manter nos trilhos e dar conta do trabalho, mas todo mundo que encontro nos corredores quer falar sobre as demissões. As pessoas estão realmente apavoradas."

Evidentemente, se as pessoas estão doentes, a sua capacidade em fazer trabalho produtivo e criativo – ou mesmo sequer em trabalhar – fica comprometida. Mas é preciso prestar atenção à saúde física dos empregados não apenas por causa de sua influência sobre o desempenho. A saúde física dos empregados pode estar dizendo algo de muito importante sobre sua vida interior no trabalho. Tomem como um sinal de advertência se, sem nenhuma mudança nas medidas de faltas ou sem nenhum problema de saúde pública, seus empregados começarem a faltar mais por doença.

a. Alguns estudos recentes oferecem boas resenhas da literatura, ligando aspectos da experiência psicológica cotidiana, especialmente humor positivo ou negativo, com a saúde física (por exemplo, S. Cohen e S. D. Pressman, "Positive Affect and Health", *Current Directions in Psychological Science* 15 (2006): 122-125; S. D. Pressman e S. Cohen, "Does Positive Affect Influence Health?", *Psychological Bulletin* 131 (2005): 803-855; P. Salovey, A. J. Rothman, J. B. Detweiler e W. T. Steward: "Emotional States and Physical Health", *American Psychologist* 55 (2000): 110-121).

porque o custo foi zero – e o benefício para a vida interior no trabalho e o desempenho de Helen foi enorme.

Lições sobre esse efeito se aplicam a qualquer organização. Há alguns anos, nós e cols. estudamos a percepção de funcionários sobre o ambiente numa grande empresa de produtos eletrônicos de alta tecnologia, aparentemente muito bem-sucedida.[24] Seis meses depois de coletarmos nossas primeiras avaliações deste aspecto-chave da vida interior no trabalho, além de análises de criatividade e produtividade, a administração da empresa anunciou que faria uma maciça redução de custos e corte de pessoal. As avaliações que se seguiram demonstraram que tanto a criatividade quanto a produtividade sofreram e continuaram em queda por períodos de até quatro meses depois de concluído o programa de redução de custos e cortes de pessoal. As análises subsequentes revelaram que aquele evento tivera um efeito terrível sobre as percepções do ambiente de trabalho. Nossas entrevistas com os funcionários revelaram por quê: eles haviam se tornado menos comprometidos, menos colaborativos entre si e menos solidários uns com os outros.

Imaginem o que deve ter acontecido com a vida interior no trabalho dos funcionários da Sunbeam, em 1996, quando eles souberam que Al Dunlap "Motosserra" se tornaria seu chefe executivo. Dunlap havia conquistado o apelido, do qual muito se orgulhava, ao cortar mais de 11 mil empregos na Scott Paper Company, a firma onde anteriormente ocupara o mesmo cargo. É improvável que os funcionários da Sunbeam tenham estado no auge de sua criatividade e produtividade enquanto, infelizes, esperavam a chegada de "Motosserra".

Vocês podem ter acreditado por muito tempo que funcionários satisfeitos são melhores funcionários. Mas nem todo mundo pensa assim, e muitos gestores não agem como se fosse assim. Quando Carlyle disse "Sem pressão não há diamantes", ele estava sugerindo que a pressão não é apenas a melhor maneira, mas que é a única *maneira* de produzir excelente trabalho. De modo semelhante, quando gestores afirmam que querem que suas empresas sejam "magras e agressivas", eles deixam implícito que a excelência exige o desrespeito pelo custo humano da eficiência máxima. E quando Jack Welch, possivelmente o mais respeitado administrador de empresas do século XXI, escreveu "Os duros chegam em primeiro lugar", tornou-se muito fácil para outros administradores presumirem que isso lhes dava licença para ignorar o impacto de suas ações na vida interior no trabalho. Indo ao extremo, eles concluem que é necessário tratar mal pelo menos alguns dos funcionários.[25]

Muitas organizações modernas submetem seus funcionários a um enorme estresse. Mas colocar pessoas sob estresse extremo, especialmente por períodos prolongados, tem maior possibilidade de produzir carvão do que diamantes. Inegavelmente, alguma pressão é inevitável, mas os melhores administradores sabem que, mesmo em circunstâncias duras, faz sentido tomar medidas estratégicas para manter os funcionários criativa e produtivamente engajados. Quando fazem cortes e reduções, no mínimo, eles comunicam aberta e respeitosamente a seus funcionários. Mesmo pequenos, insultos repetidos à vida interior no trabalho podem pôr em risco a empresa inteira.

No próximo capítulo, começaremos a mostrar como se pode impulsionar a vida interior no trabalho, promovendo o desempenho. Aqui, os deixaremos com um enigma e uma pista. Apenas cinco dias depois de os gerentes de projeto da HotelData serem demitidos, deixando alguns membros da Infosuite em lágrimas, a equipe recebeu um projeto enorme e urgente. Helen foi chamada de volta de suas férias para ajudar. Embora inicialmente furiosa por lhe terem pedido para abandonar as férias, de boa vontade – e até animadamente – ela dedicou 58 horas ao projeto durante sua "semana de descanso". De fato, sua vida interior no trabalho atingiu níveis altíssimos. Como isso foi possível?

4

Descobrindo o princípio do progresso

Quando vimos pela primeira vez o registro de 25 de maio no diário de Helen, ficamos atordoados. Tinham se passado apenas cinco dias desde que 30 gerentes de projetos de sua firma haviam sido demitidos, e membros da equipe Infosuite, da HotelData, ainda temiam que suas próprias cabeças pudessem rolar. Zangados e amargurados, Helen e seus colegas de trabalho tinham poucos motivos para confiar na matriz da sua empresa, a DreamSuite Hotels. Mas, mesmo assim, algo havia mudado:

> Fui chamada para trabalhar no projeto Grande Coisa. Então, a DreamSuite Hotels terá que ir aos tribunais. Grande Coisa. E as minhas férias? Estou furiosa por ter sido chamada de volta. Mas creio que fiz realmente um bom trabalho sob pressão. E sinto que realmente apoiei a equipe. (Helen, 25/5)

A primeira parte do comentário reflete a atitude que se poderia esperar: Helen (a engenheira de programação que vocês conheceram no Capítulo 3) estava ressentida e um tanto sarcástica. Ela havia planejado passar cinco dias relaxando e passando as tardes com os dois filhos em idade escolar. Mas como devemos compreender suas duas últimas frases? Ela parecia orgulhosa de seu trabalho e satisfeita por haver ajudado a equipe. Além disso, ela dava avaliações acima da média para os três elementos de sua vida interior no trabalho naquele dia – percepções (especificamente, o progresso percebido no trabalho), emoções e motivação. E era alguém que tinha acabado de passar um dia de "férias" no escritório!

A Infosuite esteve entre as primeiras equipes que estudamos, de modo que tínhamos muito pouca base para compreender uma mudança tão dramática.

Será que aquilo era apenas um incidente isolado, algo que se limitava a Helen? Será que eventos dos quais não tínhamos conhecimento de alguma forma a teriam alegrado? Não. Logo descobriríamos que, como Helen, os outros membros da equipe Infosuite estavam apreciando seus dias de trabalho como há muito tempo não faziam. A DreamSuite tinha diante de si uma ação judicial que poderia lhe custar 145 milhões de dólares, mas durante alguns dias a equipe devotou toda a sua atenção, e muitas horas extra, a compilar e analisar os dados necessários para se defender do processo. Alguns até trabalharam durante um fim de semana prolongado por um feriado – e adoraram.

Inicialmente, procuramos os motivadores óbvios. Reconhecimento, talvez? Não. Embora a Infosuite de fato recebesse algum reconhecimento da alta administração, este só veio no final do projeto. De modo que isso não explicava a vida interior no trabalho de Helen. Do mesmo modo, a equipe não recebeu nenhuma recompensa por fazer horas extras ou por abrir mão de um fim de semana prolongado.

Somente quando analisamos as informações de todas as 26 equipes foi que compreendemos plenamente a experiência da Infosuite durante o projeto Grande Coisa; estávamos testemunhando o poder do progresso. Foi um dos achados mais importantes de todo o nosso estudo: fazer avanços em trabalho significativo alegra a vida interior no trabalho e estimula o desempenho de longo prazo. Progresso real desencadeia emoções positivas, como satisfação, alegria, até felicidade. Conduz a um sentido de realização e autoestima, bem como a opiniões positivas do trabalho e, às vezes, da organização. Tais pensamentos e percepções (ao lado dessas emoções positivas) alimentam a motivação, o profundo engajamento, que é crucial para um desempenho excepcional contínuo.

No Capítulo 3, mostramos que vida interior no trabalho positiva resulta em maior criatividade e produtividade.[1] No presente capítulo, mostraremos que fazer progresso (sendo produtivo e criativo) propicia vida interior no trabalho positiva. Isso cria *o loop do progresso*, um processo de autorreforço no qual o progresso e a vida interior no trabalho alimentam um ao outro. Exploraremos o *loop* do progresso e suas implicações no Capítulo 5.

O projeto Grande Coisa

De forma brincalhona, a equipe Infosuite apelidou o projeto que começou no dia 25 de maio de "Grande Coisa", pegando emprestado o rótulo sarcástico de Helen. Com a competência e o conhecimento necessários, os membros da Infosuite dispunham de apenas oito dias para o projeto, incluindo o fim de semana e o feriado do Dia dos Mortos de Guerra, para apresentar todos os dados de que a empresa precisava. O grupo estava afastado porque Harry, um de seus líderes, estava fora por motivo de doença, e Ruth, a outra líder (e gerente de projetos), se recuperava de uma cirurgia. Contudo, sabemos, pelos registros dos projetos, que quatro membros-chave (e quatro outros desempenhando papéis de auxiliares) fizeram progresso regular desde aquele primeiro dia. E, em sua maioria, seus pensamentos, sentimentos e motivações foram notavelmente otimistas. No final, o projeto foi um estrondoso sucesso.

Os detalhes do Grande Coisa contêm pistas importantes sobre o impacto do progresso. À medida que os revelarmos, tenham em mente este fato crucial: a despeito de tantos reveses ao longo do percurso, a equipe fez progresso regular todos os dias.

Devido a sua natureza complexa, o projeto Grande Coisa exigia as qualificações específicas de Marsha, Ruth (uma analista de estatística na casa dos 30, que trabalhava para a DreamSuite há 10 anos) e Chester (um programador também na casa dos 30, que estava na DreamSuite há cinco anos). Helen fora chamada das férias para ser a quarta integrante da equipe por causa de sua expertise em engenharia. Apesar do tom azedo de seu registro de 25 de maio, já no segundo dia do projeto, Helen nem sequer mencionava suas férias interrompidas:

> Mais trabalho hoje no grande problema da ação judicial contra a DreamSuite. O Chefe do Chefe apareceu por aqui para nos encorajar. Isso foi simpático. Ele nos comprou água mineral! E não daquela marca baratinha que eu costumo comprar. Estamos ficando cansados! No entanto, ninguém perdeu a cabeça. Tenho que admitir que adoro trabalhar sob pressão. (Helen, 26/5)

Estimulada pelos altos riscos envolvidos, Helen se regozijou com aquele trabalho. Um dos fatores parecia ser a atmosfera de alta energia, em que as pessoas trabalhavam arduamente – um pré-requisito para o progresso rápido. Mas o gatilho mais importante, o que ela mencionou primeiro, parece quase trivial: um executivo de alto escalão veio ao armazém triste e cavernoso onde a Infosuite trabalhava para dizer palavras de encorajamento e oferecer à equipe garrafas de uma "cara" água mineral. Embora garrafas de uma boa marca de água mineral e algumas palavras de incentivo pareçam uma compensação lastimável para as exigências feitas a Helen, o gesto a deixou feliz e também gerou percepção positiva. Talvez pela primeira vez em muito tempo, um alto executivo foi humanizado; ele tinha feito uma coisa "simpática". Tinha mostrado que havia reparado no trabalho deles e que se importava.

Mas o gesto do executivo alterou *percepções do trabalho em si*, que são ainda mais centrais para a maneira como o progresso opera na vida interior no trabalho. Como administradores de alto escalão quase nunca apareciam nos cubículos da Infosuite para dar algum tipo de encorajamento à equipe, o gesto mostrou o quanto aquele projeto era importante para a organização. O trabalho agora passava a ter maior significado, de modo que cada passo adiante dava a Helen e a seus colegas um maior *sentido de realização*, de missão cumprida – um dos elementos perceptivos cruciais para a vida interior no trabalho positiva. Mesmo Clark, recém-formado em ciência da computação, com menos de um ano na equipe, ficou profundamente tocado pela atenção que a administração dedicou aos colegas que trabalhavam no projeto. Em seu diário, ele disse que aquilo sinalizava que a equipe estava cuidando de um projeto importante, que ele estava num grupo competente e que a alta administração apoiava a equipe. Ele vivenciou o sentido de realização e descobriu que sua percepção do grupo e do trabalho se tornaram ainda mais favoráveis. "Embora eu não estivesse envolvido", escreveu, "foi uma experiência muito positiva."

O projeto Grande Coisa ganhou impulso no dia 27 de maio, quando vários vice-presidentes visitaram o grupo para checar seu progresso. Um deles levou garrafas de água mineral *e* pizza. Além disso, os executivos deixaram claro que os que estavam trabalhando no projeto Grande Coisa podiam deixar de lado outras tarefas, sem consequências negativas, protegendo assim a equipe de outras exigências.

Observem aqui a dinâmica motivacional. A alta administração não precisou criar incentivos para motivar a equipe Infosuite. O grupo estava bastante motivado pelo desafio daquele trabalho importante. O que a administração realmente tinha que fazer – e fez de forma eficaz – era remover as barreiras que poderiam ter impedido a motivação existente – barreiras como distrações com tarefas sem importância e até fome. No processo, a administração ainda incentivou a vida interior no trabalho ao fazer com que os funcionários envolvidos no projeto Grande Coisa se sentissem membros valiosos da organização. Isto era totalmente diferente do sentido de alienação que os membros da Infosuite haviam sentido quando não foram convidados para o piquenique da empresa.

Como Clark, Tom – o membro mais antigo da equipe, caladão e leal – desempenhou apenas um papel de coadjuvante no projeto. Mesmo assim, sua vida interior no trabalho recebeu um impulso positivo com o avanço da equipe. E do apoio que ele testemunhou – especialmente o envolvimento daqueles que chamou de "pesos pesados corporativos", e da liderança competente de Ruth. Em suas palavras no diário: "As pessoas estão trabalhando nos horários mais loucos, vice-presidentes aparecem em penca em nosso escritório e a maravilhosa Srta. Ruth está fazendo o grande trabalho de nos manter em ação."

O poder do progresso também operava em plena força para Marsha, uma integrante fundamental da equipe Grande Coisa: ela parecia adorar "os horários mais loucos". Lembrem-se, ela foi aquela que, apenas seis semanas antes, relatou que sentia que a DreamSuite a tratava como uma esposa vítima de abusos.

> Hoje, todo o pessoal do nosso escritório trabalhou como uma equipe de verdade de novo. Foi maravilhoso. Todos nós esquecemos a atual situação estressante e trabalhamos loucamente para dar conta de um grande projeto. Estou trabalhando há cerca de 15 horas, mas este tem sido um dos melhores dias que tive nos últimos meses!! (Marsha, 27/5)

Dar duro com a equipe, ter boa colaboração e progredir em direção a uma meta clara e importante afastaram os pensamentos e sentimentos amargos de Marsha. O resultado, em suas próprias palavras, foi um "dos melhores dias" – e uma excelente vida interior no trabalho.

Vários membros da Infosuite demonstraram enorme compromisso com o projeto Grande Coisa. No último dia de sua "semana de férias", Helen permaneceu no escritório tempo suficiente para finalizar os detalhes pendentes de sua parte do projeto e ajudar outros membros do grupo, observando como eram dedicados: "Minha semana de férias: 58 horas no trabalho. E fiz menos horas extras do que todas as outras pessoas." Ainda mais surpreendente, na segunda-feira seguinte, um feriado nacional (Dia dos Mortos de Guerra) Marsha, Chester e Ruth passaram o terceiro dia consecutivo trabalhando 14 horas para concluir o projeto. E eles concluíram tudo com alta qualidade. Chester e Ruth experimentaram a mesma extraordinária vida interior no trabalho relatada por Marsha em seu diário do Dia dos Mortos de Guerra: "As pessoas com quem tenho estado trabalhando são maravilhosas e, apesar de a carga horária ter sido estressante, a atmosfera tem sido leve e alegre."

O diário de Chester daquele mesmo dia capturou perfeitamente o impacto do progresso. Ele descreveu como o progresso colaborativo do grupo resultou em percepções poderosamente positivas e detalhou os muitos elementos que facilitaram seu sucesso:

> (...) o sentimento de realização pelo dever cumprido, depois de havermos interagido tão bem ao longo de toda esta provação, é em si um acontecimento.
> De 25/5 a 30/5, cumpri mais de 70 horas de trabalho, e alguns outros membros do grupo fizeram o mesmo – inclusive Ruth, o que era uma preocupação constante para nós devido à sua saúde. Entretanto, como sempre, ela foi maravilhosa. Encontramos toda sorte de problemas inesperados e tivemos que tomar decisões de todo o tipo. Várias vezes, quando achávamos que estava tudo feito, encontrávamos um problema nos dados e, às vezes, tínhamos que começar tudo de novo. (...) Isso envolveu pelo menos cinco membros equipe, que trabalharam dia e noite, abrindo mão de feriados e até das férias. Também envolveu gente de outras equipes, que se dispôs a nos ajudar (com um sorriso no rosto!). E que ajuda fantástica nos deram (...) Isso não só deixou nosso grupo mais unido, mas nossos esforços também foram percebidos pela administração, a ponto de ela vir ficar aqui conosco durante o fim de semana, para nos dar apoio e até sair para comprar comida para nós. (Chester, 31/5)

A primeira linha escrita por Chester ia direto ao sentimento de realização pelo dever cumprido, decorrente do progresso colaborativo ao longo de "toda a provação". Outras percepções positivas, bem como emoções e motivações, são transmitidas implicitamente pela pontuação e pelo tom. Ele sinaliza a importância do projeto, detalhando os esforços muito além do obrigatório feitos pelos membros da equipe ao abrir mão de folgas, de trabalhar horas extras e superar muitas dificuldades. Sua narrativa ressalta vários facilitadores específicos para o progresso da equipe. Primeiro, Chester deixa implícito que o grupo tinha considerável *autonomia* para executar o projeto do modo como considerava adequado, tomando decisões ao longo do caminho. Segundo, Ruth liderou a equipe para *lidar com os problemas* na medida em que eles surgiam – chegando a voltar atrás e refazer, quando necessário, até descobrir a melhor maneira de avançar. Terceiro, Chester observa que outras equipes *ajudaram* a Infosuite em sua missão – mesmo durante o fim de semana prolongado pelo feriado. Finalmente, ele ressalta que os executivos lhes *deram apoio*, com uma presença física que teve tanta importância quanto a água e a pizza.

No dia seguinte à conclusão do projeto, Ruth fez um relatório para os executivos, tanto da HotelData quanto da DreamSuite Hotels – sugerindo sinceros e efusivos elogios à equipe. E voltou para o conjunto de cubículos da Infosuite, onde deleitou seu pessoal com os elogios e liderou uma salva de aplausos para o grupo – com agradecimentos especiais para as "abelhas operárias" que haviam trabalhado durante o fim de semana. O projeto Grande Coisa resultou numa vitória importante para a DreamSuite. Num intervalo de poucos dias, a empresa encerrou a ação com um acordo favorável, graças, em grande parte, à Infosuite.

Considerem como foi extraordinário o trabalho da equipe no projeto. Apenas dias antes de o Grande Coisa lhes ser entregue, eles se angustiavam com a decisão da organização de demitir vários gerentes muito respeitados. Não muito tempo depois de concluído o Grande Coisa, mais uma vez eles se viram confrontados pelas agruras de mudanças organizacionais impulsionadas por uma chefia executiva pouco comunicativa. No entanto, durante a execução do projeto, o poder de fazer progresso em um trabalho significativo, com uma equipe colaborativa e apoio da alta chefia executiva foi suficientemente forte para fazer com que eles superassem aquele trauma – pelo menos temporariamente –, alimentando ao mesmo tempo excelente vida interior no trabalho e altíssimo desempenho.

Muitos fatores além do progresso – a ajuda que receberam, o fato de terem sido liberados de outras tarefas, o apoio interpessoal e o reconhecimento dos executivos – estimularam sua vida interior no trabalho. Mas, à medida que analisávamos os dados da Infosuite e de outras 25 equipes, chegamos à conclusão de que *fazer progresso em um trabalho significativo* é o maior estímulo para uma excelente vida interior no trabalho.

Reveses: o lado escuro

Mas do mesmo modo que o progresso é o maior estimulante para a vida interior no trabalho, reveses são o maior depressor. Infelizmente, reveses são fatos da vida em qualquer tipo de trabalho significativo – chegar a becos sem saída quando se tenta solucionar um problema incômodo, ser bloqueado quando se tenta alcançar uma meta, ou fracassar em encontrar uma informação crucial. Os membros da Infosuite certamente tiveram um bom número de reveses durante os meses em que os estudamos. Muito antes do projeto Grande Coisa, por exemplo, enquanto tentava fazer algumas mudanças em um programa de cobrança, Tom se deparou com um vírus persistente. Nas narrativas diárias, suas avaliações de vida interior no trabalho deixavam claro que essas frustrações tornavam triste seu dia:

> Nenhum evento a relatar hoje, apenas a mesma frustração contínua da semana inteira – tentando fazer uma alteração bastante simples no programa de um método de instalação e execução de produto imensamente complicado. Sinceramente, vocês não vão querer ouvir os detalhes. (Tom, 9/4)

Não era culpa de ninguém; os reveses de Tom eram apenas inerentes ao trabalho. Ao contrário, no dia 18 de março, o trabalho de Marsha foi paralisado por seus clientes, os gerentes de operações da DreamSuite, que haviam encomendado um programa de reservas de hotel que Marsha e Helen estavam criando:

> Helen e eu estivemos em reuniões com nossos usuários o dia inteiro!! (...) O objetivo da reunião era determinar e definir quais eram as necessidades deles, de modo que pudéssemos avançar. O prazo deles é o fim de abril; o único problema é que eles não sabem do que precisam nem o que querem. Passamos o dia inteiro com eles, e o resultado final é que eles se retiraram para consultas entre si, para poder voltar a falar conosco mais uma vez e definir suas necessidades. Estou no inferno de Dilbert!!! (Marsha 18/3)

Os pensamentos, sentimentos e motivações de Marsha ficaram ressentidos por sua impossibilidade de avançar – ou mesmo de começar a trabalhar – naquele projeto. Ela possuía motivos para questionar em que medida aquele trabalho era significativo, já que os próprios usuários não tinham uma ideia clara do que precisavam. Quanto à autonomia, ela e Helen estavam de mãos atadas pela hesitação dos clientes. Aqui, a experiência de Marsha, tal como a "frustração contínua da semana inteira" de Tom, ressalta em nítido contraste com suas experiências de vida interior no trabalho durante o projeto Grande Coisa.

A Infosuite certamente não era única nesse aspecto; encontramos eventos que constituíram reveses para todas as equipes estudadas. Por vezes, a causa parecia não ser nada além de falta de sorte ou as inevitáveis dificuldades da tecnologia:

> Meu experimento de síntese deu totalmente errado e acabei produzindo um monte de lixo. Não compreendo por que isso aconteceu, apesar do planejamento e da elaboração cuidadosos. Fico irritado quando uma coisa assim acontece. (Cientista, empresa de indústria química.)

Em outras ocasiões, a fonte foi executivos de alto escalão que se mostravam indiferentes ou colegas de trabalho que não colaboravam:

> Tentei "vender" uma ideia à AC (chefia da divisão), mas eles não compreenderam meu ponto de vista. Mostraram-se muito rígidos em seu modo de pensar e nada abertos a ouvir uma opinião diferente. Ao mesmo tempo, se faço uma pergunta a um deles, invariavelmente eles não têm resposta. (Especialista em marketing, líder de equipe, empresa de bens de consumo.)

> Em uma reunião em que eu atuava como facilitador, Victor (membro de minha equipe) me demonstrou uma surpreendente falta de apoio (como facilitador). Na frente do cliente, ele invalidou o exercício que eu tentava completar. Isso resultou na impossibilidade de chegarmos a um resultado essencial na reunião. Creio que isso refletiu um erro de julgamento da parte dele. (Consultor sênior, líder de equipe, empresa de alta tecnologia.)

Em cada um desses exemplos, o revés em si evocava vida interior no trabalho negativa. Na maioria dos casos, um sentido de realização e dever cumprido esvaziado figurava com proeminência na resposta. Se o revés resultava apenas da natureza difícil do trabalho em si, a vida interior no trabalho negativa se tornava positiva à medida que as pessoas começavam a superar a dificuldade, seja sozinhas ou com ajuda. Com muita frequência, contudo, era o comportamento de outros – um chefe executivo ou um colega que prejudicava a ideia, deixava de oferecer ajuda quando era necessário, ou sabotava os esforços – que conduzia direta ou indiretamente ao revés. Nessas circunstâncias, transformar vida interior no trabalho negativa em positiva exigia a retirada ou a reversão do obstáculo – significando que a pessoa tinha que realizar *alguma outra coisa* antes de sequer começar a fazer progresso. Um acúmulo de eventos dessa ordem podia macular permanentemente a história pregressa do funcionário com relação à organização.

Embora a vida interior no trabalho esteja oculta na maior parte do tempo, ela claramente vinha à tona em muitas das narrativas diárias relatando progressos ou reveses. Vemos o sentido de realização e dever cumprido dos narradores (ou sua ausência), a percepção de si mesmos como competentes (ou incompetentes), a visão dos outros como aliados dando apoio (ou sabotadores ou mal-intencionados). Vemos as emoções de alegria, felicidade e orgulho depois do progresso, versus raiva, frustração e vergonha depois de reveses. Testemunhamos a ascensão e a queda da motivação. Este é o poder do progresso em suas formas positiva e negativa.

Podemos vê-lo em toda sua potência no diário de Tom que foi infernizado por aquele vírus no programa complicado de cobrança da Infosuite. Quando o revés se transformou em progresso, a alegria dele foi quase palpável:

> Acabei com aquele vírus que esteve me frustrando durante quase uma semana. Pode não ser um evento para vocês, mas eu levo uma vida muito insípida, de modo que estou todo animado. Ninguém na verdade sabe da novidade; três membros da equipe estavam fora hoje – de modo que tenho que ficar aqui me regozijando, em solidão. (Tom, 12/4)

Provas concretas:
o progresso alimenta a vida interior no trabalho

A importância de progresso e reveses ressoou dos diários da equipe da Infosuite. É o padrão que chamamos de *princípio do progresso: de todos os acontecimentos positivos que influenciam a vida interior no trabalho, o mais poderoso individualmente é progresso em trabalho significativo*; de todos os eventos negativos, o mais poderoso individualmente é o oposto do progresso – o revés no trabalho. Consideramos isso um *princípio* fundamental de gestão: facilitar o progresso é a forma mais eficaz para gestores influenciarem a vida interior no trabalho. Mesmo quando o progresso acontece em pequenos passos, o sentido que se tem de movimento constante em direção a uma meta importante pode fazer toda a diferença entre um dia maravilhoso e um dia terrível.

Esse padrão se tornou cada vez mais óbvio à medida que recebemos os diários de todas as equipes de nosso estudo. A vida interior no trabalho das pessoas parecia decolar ou se arrastar, dependendo do avanço de seus projetos, mesmo que em pequenas medidas. *Pequenas vitórias* com frequência tinham um efeito positivo surpreendentemente forte, e *pequenas derrotas* um efeito surpreendentemente negativo. Testamos mais rigorosamente nossas impressões de duas maneiras. Cada uma delas confirmou o poder do progresso em dominar a vida interior no trabalho.

O que os números revelam

A análise estatística de nossa base de dados inteira embasou o princípio do progresso. Em todos os setores, a vida interior no trabalho era muito melhor em dias de progresso do que em dias de revés. Os registros cotidianos renderam avaliações de cada um dos três elementos da vida interior no trabalho: as *percepções* do empregado naquele dia, da equipe, do ambiente de trabalho e do supervisor; as *emoções* da própria pessoa naquele dia; e sua *motivação* com relação ao trabalho naquele dia. Usando esses números de todos os 12 mil diários, comparamos a vida interior no trabalho em dias em que o diário relatava um evento de progresso, dias em que relatava um revés, e dias em que não relatava nenhum dos dois. (O apêndice contém informações adicionais sobre nossa análise estatística.)

Considerem, por exemplo, a *motivação*. Nos dias em que faziam progresso, as pessoas estavam mais intrinsecamente motivadas – pelo interesse, pelo prazer, pelos desafios e pelo envolvimento no trabalho em si. Em dias de revés, não só os participantes se mostravam intrinsecamente motivados pelo interesse, mas também extrinsecamente menos motivados pelo reconhecimento. Aparentemente, reveses no trabalho podem levar alguém a se sentir apático com relação a realizar qualquer tipo de trabalho. (Ver "Usando o princípio do progresso para dar partida e deflagrar inovação.")

Como havíamos suspeitado, nossos participantes também vivenciavam muito mais *emoções* positivas quando faziam progressos do que quando sofriam reveses. De maneira geral, eles relatavam um humor mais otimista. E manifestavam mais alegria, bem como entusiasmo e orgulho. Quando sofriam reveses no trabalho, manifestavam mais frustração, medo e tristeza.

As *percepções* também diferiam de muitas maneiras. Em dias de progresso, percebiam significativamente mais desafios positivos em seu trabalho. Viam a equipe como mais solidária e relatavam mais interações positivas entre a equipe e o supervisor.[2] Em diversas dimensões, essas percepções sofriam

DICAS PARA GESTORES

USANDO O PRINCÍPIO DO PROGRESSO PARA DAR PARTIDA E DEFLAGRAR INOVAÇÃO

Você pode usar a ligação entre progresso e motivação intrínseca para estimular a inovação. Em dias em que os funcionários faziam progressos concretos num trabalho que lhes era importante, eles acabavam o dia se sentindo mais intrinsecamente motivados – estimulados por seu próprio interesse e pelo prazer do trabalho. Inúmeras pesquisas demonstram que, quando as pessoas estão mais intrinsecamente motivadas, têm maior probabilidade de ser criativas.[a] Isso significa que, quando seus subordinados conseguirem realizar um avanço concreto, eles podem estar mais abertos a trabalho novo e desafiador, que exija criatividade. Em outras palavras, logo em seguida a dias de progressos notáveis eles deveriam se mostrar particularmente dispostos a enfrentar problemas irritantes e encontrar soluções criativas.

Ao longo deste livro, vocês encontrarão ideias sobre como facilitar esse progresso.

a. T. M. Amabile, *Creativity in Context* (Boulder, CO: Westview Press, 1996).

---

quando as pessoas enfrentavam reveses em seus projetos. Elas encontravam menos desafios positivos no trabalho, sentiam que tinham menos liberdade para executá-lo, e relatavam que contavam com recursos insuficientes para executar. Além disso, em dias de reveses, nossos participantes viam tanto suas equipes quanto seus supervisores lhes oferecendo menos apoio.

Será que todas essas mudanças na vida interior no trabalho foram *causadas* por progressos e reveses diários, ou, algumas delas poderiam ter *causado* tais progressos ou reveses? Não há modo de saber a partir dos dados numéricos isolados. Contudo, os diários nos dizem que mais percepções positivas, sentido de realização e dever cumprido, satisfação, felicidade e até euforia, com frequência seguiam-se a progressos. E sabemos que percepções negativas, frustração, tristeza e até desgosto costumam se seguir a reveses. Quase com certeza, a causalidade funciona em ambas as direções. Como demonstramos no Capítulo 3, vida interior no trabalho positiva resulta em melhor desempenho. Estas forças bidirecionais fornecem a gestores de empresas ferramentas poderosas – como descreveremos no Capítulo 5.

Progresso versus outros eventos importantes

Em que medida progressos e reveses são importantes na cadeia contínua de todos os acontecimentos que ocorrem no trabalho? Quando nossos participantes escreviam sobre o "evento do dia" em seus diários, eles mencionavam dúzias de fatos positivos – não apenas progressos no trabalho, mas também receber ajuda, encontrar uma informação importante, ter acesso aos recursos necessários, ser reconhecido por um avanço, receber encorajamento, e muitos outros. Todos esses gatilhos positivos estavam associados à boa vida interior no trabalho; em geral, eram responsáveis por "bons dias". No sentido inverso, as narrativas dos diários mencionavam dúzias de eventos negativos – não apenas reveses, mas também ser "microgeridos", ter recusadas solicitações de recursos, descobrir que as ações de outra pessoa prejudicaram o projeto, ser ridicularizado, ser ignorado, ser pressionado demais, e muitas outras coisas. Todos esses gatilhos negativos estão associados à má vida interior no trabalho; em geral, eles são responsáveis pelos "maus dias".

Será que progresso e reveses realmente prevaleciam sobre outros eventos? Sim. Para descobrir a resposta, categorizamos todos os diferentes acontecimentos positivos, negativos e neutros relatados nos diários. Por exemplo, identificávamos um deles como *progresso* quando um diário relatava que o funcionário ou a equipe avançavam ou realizavam alguma coisa.[3] Quando Chester, Marsha e Ruth deram a virada de esforço final no projeto Grande Coisa, seus diários relataram uma série de eventos de progresso. Identificávamos um *revés* quando o progresso era bloqueado ou o trabalho de alguma forma tinha um retrocesso.[4] Depois de refinar e testar nossos esquemas de categorização, incluímos todos os eventos nos registros diários dos participantes, desde os *melhores* dias da vida interior no trabalho, e os comparamos com seus *piores* dias.

Nossos achados não poderiam ter sido mais claros: progressos e reveses eram de longe os eventos positivos e negativos que mais sobressaíam. Ao contarmos sistematicamente todos os tipos de eventos positivos, os melhores dias de vida interior no trabalho, o progresso se destacou como mais frequentemente relatado nas narrativas diárias. Nos piores dias de vida interior no trabalho, reveses foram o evento individual mais frequentemente relatados.

Mais importante, de todos os tipos de eventos, progresso e reveses revelaram os maiores *contrastes* nos melhores e nos piores dias de vida interior no trabalho. Examinamos, por exemplo, as emoções ao criar uma medida do estado de *humor* geral para o dia; a medida era uma combinação de seis perguntas sobre diferentes emoções incluídas no formulário diário. Examinamos os dias em que as pessoas relatavam seus melhores estados de humor e os dias em que relatavam seu pior humor. Descobrimos que 76% dos melhores dias envolviam progresso, mas apenas 13% envolviam reveses; é uma diferença percentual de 63 pontos. Os dias piores eram a imagem invertida no espelho. Progresso só acontecia em 25% deles, mas reveses aconteciam em 67% – uma diferença de 42 pontos percentuais. Nenhum outro par de eventos contrastantes exibia uma diferença tão grande nos dias de pior e melhor humor.

Pequenas vitórias – eventos de progressos aparentemente menores – podem render benefícios significativos na vida interior no trabalho, às vezes tão grandes quanto grandes saltos à frente (e os gestores podem facilitar tais eventos; vejam "Como você *sabe* quando fez progresso?"). No sentido inverso, mesmo reveses aparentemente sem importância podem – por assim dizer – realmente derrubar a vida interior no trabalho. Se os funcionários estão com um excelente humor ao final do dia, é bem provável que tenham feito algum progresso em seu trabalho. Se estão com um humor terrível, é bem possível que tenham tido um revés. Em grande medida, a vida interior no trabalho ascende e cai com progressos e reveses. Este é o princípio do progresso e, embora possa ser mais óbvio nos melhores e piores dias de trabalho, ele opera diariamente.

As três influências-chave da vida interior no trabalho

Progressos e reveses são os gatilhos mais importantes, mas não são os únicos eventos que fazem diferença entre uma vida interior no trabalho doce ou amarga. Outros acontecimentos cotidianos desempenham papéis importantes. Além de progressos e reveses, descobrimos duas categorias adicionais que também se revelaram fortes diferenciadores. Nós nos referimos a eles como *fatores* e não como *princípios*, porque não são tão proeminentes quanto progresso e reveses; não obstante, todos os três exercem influência importante na vida interior no trabalho.

O *princípio do progresso* descreve a primeira dessas três categorias de eventos que influenciam a vida interior no trabalho. A segunda é o que chamamos de *fator catalisador*. Fatores *catalisadores* são ações que apoiam diretamente o trabalho, inclusive qualquer tipo de ajuda de uma pessoa ou grupo relacionado ao trabalho – por exemplo, o comentário de Chester sobre outras equipes da HotelData ajudarem a Infosuite durante o projeto Grande Coisa. Outros

---

MATERIAL PARA REFLEXÃO

COMO VOCÊ *SABE* QUANDO FEZ PROGRESSO?

Você não pode ter uma sensação de progresso a menos que saiba que realmente progrediu em seu trabalho. Assim sendo, como isso acontece? De acordo com os pesquisadores Richard Hackman e Gregory Oldham, existem dois caminhos.[a] Um – provavelmente o caminho em que a maioria dos gestores de empresa pensaria – é receber feedback. Se um gerente ou um colega bem informado diz aos membros de uma equipe que o trabalho deles é criativo ou tecnicamente sólido, eles podem ficar confiantes de que fizeram progresso concreto. Contudo, de um modo interessante, o segundo caminho é preferível: receber feedback *do trabalho em si*. Se uma programadora se esforça para criar um novo software complexo e o submete a uma série de testes, esse processo de depuração metódico para localizar e corrigir erros em um código de programa de computador lhe dá o conhecimento completo e imediato de quanto progresso ela fez em sua tarefa. Se ela vê que há apenas algumas pequenas falhas, sua motivação cresce bastante, do mesmo modo que sua alegria e sua percepção positiva. Ela não precisa esperar por confirmação de mais ninguém; não precisa sequer fazer contato com outra pessoa.

Mas se os testes são dissociados da tarefa de programação, se são feitos por outra pessoa, a programadora não poderá gozar de uma pequena alta imediata em sua vida interior no trabalho. O segredo, então, é projetar cada tarefa de modo que, no ato de se desincumbir do trabalho, as pessoas tenham conhecimento dos resultados de seu esforço. Idealmente, isso deveria ser um aspecto de cada cargo em toda organização contemporânea.

a. J. R. Hackman e G. R. Oldham, *Work Redesign* (Reading, MA; Addison-Wesley Publishing, 1980).

---

catalisadores têm a ver com metas, recursos, tempo, autonomia, fluxo de ideias, e lidar com problemas no trabalho.

A terceira influência-chave é o que chamamos de *fator de nutrição*. Onde catalisadores são gatilhos direcionados ao projeto, nutridores são gatilhos interpessoais, direcionados à pessoa. Eles incluem respeito, encorajamento, reconforto e outras formas de apoio emocional ou social. O projeto Grande Coisa trouxe nutridores para a Infosuite, quando as chefias executivas apareceram para encorajar a equipe, oferecendo-lhes lanche durante o fim de semana prolongado e, no final do projeto, elogiando o grande trabalho que tinham realizado.

Do mesmo modo que reveses são o oposto de progressos, inibidores são o oposto de catalisadores, e *toxinas* são o oposto de nutridores. Essas ações negativas incluem deixar de dar apoio ao projeto ou à pessoa, bem como ativamente prejudicar o trabalho ou, de alguma forma, desrespeitar a pessoa.

A figura 4-1 apresenta estas três influências-chave na vida interior no trabalho, tanto em suas formas positivas quanto em suas formas negativas. Cada barra na coluna mostra a porcentagem de diários com o melhor humor que relataram aquele tipo particular de evento. Ao primeiro olhar, pode-se ver que o progresso é o evento mais proeminente nos dias de melhor humor. Catalisadores e nutridores também apareciam com frequência (às vezes, aliados um ao outro ou com o progresso). Claramente, os tipos opostos de eventos (reveses, inibidores e toxinas) são relativamente raros. Além das três categorias de eventos de progresso, catalisadores e nutridores, não houve outros tipos de acontecimentos que tivessem se aproximado de ser tão importantes para o humor positivo; 85% dos dias de melhor humor tinham um ou mais desses três tipos de eventos positivos.

FIGURA 4-1

O que acontece nos melhores dias (humor geral)?

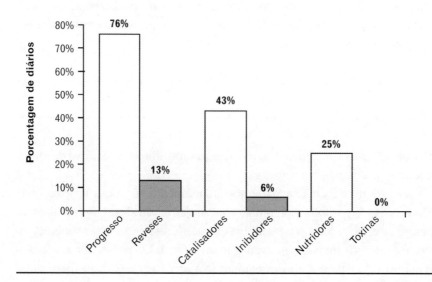

O mesmo padrão de melhores dias se mantém para emoções positivas (alegria e amor) e para motivação intrínseca.[5] Excelente vida interior no trabalho é bem mais provável nos dias em que as pessoas fazem progressos, recebem ajuda que catalisa o progresso, e encontram nutrição emocional e social.

A figura 4-2 mostra que o padrão de eventos proeminentes nos dias de vida interior no trabalho ruim é quase a imagem invertida no espelho que é retratada na figura 4-1. Reveses são o tipo de evento mais proeminente nos dias de pior humor, com 67% dos diários relatando-os. Inibidores e toxinas também aparecem com frequência. De maneira nada surpreendente, seus opostos (progresso, catalisadores e nutridores) são relativamente raros em dias ruins. Mais uma vez, além das três categorias-chave de reveses, inibidores e toxinas, nenhum outro tipo de gatilho chegou perto de se mostrar tão importante para o humor negativo. Um total de 81% dos dias de pior humor teve um desses três tipos-chave de evento negativo. O mesmo padrão vale para as emoções negativas específicas (raiva, medo e tristeza), e também para baixos níveis de motivação intrínseca. É bem mais provável que a vida interior no trabalho seja muito ruim quando as pessoas têm reveses no trabalho, vivenciam eventos que de alguma forma inibem seu desempenho, e sofrem incidentes tóxicos para seu bem estar como animais sociais.

FIGURA 4-2

O que acontece nos piores dias (humor geral)?

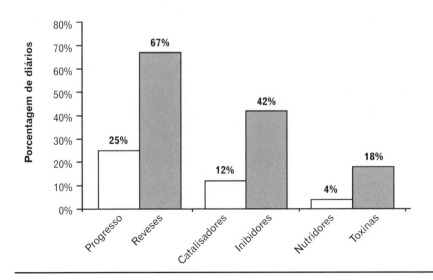

A figura 4-3 sumariza as formas positivas das três influências-chave na vida interior no trabalho.

A vida interior no trabalho das pessoas é influenciada por vários eventos, inclusive gatilhos que não ocorrem no trabalho – como variações no preço das ações da empresa ou problemas na vida pessoal. Mas principalmente a vida interior no trabalho gira em torno dos três tipos de eventos-chave que ocorrem nas organizações. Nos três próximos capítulos, mostraremos como cada um deles funciona e como você pode usá-los para deflagrar alegria, engajamento, comprometimento e criatividade em sua organização. Antes de nos voltarmos para o fator catalisador e para o fator de nutrição, revelamos exatamente por que o princípio do progresso é tão fundamental.

FIGURA 4-3

As três influências-chave na vida interior no trabalho

5

O princípio do progresso

O poder da realização significativa

Vocês poderiam pensar que é óbvio que administradores de empresas devam se concentrar em apoiar o progresso dos funcionários. Não é. Aqui vai um fato surpreendente: se administradores tivessem que desenhar os gráficos que acabaram de ver no final do Capítulo 4, *o progresso não estaria sequer incluído*. Pedimos a dúzias de administradores de empresas, individualmente e em grupos, para listar suas principais alavancas para motivar funcionários. Eles tendem a valorizar aquilo que a maioria dos livros de administração recomenda: reconhecimento, incentivos tangíveis e metas de trabalho claras. Quando perguntamos como, na qualidade de administradores, eles poderiam influenciar as emoções dos funcionários, a lista permanece a mesma, embora muitos acrescentem apoio interpessoal. Raramente – muito raramente – alguém menciona progresso no trabalho ou como os administradores deveriam apoiá-lo. O levantamento McKinsey sobre como motivar pessoas no trabalho rendeu exatamente a mesma história – o progresso estava completamente ausente dos resultados.[1] Em outras palavras, se mandássemos um grupo de administradores desenharem um gráfico retratando quais *eles* acreditavam que fossem as três influências chave para a vida interior no trabalho, o progresso estaria ausente.

Espantados, ficamos a nos perguntar se nossa descoberta sobre progresso seria óbvia demais. Talvez administradores não o mencionassem porque o consideravam tão fundamental no trabalho de liderar pessoas que presumiam que estivesse incluído. Talvez investigações mais formais revelassem o reconhecimento do princípio do progresso. Para descobrir, criamos uma pesquisa em que 669 administradores de empresas classificavam, por ordem de importância, cinco fatores que podiam influenciar a motivação e as emoções no trabalho.[2] Quatro dos itens vinham direto da sabedoria convencional de administração: reconhecimento, incentivos, apoio interpessoal e metas claras. O quinto era "apoio para fazer progresso no trabalho". Com certeza, pensamos, se explicitamente incluíssemos o progresso na lista, os administradores o colocariam em primeiro lugar.

Mas não. Os resultados revelaram desconhecimento do poder do progresso em todos os níveis da administração. Apoio para fazer progresso foi classificado em último lugar como motivador, e em terceiro (de cinco) como influência sobre emoção. De fato, somente 35 dos 669 administradores classificaram o progresso como primeiro motivador, o que representa apenas 5%. Em vez disso, de um modo geral, aqueles administradores classificaram "reconhecimento por bom trabalho (público ou privado)" como o fator mais importante para motivar funcionários e deixá-los felizes. O reconhecimento com certeza estimulava a vida interior no trabalho quando aparecia em nosso estudo diário. Mas nem de longe sobressaía tanto quanto o progresso. Além disso, sem conquistas no trabalho não há motivo para reconhecimento.

A descrição das tarefas obrigatórias de um administrador deveria começar com facilitar o progresso de subordinados todos os dias. Mesmo que este imperativo não seja uma grande novidade para você, muitos administradores claramente o desconhecem ("Segredos do designer de videogames" destaca uma profissão que realmente compreende a importância de se fazer progressos).[3] No presente capítulo, mostraremos por que isso é tão importante para uma boa vida interior no trabalho e um desempenho de alto nível a longo prazo. E descreveremos o segredo para alavancar o princípio do progresso: dar às pessoas trabalho significativo.

Por que progressos e reveses são tão poderosos

Com frequência, costumamos dizer: "são negócios, não é pessoal". Mas trabalho é pessoal. Muita gente, especialmente profissionais que investiram anos de estudos se preparando para uma carreira, se identifica com o trabalho que produz. Empresários com frequência têm grande dificuldade em abandonar posições de alta liderança quando suas empresas crescem e extrapolam sua capacidade de administrá-las, pelo fato de terem investido tanto de sua identidade pessoal no que construíram.[4] O cofundador do Twitter, Jack Dorsey, relatou ter sentido como se tivesse levado um "murro no estômago" ao ser substituído como executivo da empresa que havia sido criada com base em sua própria ideia.[5] Em nossa própria área profissional, os acadêmicos "são"

MATERIAL PARA REFLEXÃO

SEGREDOS DO DESIGNER DE VIDEOGAMES

Administradores de empresas podem não saber o quanto o progresso é importante para a motivação humana, mas esse é um segredo que todo bom designer de videogames conhece.[a] De todas as formas de entretenimento, os videogames estão entre as mais criadoras de adicção. Especialmente rapazes, entre os quinze e trinta e cinco anos, gastam enormes quantidades de dinheiro e tempo para ficarem imersos em mundos de fantasia, como o jogo on-line multiplayer (MMO) *World of Warcraft*. O que faz com que eles fiquem viciados no jogo? Em grande medida, duas coisas: indicadores de progresso constante e marcadores de conquistas. Ambos se baseiam no princípio do progresso.

Virtualmente, todos os videogames apresentam "barras de progresso", constantemente visíveis na tela durante o jogo. Estas barras são indicadores tangíveis do quanto o jogador está perto de alcançar o nível seguinte do jogo, o passo seguinte dentro do nível atual, ou a próxima minimeta dentro do passo atual. Marcadores de conquistas ou premiações são um pouco como os distintivos que escoteiros e bandeirantes ganhavam pelo bom desempenho em certas tarefas. Num videogame, as conquistas de qualquer jogador – para uma estarrecedora variedade de desafios sempre mutáveis ao longo do jogo – são publicadas imediatamente na barra para que todos os jogadores vejam.

Designers de videogames realmente eficientes sabem como criar essa percepção de progresso, em todos os estágios do jogo. Administradores realmente eficientes sabem como fazer o mesmo para seus subordinados.

a. Somos gratos a Andy Brown, da Perfect World Entertainment, por nos dar estes *insights*, e a Clive Thompson, da revista *Wired,* por ter sugerido a ligação entre videogames e nossos achados relativos a progresso.

---

os artigos que publicaram e os prêmios que receberam. Ao longo de toda nossa pesquisa com as 26 equipes que estudamos, nos demos conta de que o mesmo se aplica às pessoas acima ou abaixo na hierarquia organizacional. Progressos e reveses têm tanta importância porque o *trabalho* é importante. Simplesmente é parte de sermos humanos.

Um dos sentidos humanos mais básicos é o da autoeficácia – que é a crença de alguém de que ele, ou ela, é individualmente capaz de planejar e executar as tarefas necessárias para alcançar as metas desejadas.[6] Isso começa a se desenvolver bem cedo na vida; de fato, a necessidade de autoeficácia impele as crianças a explorarem e aprenderem sobre seu mundo. Esta necessidade continua e até cresce ao longo da vida à medida que as pessoas comparam suas conquistas e realizações com as de seus pares, bem como com as que consideram pessoalmente como "seu melhor". No trabalho, os funcionários desenvolvem um sentido cada vez mais forte de autoeficácia a cada vez que fazem progresso, têm sucesso ou ganham controle sobre um problema ou tarefa. Não surpreende, portanto, que pessoas mentalmente saudáveis estejam predispostas a dar crédito a si mesmas quando fazem progresso e atribuam reveses a forças externas.[7] Mesmo assim, reveses em projetos pessoalmente importantes podem causar incerteza, dúvida, ou confusão no julgamento que as pessoas fazem de si mesmas e baixar sua motivação para o trabalho.

A forte necessidade de autoeficácia explica por que o progresso nas atividades cotidianas se destaca como evento-chave, estimulando uma vida interior no trabalho positiva. Também explica por que reveses cotidianos são especialmente prejudiciais. Um estudo de 1995, da Universidade da British Columbia, mostrou como participantes de uma pesquisa que encontraram problemas em sua busca para atingir metas pessoalmente importantes (comparadas com metas menos importantes) concentraram mais atenção em si mesmos e passaram mais tempo ruminando tais eventos.[8] Uma vez que a atenção concentrada em si mesmo com frequência tem sido associada à depressão, estes achados sugerem que o bem-estar emocional pode ser prejudicado, a curto prazo, quando as pessoas se veem diante de discrepâncias entre metas importantes para sua identidade ou para seu sentido de autoestima e o que realmente conseguiram realizar.[9] Quanto mais negativo for o revés, e mais importante a meta que se estava tentando alcançar, mais provável é que nos concentremos naquela meta não realizada; ruminação que pode causar emoção ainda mais negativa.[10]

Outra pesquisa confirmou a conexão entre reveses em projetos importantes e estados psicológicos depressivos: emoção negativa, motivação diminuída e pensamentos prolongados sobre como as coisas correram mal.[11] De maneira interessante, as entradas nos diários da nossa pesquisa revelaram outra forma de ruminação: quanto mais negativo o "evento do dia", mais longa era a entrada.[12]

Quando as pessoas fazem progresso em direção a, ou de fato alcançam, metas pessoalmente significativas, a boa combinação entre suas expectativas e sua interpretação da realidade lhes permite se sentirem bem, aumentando sua autoeficácia positiva, tornando-se ainda mais estimuladas a cuidar da tarefa seguinte e avançando mentalmente para outra coisa.[13] O progresso motiva as pessoas a aceitarem desafios mais difíceis com mais presteza e a persistir por mais tempo.[14] Lembrem-se de como Helen, da equipe Infosuite, atacou seu trabalho com maior zelo quando a nova missão complexa de um cliente se seguiu à conclusão bem-sucedida de um projeto anterior. Se as pessoas se sentem capazes, elas veem problemas difíceis como desafios positivos e oportunidades de sucesso. Em outras palavras, desenvolvem um "sentido de empoderamento".[15] Se sofrem reveses repetidos, veem estes mesmos desafios como oportunidades de fracasso e os evitam ("O poder de eventos negativos" mostra por que é vitalmente importante reduzir esses reveses desencorajadores).

De todas as equipes que estudamos, a Sun-Protect, da Lapelle (uma empresa de bens de consumo), enfrentou uma das missões mais difíceis que vimos: desenvolver um creme facial de tipo "padrão de qualidade", com excelentes propriedades hidratantes e com protetor solar UV superior, por metade do custo dos produtos existentes. A equipe compreendeu a importância estratégica do projeto. Depois de semanas aperfeiçoando a fórmula numa rigorosa série de testes clínicos e de superar muitos reveses ao longo do caminho, os membros da equipe esperaram ansiosamente os resultados do teste final: dados de consumidores da discussão em grupo coletados e analisados por uma firma de pesquisa externa. A gerente de produto, Kathy, descreveu a reação ao receberem o resultado:

> Recebemos os resultados da discussão em grupo sobre nosso produto. Eles foram extremamente encorajadores. Todo mundo se sente muito motivado porque cumprimos o que prometemos que o produto faria, e isso é claramente percebido pelo consumidor! Agora temos que seguir adiante (para os próximos passos).

Kathy e seus colegas de equipe ficaram radiantes com o grande progresso que tinham feito. Eles sabiam que estavam longe do final, mas aquele acontecimento lhes abriu o apetite para enfrentar todos os desafios que teriam entre aquele momento feliz e o momento em que veriam seu produto nas prateleiras dos maiores varejistas do mundo inteiro.

DICAS PARA GESTORES

O PODER DE EVENTOS NEGATIVOS

Se quiser fomentar uma excelente vida interior no trabalho, concentre-se primeiro em eliminar os obstáculos que causam reveses. Por quê? Porque um revés tem mais poder em governar a vida interior no trabalho do que um incidente de progresso. Algumas indicações surpreendentes:

- O efeito de reveses sobre as emoções é mais forte do que o efeito do progresso.[a] Embora o progresso aumente a felicidade e reduza a frustração, o efeito dos reveses não é apenas o oposto sobre ambos os tipos de emoções – ele é *maior*. O poder de reveses em diminuir a felicidade é mais do que duas vezes mais do forte que o poder do progresso em estimulá-la. O poder dos reveses em aumentar a frustração é mais do que três vezes mais forte do que o poder do progresso em reduzi-la.
- Pequenas perdas podem anular pequenas vitórias. A assimetria entre o poder dos reveses e eventos de progresso parece se aplicar até a gatilhos relativamente pequenos. De modo semelhante, pequenas tensões diárias têm mais poder de influência do que pequenas manifestações de apoio.[b]
- Comportamentos negativos do líder da equipe afetam mais amplamente a vida interior no trabalho do que os comportamentos positivos dessa liderança.
- O fato de as pessoas escreverem narrativas diárias mais longas sobre eventos negativos de todos os tipos – não apenas reveses – comparado a eventos neutros ou positivos sugere que as pessoas podem dedicar mais energia cognitiva e emocional a eventos ruins do que aos bons.
- Outros tipos de eventos negativos – não apenas reveses – são mais poderosos do que sua imagem invertida no espelho de eventos positivos.[c]
- A ligação entre humor negativo e eventos de trabalho negativos é cerca de cinco vezes mais forte do que a ligação entre humor positivo e eventos positivos.[d]

Progresso em trabalho significativo

Pense no emprego mais tedioso que você já teve. Muita gente indica a primeira ocupação que teve na adolescência – lavar pratos e panelas numa cozinha de restaurante, por exemplo, ou guardar casacos em um museu. Em empregos

- Os funcionários se lembram mais de ações negativas de seus líderes do que se lembram de ações positivas, e se lembram mais intensamente e com mais detalhes das ações negativas do que das positivas.[e]

Exatamente pelo fato deles terem menor poder para afetar a vida interior no trabalho, procure se assegurar de que bons eventos superem em número os maus. Em particular, tente reduzir as complicações diárias. Isso significa que mesmo suas menores ações para remover os obstáculos que impedem o progresso de indivíduos e equipes podem fazer uma grande diferença para a vida interior no trabalho – e para o desempenho global. E certifique-se de que *você* não é a fonte dos obstáculos. Uma vez que gatilhos negativos podem ter um efeito tão desproporcional sobre a vida interior no trabalho, seria bom que você adotasse o juramento dos médicos: primeiro, nunca causar dano ou mal.

a. As primeiras quatro indicações desta lista vêm de nosso estudo dos diários. Os detalhes estão no apêndice. Ver também R. F. Baumeister, E. Bratslavsky, C. Finkenauer e K. D. Vohs, "Bad Is Stronger than Good", *Review of General Psychology* 5 (2001) 323-370; e P. Rozin e E. B. Royzman, "Negativity Bias, Negativity Dominance, and Contagion", *Personality and Social Psychology Review* 5 (2001): 296-320.

b. Pesquisadores da Universidade da Califórnia descobriram um efeito similar: tensões cotidianas podiam predizer melhor infelicidade e angústia psicológica do que melhoras cotidianas ou grandes estresses da vida (A. D. Kanner, J. C. Coyne, C. Schaefer e R. S. Lazarus, "Comparison of Two Modes of Stress Measurement: Daily Hassles and Uplifts Versus Major Life Events", *Journal of Behavioral Medicine* 4 (1981): 1-39).

c. Baumeister, Bratslavsky, Finkenauer e Vohs, "Bad Is Stronger Than Good".

d. A. G. Miner, T. M. Glomb e C. Hulin, "Experience Sampling Mood and Its Correlates at Work", *Journal of Occupational and Organizational Psychology* 78 (2005): 171-193.

e. M. T. Dasborough, "Cognitive Asymmetry in Employee Emotional Reactions to Leadership Behaviors", *Leadership Quarterly* 17 (2006): 163-178.

desse tipo, o poder do progresso parece elusivo. Por mais que você trabalhe com afinco, sempre existem mais panelas sujas, ou mais casacos chegando ou saindo. Só bater o cartão no final do dia, ou receber o contracheque no final da semana nos dá algum sentido de realização.

Agora, pensem em empregos com mais desafios e mais espaço para criatividade, como os de nossos participantes da pesquisa – inventar novos acessórios de cozinha, gerenciar linhas de instrumentos de limpeza ou solucionar complexos problemas de TI para um império hoteleiro. Nesses empregos, apenas "fazer progresso" – se desincumbir das tarefas – também não garante boa vida interior no trabalho. Você pode ter vivenciado tal fato desagradável em dias (ou projetos) em que acabava se sentindo desmotivado, desvalorizado e frustrado, apesar de ter trabalhado duro para executar todas as tarefas. Isso acontece porque, para que o princípio do progresso funcione, o trabalho tem que ser significativo para a pessoa que o executa.[16] Em 1983, quando a Apple Computer tentava contratar John Sculley, tirando-o da PepsiCo para ser seu novo executivo, Steve Jobs perguntou-lhe: "Você quer passar o resto da vida vendendo água com açúcar ou quer uma chance de mudar o mundo?"[17] Jobs lançou mão dessa potente força psicológica e conseguiu levar Sculley a abandonar uma carreira muitíssimo bem-sucedida na PepsiCo.

O desejo de um trabalho significativo cria o pré-requisito fundamental para o princípio do progresso. Lembrem-se de como o projeto Grande Coisa era importante para a DreamSuite Hotels e para os membros da equipe Infosuite, até mesmo para aqueles que não estavam diretamente envolvidos. Clark, o membro mais jovem da equipe, relatou em seu diário:

> Pediram ao nosso escritório que produzisse alguns dados *ad hoc* (para o projeto Grande Coisa). Nosso diretor, nosso gerente e muitos usuários passaram o dia inteiro no escritório monitorando nosso progresso, enquanto Ruth (gerente do projeto) ligou para Helen, que havia sido chamada de volta das férias para ajudar. Embora eu não estivesse envolvido, elegi este como o evento de meu dia porque pude testemunhar a extrema importância dos dados financeiros de que cuidamos aqui, a capacidade de solução de problemas de minha equipe e o envolvimento solidário de nossos chefes imediatos. Foi uma experiência muito positiva. (Clark 26/5)

Como todo mundo – dos altos executivos a gerentes de média hierarquia, à gerente do projeto e aos colegas da Infosuite – concentrou atenção e energia naquele projeto, Clark soube o quanto ele era importante – e por extensão, o quanto era importante o trabalho de sua equipe de um modo geral. Ele não só considerou o projeto Grande Coisa algo com um significado real, mas também considerou todos aqueles superiores solidários e seus colegas de trabalho como muito competentes, ao vê-los fazendo progresso num trabalho significativo. A experiência indireta de Clark é um exemplo perfeito de como, mesmo quando os ganhos são efetivados por nossos colegas, o *progresso em trabalho significativo* desencadeia um sentido de realização e outras percepções, emoções e motivações positivas, que se incluem numa esplêndida vida interior no trabalho.

Todo ano, a revista *Fortune* publica sua lista das "100 melhores empresas para as quais trabalhar", baseada em amplas pesquisas entre funcionários de empresas públicas e privadas dos Estados Unidos. A maioria das empresas não oferece grandes regalias. Ao examinarmos suas descrições, pensamos sobre os exemplos em nosso estudo e concluímos que as melhores empresas para se trabalhar são aquelas que dão apoio à vida interior no trabalho ao facilitar o progresso. Durante vários anos, por exemplo, o desconhecido Hospital Griffin, em Connecticut, foi incluído na lista; em 2006, foi classificado em quarto lugar. Embora o Griffin oferecesse salários cerca de 5% a 7% inferiores aos de outros hospitais na região, de um modo interessante recebeu 5.100 candidaturas de emprego para 160 vagas abertas em 2005. Seu volume de pessoal voluntário era de apenas 8%. Aparentemente, os profissionais de saúde se interessavam tanto em trabalhar no Griffin por sua reputação estelar no cuidado dos pacientes; lá, eles receberiam apoio para fazer o que mais lhe importava. Esta atitude também é evidente numa pesquisa de 2003, que demonstrou que trabalho importante, significativo, era mais valorizado pelos americanos do que qualquer outro aspecto – inclusive salário e promoções.[18]

O que é trabalho significativo?

Para ser significativo, seu trabalho não tem que ter profunda importância para a sociedade – organizar todas as informações do mundo, cuidar dos doentes, amenizar a pobreza ou ajudar a curar o câncer. O que importa é se você *percebe* o seu trabalho como uma contribuição de valor para alguma coisa ou alguém que importe (mesmo sua equipe, você próprio, ou sua família).[19] Pode ser apenas fazer um produto útil e de alta qualidade para seu cliente ou oferecer um serviço genuíno para sua comunidade. Pode ser dar apoio a um colega. Ou pode ser economizar para sua organização 145 milhões de dólares, como fez o pessoal da Infosuite. Quer as metas sejam elevadas ou modestas, desde que sejam significativas, então, existem condições para que o progresso governe a vida interior no trabalho.[20]

Considerem o caso de Richard, um técnico de laboratório sênior em uma indústria química. Richard encontrou significado em seu trabalho quando acreditou que a equipe do projeto dependia de seu intelecto para solucionar os complexos problemas técnicos que enfrentava. Contudo, em reuniões ao longo de um período de três semanas, Richard considerou que suas sugestões estavam sendo ignoradas pelo líder e pelos colegas de equipe. Como consequência, ele sentiu que suas contribuições não eram significativas, e sua vida interior no trabalho declinou. Quando finalmente percebeu que estava de novo fazendo contribuições importantes para o sucesso do projeto, sua vida interior no trabalho melhorou dramaticamente:

> Eu me senti muito melhor na reunião de equipe de hoje. Senti que minhas opiniões e informações eram importantes para o projeto, e que fizemos algum progresso. (Richard, técnico de laboratório sênior de indústria química.)

De acordo com os números do humor e da motivação das avaliações, foi um dos melhores dias de Richard durante o projeto.

Quatro maneiras de negar significado

Em princípio, administradores de empresa não deviam ter que se empenhar extraordinariamente para infundir significado no trabalho de seus subordinados. A maioria das funções nas organizações modernas é potencialmente significativa para aqueles que as desempenham. Contudo, os administradores devem se certificar de que os funcionários saibam exatamente em que medida seu trabalho está contribuindo. E, mais importante, devem *evitar ações que neguem o valor do trabalho*. Todos os participantes em nossa pesquisa desempenhavam funções que deviam ser significativas. De maneira assustadoramente frequente, contudo, vimos trabalhos potencialmente importantes e difíceis serem esvaziados de significado.

Quando investigamos os registros nos diários para ver como isso acontecia, descobrimos quatro mecanismos. O primeiro é aquele que Richard vivenciou: ter seu trabalho e ideias descartados por líderes ou colegas de trabalho. O segundo é perder o sentido de propriedade de seu próprio trabalho. Isso aconteceu repetidas vezes com os membros da equipe da Domain, na Karpenter Corporation, conforme descreve um deles, Bruce:

À medida que fui entregando alguns projetos que fiz, me dei conta de que não gosto de abrir mão deles. Especialmente quando você está com eles desde o início e agora está quase no fim. Você perde a propriedade do trabalho. Isso acontece conosco com muita frequência, uma vez depois da outra. (Bruce, 20/8)

Um terceiro modo de matar o significado é fazer os funcionários duvidarem de que o trabalho que estão fazendo verá a luz do dia. Isso pode acontecer porque as prioridades das empresas mudam ou porque os administradores simplesmente mudam de ideia sobre como algo deve ser feito. Vimos este último caso ocorrer na empresa de tecnologia Internet VH Networks, depois de o designer de interface com o usuário, Burt, ter passado semanas projetando transições perfeitas para clientes que não falavam inglês. De maneira nada surpreendente, a vida interior no trabalho de Burt estava seriamente comprometida no dia em que ele relatou o incidente:

Outras opções para as [interfaces] internacionais foram passadas à equipe durante uma reunião, que podem tornar inútil meu trabalho. (Burt, 28/7)

Dinâmica similar pode ocorrer quando as prioridades de um cliente mudam inesperadamente; com frequência, isso é resultado de mau gerenciamento de clientes ou de comunicação inadequada dentro da empresa. Por exemplo, Stuart, um especialista em transformação de dados na VH Networks, relatou sua profunda frustração e baixa motivação no dia em que soube que as semanas de trabalho duro da equipe tinham sido para nada:

Descobri que existe uma forte possibilidade de que o projeto não seja levado adiante, devido a uma alteração nos planos do cliente. Portanto, há grande possibilidade de que todo aquele tempo e esforço dedicados ao projeto tenham sido um desperdício. (Stuart, 6/3)

Finalmente, trabalhos valiosos podem perder significado quando as pessoas sentem que são qualificadas demais para muitas das tarefas específicas que lhes pedem que desempenhem. Broderick, outro empregado da VH Networks, tinha se oferecido como voluntário para um projeto em particular porque sentia que suas habilidades lhe permitiriam dar contribuições importantes.

Mas quando seu chefe lhe pediu para fazer "trabalho braçal", sua vida interior despencou:

> Encontrei com meu chefe hoje e ele quer que eu me encarregue de uma tarefa que envolve "trabalho braçal" – palavras dele, não minhas. Não vim para este projeto para lidar com esse tipo de tarefa (...) Para resumir em poucas palavras, se eu tiver que fazer isso, meu moral irá para o fundo do poço. Especialmente considerando-se que me ofereci como voluntário para este projeto. (Broderick, 10/7)

Todos nós precisamos acreditar que nosso trabalho está realmente contribuindo para alguma coisa que importe. Quando tal crença se mantém firme, o progresso conduz à verdadeira satisfação, forte motivação para continuar e outros sentimentos positivos. Quando nosso trabalho é destituído de significado, mesmo o fato de completarmos uma longa lista de tarefas não poderá gerar um genuíno sentido de realização, de dever cumprido.

O ciclo do progresso

Progresso e vida interior no trabalho podem alimentar um ao outro. O matemático Norbert Wiener chamou esse tipo de interação de *ciclo de realimentação* ou "causa circular cumulativa".[21] O progresso amplia a vida interior no trabalho (o princípio do progresso) e essa vida interior positiva conduz a mais progresso (o efeito da vida interior no trabalho), criando um círculo virtuoso. O ciclo também pode operar como um círculo vicioso. Do mesmo modo que a vida interior no trabalho e o progresso melhoram operando juntos, quando um despenca, o outro cai junto. A figura 5-1 mostra as formas positiva e negativa do ciclo que chamamos de *ciclo do progresso*.

Como qualquer ciclo de realimentação, o ciclo do progresso se autorreforça. Do mesmo modo que um objeto físico em movimento, tal como um pêndulo no vácuo mantém seu *momentum*, a menos que sofra ação de alguma força externa, o *loop* do progresso continua a menos que outros eventos interfiram. Do mesmo modo que a resistência do ar ou outras interferências tornam mais lento o *momentum* do pêndulo, muitas forças no ambiente de trabalho podem quebrar o ciclo virtuoso do *loop* do progresso. Felizmente, um círculo vicioso também pode ser quebrado por eventos intervenientes. Não é fácil,

FIGURA 5-1

O ciclo do progresso

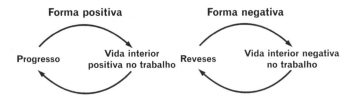

Nota: Por motivos de brevidade, o modelo aqui apresentado foi simplificado. O modo pelo qual a vida interior no trabalho e o desempenho interagem é ao mesmo tempo complicado e fascinante. O leitor interessado poderá observar parte desta complexidade na interação de emoção e criatividade apresentada em T. M. Amabile, S. G. Barsade, J. S. Mueller e B. M. Staw, "Affect and Creativity at Work", *Administrative Science Quarterly* 50 (2005): 367-403. O trabalho apresenta provas baseadas em nosso estudo dos diários de que não apenas a emoção influencia a criatividade, mas também que a criatividade leva a reações emocionais.

mas pode ser feito por meio da remoção dos obstáculos ao progresso e do fornecimento dos apoios necessários para o sucesso.

O ciclo do progresso é a arma secreta das empresas de alto desempenho; ele produz uma situação poderosa, em que ambas as partes só têm a ganhar, tanto administradores quanto funcionários. Progresso cotidiano consistente por parte dos funcionários alimenta tanto o sucesso da organização quanto a qualidade da vida interior no trabalho desses funcionários.[22] Para aproveitar essa força poderosa, você deve se certificar de que o avanço em trabalho significativo seja uma ocorrência regular na vida profissional cotidiana de seus funcionários, a despeito dos inevitáveis reveses que todo trabalho não trivial acarreta. No mundo real, o pêndulo só continua a se mover se alguém der corda no relógio. De modo semelhante, como administrador, você tem que manter o *loop* do progresso em movimento, facilitando continuamente o progresso e removendo obstáculos. Se você se concentrar em apoiar o progresso diário daqueles que trabalham em sua organização, não somente fomentará o sucesso da empresa, mas também enriquecerá a vida cotidiana de seus funcionários.

Administradores podem realçar a vida interior no trabalho de outras formas – ao injetar, por exemplo, certa informalidade brincalhona para incentivar a alegria. Mas esses métodos empalidecem quando comparados com o poder do progresso. Não só o progresso é essencial para o propósito da organização, mas, de todos os eventos que geram pensamentos, sentimentos e motivações positivos, eles que podem facilitar ou minar o progresso que os administradores têm maior controle. Trata-se de uma boa notícia porque, como vimos, nada revigora mais a vida interior no trabalho do que o progresso.

O princípio do progresso descreve a influência mais importante sobre a vida interior no trabalho, mas progresso e reveses não são os únicos eventos que importam. No próximo capítulo, exploraremos a segunda dessas três influências-chave na vida interior no trabalho: o fator catalisador.

6

O fator catalisador

O poder do apoio ao projeto

Uma especialista em marketing de produtos chamada Sophie e um engenheiro chamado Tim nunca se encontraram durante nosso estudo em suas empresas, e duvidamos de que algum dia venham a se esbarrar. Mas se algum dia isso acontecer, com certeza terão muito o que conversar. Sophie trabalhava na Karpenter, a outrora excelente empresa de bens de consumo, cuja equipe Domain vocês já conheceram. Uma mulher alta e enérgica, de óculos, Sophie lutou corajosamente contra obstáculos sempre presentes para promover os novos produtos de cozinha que supervisionava. Eis uma das muitas histórias que Sophie poderia ter contado a Tim sobre vida interior no trabalho em uma de suas piores situações.

> Não compreendo por que P&D mata tantos dos meus projetos, já que supostamente sou avaliada em função do desenvolvimento de novos produtos! Por três vezes, Dean Fisher (VP de Pesquisa e Desenvolvimento) matou meu novo mixer manual antes que ele fosse aprovado, há duas semanas. Metas conflitantes nos fizeram começar, parar, recomeçar etc. (Sophie, 10/5)

Tim, um engenheiro de pesquisa na O'Reilly Coated Materials, provavelmente teria ouvido atentamente a descrição de Sophie dos eventos na Karpenter, alisando a barba enquanto seus olhos muito azuis manifestavam simpatia. Mas Tim teria tido dificuldade de realmente empatizar com Sophie, de realmente se identificar com sua profunda frustração, sua motivação em farrapos e sua medonha opinião sobre sua organização. Considerem, por exemplo, o relato de Tim sobre um evento no primeiro dia de seu projeto atual:

Tivemos nossa primeira reunião de equipe e (...) decidimos que nos reuniremos toda sexta-feira, às 11 horas da manhã. O líder do grupo demonstrou sua excelência em análise lógica e (...) descreveu o que, na opinião dele, vai acontecer nos próximos dois ou três meses o novo projeto. (Tim, 9/10)

A experiência de Tim não poderia ser mais diferente da de Sophie – porque a partir daquele primeiro dia, sua equipe tinha algo que a de Sophie não tinha: metas claras com relação ao rumo que seguiria. Quando você não sabe o que deve fazer, é difícil se sentir bem ao executá-lo. Ter metas claras orienta os funcionários em qualquer trabalho, desde a tarefa mais autônoma à de responsabilidade mais ampla. Desorientada e desanimada quando mais um de seus projetos foi abatido em pleno voo, Sophie tinha pouco sentido de direção e ainda menos autonomia em seu trabalho. Ela começou a perder motivação para continuar. Tim, ao contrário, animou-se depois da primeira reunião de sua equipe, pronto para decolar na direção que o líder havia começado a mapear com o grupo.

Metas claras são um elemento crucial do *fator catalisador*, uma categoria ampla de eventos que só é superada pelo princípio do progresso nas três influências-chave sobre a vida interior no trabalho. Na química, catalisador é a substância que inicia ou acelera uma reação química. Em nossa pesquisa, usamos o termo para descrever qualquer coisa que facilite diretamente a conclusão criativa, oportuna e de alta qualidade no trabalho. Enquanto o termo *inibidor* descreve a ausência ou a forma negativa de um catalisador.

Catalisadores apoiam o progresso no trabalho. Inibidores prejudicam esse progresso ou causam reveses.[1] Como já demonstramos, progressos e reveses são as principais influências na vida interior no trabalho. De maneira surpreendente, contudo, *catalisadores e inibidores podem ter um impacto imediato sobre a vida interior no trabalho, mesmo antes de afetarem o trabalho em si*. Tão logo temos, por exemplo, metas claras e significativas, recursos suficientes ou colegas prestativos, recebemos um estímulo imediato em nossa percepção do trabalho e da organização, em nossas emoções e motivação para fazer um bom trabalho. Mas tão logo as metas ficam confusas, os recursos são negados ou um colega deixou a peteca cair, nossos pensamentos, sentimentos e motivações começam a desmoronar. Progressos e reveses se seguirão mais tarde, mas sentimos seus efeitos na vida interior no trabalho imediatamente.

A figura 6-1 mostra as influências diretas e indiretas dos catalisadores sobre a vida interior no trabalho. O efeito direto (retratado pela seta em negrito acontece tão logo que alguém tenha consciência de um catalisador. O efeito indireto ocorre através do ciclo do progresso: tão logo o catalisador conduza a um progresso real, essa sensação eleva a vida interior no trabalho. Se dizem, por exemplo, a uma programadora que ela vai receber o novo computador que havia solicitado, haverá um impacto imediato sobre sua vida interior no trabalho. Antes mesmo que o computador chegue, ela provavelmente vai se sentir contente com a notícia e poderá considerar seu empregador competente e a si mesma valorizada. E quando de fato receber o computador, este a ajudará a fazer progresso, sua vida interior no trabalho entrará numa alta ainda maior, causada por esse progresso e pelo sentido de realização e êxito que o acompanhará.

Como o ciclo do progresso continua, a menos que seja interrompido por algum evento negativo, catalisadores podem ter efeitos positivos continuados sobre a vida interior no trabalho. Infelizmente, devido ao mesmo mecanismo, fortes inibidores podem ter efeitos negativos continuados sobre a vida interior no trabalho.

FIGURA 6-1

Os efeitos de catalisadores sobre a vida interior no trabalho

Os sete principais catalisadores

Os catalisadores podem assumir muitas formas. Nossa análise das 12 mil narrativas de "evento do dia" que recebemos, junto com a autoavalição da vida interior no trabalho dos participantes naqueles dias, revelaram grandes sete principais catalisadores, que galvanizam o trabalho e a vida interior no trabalho – bem como seus opostos espelhados, os sete maiores inibidores. Embora esses não sejam os únicos gatilhos que galvanizavam ou inibiam o trabalho que nossos participantes estavam fazendo, eles se destacaram por seu impacto na vida interior no trabalho e no trabalho em si.

1. *Estabelecer metas claras*.[2] As pessoas têm uma vida interior de trabalho melhor quando sabem para onde seu trabalho está seguindo e por que ele importa. Metas inequívocas de curto e longo prazo dão às equipes marcos tangíveis que tornam evidente seu progresso. Quando as pessoas têm prioridades conflitantes ou metas obscuras, sem significado, ou arbitrariamente inconstantes, elas se tornam frustradas, cínicas ou desmotivadas. O tempo é desperdiçado enquanto elas se esforçam sem sair do lugar e o trabalho sofre.

2. *Permitir autonomia*.[3] Estabelecer metas claras pode ter o efeito oposto se isso se resumir a apenas dizer às pessoas o que fazer e como fazê-lo. Para estar intrinsecamente motivado e adquirir um senso de autoeficiência ao fazer progresso, é preciso ter algum poder de decisão sobre seu próprio trabalho. Além disso, quando os funcionários têm liberdade sobre como fazer o trabalho, eles são mais criativos. Um aspecto-chave da autonomia é sentir que suas decisões serão respeitadas. Se, de um modo geral, a administração passa por cima das decisões de seus funcionários, eles rapidamente perdem a motivação para tomar qualquer iniciativa, algo que inibe seriamente o progresso. O trabalho atrasa porque as pessoas acham que devem esperar e consultar alguém antes de começar ou mudar qualquer coisa.

3. *Fornecer recursos*.[4] Não é preciso contar com uma infinidade de recursos, mas acesso a equipamento, meios financeiros, informações, materiais e pessoal *necessários é*. Quando faltam aos funcionários esses catalisadores, eles se dão conta de que o progresso será difícil ou impossível, e sua vida interior no trabalho despenca. O fato é que o conceito de empresa eficiente *"lean and mean"*, literalmente enxuta e malvada, raramente funciona a longo prazo, especialmente quando se trata de cortar pessoal.[5] Fornecer recursos tem um duplo efeito positivo sobre a vida interior no trabalho. Não apenas permite aos funcionários visualizarem o sucesso em um projeto, mas também significa que a organização valoriza o que eles estão fazendo. Negar os recursos necessários ou torná-los de difícil acesso gera um sentido de futilidade, de raiva por perder tempo mendigando os meios necessários ou fazendo "trabalho pesado", e a percepção de que o projeto não deve ser muito importante.

4. *Dar tempo suficiente – mas não tempo demais.*[6] A pressão do tempo é uma das forças mais interessantes que estudamos. Embora ocasionalmente, por curtos períodos, possa ser inebriante usar extrema pressão de tempo para estimular vida interior no trabalho, ao longo de semanas ou mesmo a curto prazo, é brincar com fogo. (Ver "Pressão do tempo e criatividade".) Se os administradores regularmente impõem prazos impossivelmente curtos ou carga de trabalho impossivelmente alta, isso gera funcionários estressados, insatisfeitos e desmotivados – esgotados. Contudo, as pessoas detestam sentir-se entediadas. Embora tenha sido raro que qualquer dos participantes de nosso estudo relatasse um dia com pressão do tempo muito baixa, tais dias – quando ocorrem – também não levam a uma vida interior no trabalho positiva. De modo geral, portanto, pressão do tempo baixa ou moderada parece ser ótima medida para sustentar pensamentos, sentimentos e motivação positivos.

5. *Ajuda no trabalho.* Em organizações modernas, as pessoas precisam umas das outras; quase todo mundo trabalha de forma interdependente. Funcionários deixados por conta própria, sem nenhuma assistência ou apoio de qualquer outra pessoa, conseguem realizar muito pouco – eles precisam de ajuda.[7] Essa ajuda pode assumir muitas formas, desde fornecer informações necessárias, debater ideias com colegas a colaborar com alguém que está com dificuldades. Os funcionários se sentem desalentados quando a ajuda é inacessível, frustrados quando ela é negada por alguém importante para o projeto – sejam administradores de qualquer nível, colegas em qualquer lugar na organização, companheiros de equipe, ou mesmo fornecedores ou clientes –, e furiosos quando percebem que alguém está ativamente prejudicando seu trabalho. De maneira inversa, obter o tipo de ajuda certo, das pessoas certas, na hora certa, pode ser um estímulo significativo à vida interior no trabalho – mesmo quando esta ajuda ainda não resultou em progresso.

6. *Aprender com problemas e sucessos.*[8] Por mais que os funcionários sejam capacitados, ou por mais que seus projetos sejam bem concebidos e bem executados, dificuldades e fracassos são inevitáveis ao executar um complexo trabalho criativo. Descobrimos que a vida interior no trabalho era bem mais positiva quando os problemas eram encarados francamente, analisados e recebidos com planos para superá-los e aprender

---

MATERIAL PARA REFLEXÃO

PRESSÃO DO TEMPO E CRIATIVIDADE

Como muitas pessoas em nosso estudo, você pode *se sentir* mais criativo em dias de pressão de tempo muito alta. Mas descobrimos que os funcionários geralmente *fazem* trabalho mais criativo sob baixa pressão do tempo. Chegamos a essa conclusão ao comparar diários escritos em dias de pressão de tempo muito alta com os de dias de pressão de tempo muito baixa.[a] Pressão de tempo muito alta era bem mais comum do que o oposto, e poucos diários relatavam qualquer trabalho criativo em dias de alta pressão de tempo. Descrevemos os dias de alta pressão sem pensamentos criativos como sendo passados *numa esteira*, porque nesses dias as pessoas tendem a trabalhar em muitas tarefas não relacionadas (e com frequência inesperadas) constantemente correndo de uma coisa para outra sem realmente chegar a lugar nenhum – ou pelo menos a nenhum lugar que tenha alguma importância.

Descrevemos os dias de baixa pressão do tempo como aqueles em que as pessoas lançam mão de suas habilidades de pensamento criativo, como se estivessem *numa expedição.* Nessas ocasiões, elas tendem a ser exploradoras, com frequência colaborando com uma ou duas outras pessoas para abordar um problema a partir de diferentes ângulos. A baixa pressão do tempo, contudo, pode ser perigosa se os funcionários encontrarem pouco apoio para pensamento inovador por parte de seus superiores. Nesta situação, eles podem entrar num estado de *piloto automático* – com baixa criatividade e alto nível de tédio.

---

com eles. Quando eram ignorados, punidos ou tratados casualmente, a vida interior no trabalho fraquejava. Aprender com o sucesso também era importante. Os pensamentos, sentimentos e motivações de nossos participantes se mostravam melhores quando os sucessos, mesmo pequenos, eram comemorados e analisados em busca de conhecimento adquirido. E se mostravam piores quando o sucesso era ignorado, ou quando seu verdadeiro valor era questionado. A capacidade de aprender com um fracasso e seguir adiante é bem mais provável em climas organizacionais caracterizados pela *segurança psicológica* – uma expectativa compartilhada, transmitida pelas palavras e pelas ações dos líderes, de que as pessoas serão elogiadas por admitir ou apontar erros, em vez de serem rejeitadas ou criticadas.[9] Só em um clima psicologica-

O mais raro é *sentir-se em missão*, quando as pessoas produzem trabalho criativo sob alta pressão. Contudo, as circunstâncias têm que ser exatamente certas: um projeto urgente e importante, em que outras distrações são mantidas a distância, para que o funcionário possa se concentrar em resolver o problema crucial.[b] Infelizmente, mesmo trabalhar numa missão por longos períodos de tempo pode levar ao esgotamento e a um desempenho prejudicado.

Para um excelente desempenho criativo, como regra geral, a pressão do tempo deve ser de baixa a moderada – pontuada por períodos ocasionais de urgência concentrada.

a. T. M. Amabile, C. N. Hadley e S. J. Kramer, "Criativity Under the Gun", *Harvard Business Review*, agosto de 2002, 52-61. Outra pesquisa demonstrou que, quando rivalidade competitiva coincide com pressão do tempo aumentada, as pessoas tomam as piores decisões econômicas. (D. Malhotra, "The Desire to Win: The Effects of Competitive Arousal on Motivation and Behavior", *Organizational Behavior and Human Decision Processes* 111 (2010): 139-146).

b. Outra pesquisa demonstrou que as pessoas podem ser capazes de trabalho criativo sob estresse, se o ambiente lhes oferecer apoio. Em um estudo, funcionários conseguiram executar trabalho criativo em estados de humor negativos – mas somente se também vivenciassem humor positivo no mesmo período de tempo, e apenas se a empresa encorajasse a criatividade (J. M. George e J. Zhou, "Dual Tuning in Supportive Context: Joint Contributions of Positive Mood, Negative Mood, and Supervisory Behaviors to Employee Creativity", *Academy of Management Journal* 50 (2007): 605-622).

mente seguro as pessoas podem assumir os riscos necessários para produzir um trabalho verdadeiramente inovador.

7. *Permitir que ideias fluam.*[10] Os participantes de nossa pesquisa tiveram alguns de seus melhores dias quando as ideias sobre seus projetos fluíram livremente entre a equipe e pela organização. Descobrimos que essas ideias fluíam melhor quando os administradores realmente ouviam os funcionários, encorajavam debates vigorosos de perspectivas diversas e respeitavam críticas construtivas – mesmo a eles próprios.[b] Quando esse catalisador crucial faltava ou era inibido – quando administradores impediam o debate ou criticavam duramente novas ideias – as pessoas pareciam se recolher. Agindo em autoproteção, a vida

interior no trabalho é dominada por emoções de medo, percepções negativas do ambiente e motivação diminuída.

O clima organizacional gera eventos do cotidiano

Catalisadores e inibidores não surgem ao acaso. Esses gatilhos do cotidiano, que tanto influenciam a vida interior no trabalho, são gerados pelo clima da empresa, pelo conjunto de normas dominantes que moldam o comportamento e as expectativas dos funcionários que nela trabalham. O clima (ou cultura) é uma "assinatura" para as pessoas dentro e fora da empresa.[11] É criado principalmente pelas palavras e ações dos líderes. A começar por seus fundadores.[12] Esse clima gera os eventos específicos que se desdobram no seio da organização; com o passar do tempo, eventos específicos similares reforçam o clima.

Ao longo dos primeiros anos da Google, por exemplo, o clima era descrito como ao mesmo tempo empenhado no trabalho e apreciador de diversão. Muitos acontecimentos diários eram marcados pela exploração do espírito livre de novas ideias e da colaboração em prol da missão grandiosa de tornar a informação do mundo universalmente acessível. O clima da IBM, ao contrário, era considerado como ultraconservador; os funcionários vestiam ternos azul-marinho, focados em atender grandes clientes corporativos e em seguir cuidadosamente os procedimentos especificados. Enquanto o comportamento dos líderes e funcionários aderia a essas normas e novos recrutas eram socializados para segui-las, o clima conformista prevaleceu. Qualquer que seja a atmosfera específica de uma organização, as normas são estabelecidas pelos fundadores e pelos primeiros administradores; sem mudanças significativas nesse estilo ou no status da organização, esse clima pode perdurar por décadas.

Três forças principais moldam os eventos específicos, catalisadores ou inibidores, dentro de uma organização.

- *Consideração para com as pessoas e suas ideias*. Em palavras e atos, os altos executivos e administradores respeitam a dignidade dos funcionários e o valor de suas ideias? Por acaso outros administradores também servem como exemplos de discurso de cortesia e acolhem bem as contribuições de todos os indivíduos?

- *Coordenação*. Os sistemas e procedimentos são projetados para facilitar a colaboração regular entre indivíduos e grupos? A estrutura da organização é congruente com suas metas estratégicas e com a competência dos funcionários para alcançar essas metas?

- *Comunicação*. Esta talvez seja a força mais poderosa. Comunicação clara, honesta, respeitosa e de fluxo livre é essencial para sustentar o progresso, coordenar o trabalho, estabelecer confiança e transmitir a sensação de que as pessoas e suas ideias têm valor para a organização.[13]

Os climas corporativos podem variar em muitas outras dimensões, mas quando essas três forças específicas são fortes e positivas, os eventos no seio da organização têm muito maior probabilidade de apoiar a vida interior no trabalho. Por outro lado, climas negativos geram eventos cotidianos negativos e a vida interior no trabalho sofre. Repetidos acontecimentos similares, sejam positivos ou negativos, reforçam e perpetuam o clima.

Por exemplo, considerem a atmosfera da Karpenter Corporation, outrora admirada, mas hoje uma gigante extinta de bens de consumo. Originada pelas atitudes da nova administração, durante todo o nosso estudo prevaleceu um clima desfavorável na empresa. Uma matriz e uma estrutura de incentivos confusa e desalinhada na Karpenter significava que diferentes funcionários de uma mesma equipe se reportavam a chefes diferentes, e que esses chefes com frequência tinham prioridades conflitantes. Isso tornava extremamente difícil que colegas de equipe *coordenassem* seus esforços e alinhassem suas ações tendo em vista uma mesma meta. Se um líder de equipe tentava ajudar um de seus membros, ele invariavelmente interferia no caminho de outro. Uma atmosfera ferozmente competitiva sufocava a *comunicação* dentro dos grupos e entre os grupos, uma vez que as pessoas ciumentamente guardavam as informações para uso próprio. E a frequente *falta de consideração* de certos administradores para com os indivíduos e suas ideias estabeleceu como norma descartar e criticar duramente pontos de vista divergentes.

Um conto de duas equipes: como catalisadores e inibidores afetam a vida interior no trabalho

Para revelar como catalisadores – e inibidores – afetam a vida interior no trabalho e o progresso, compararemos uma das piores equipes em nosso estudo – a Equip, da Karpenter Corporation – com uma das melhores – a Vision, da

O'Reilly Coated Materials. Sophie e Tim, a quem vocês conheceram no princípio deste capítulo, eram membros da Equip e da Vision, respectivamente.

A O'Reilly é uma indústria química cujos laminados e revestimentos de poliuretano podem ser encontrados em produtos variados, desde malas de viagem e roupas impermeáveis a lonas de circos e toldos de armazéns. Ela floresceu ao longo de décadas e continua a liderar a indústria em seu ramo. Com quartel-general em uma pequena cidade do oeste do Texas, a O'Reilly tem prédios administrativos, de pesquisa e de produção espalhados por um campus de quase 24 hectares.

No princípio de nosso estudo, a O'Reilly e a Karpenter, com sede no Michigan, pareciam ser companhias similares, se vistas de fora. Como a Karpenter, a O'Reilly estava entre as empresas mais bem-sucedidas e respeitadas de sua área, e era considerada uma líder inovadora. Seus produtos eram onipresentes. Ambas eram empresas de capital aberto, tinham em seu staff profissionais bem preparados e eram comandadas por administradores experientes. Durante o tempo em que as estudamos, ambas as empresas enfrentaram os mesmos desafios, incluindo custos de produção rapidamente crescentes e competição de fabricantes estrangeiros. Lembrem-se de que a Karpenter teve anos de grande sucesso inovador e financeiro, e foi uma das 10 empresas mais bem-sucedidas da América apenas dois anos antes do nosso estudo. Mas sua sorte começou a mudar um ano depois de começarmos a pesquisa, três anos depois de a nova administração assumir o comando, culminando no desastre que já descrevemos. Em contraste, durante o ano fiscal antes do nosso estudo ter início, a O'Reilly teve seu vigésimo ano consecutivo de aumento de dividendos, com crescimento nos lucros de 20%. No ano em que o estudo acabou, os lucros haviam aumentado em mais de 20%. A O'Reilly continua sendo uma nas marcas mais conhecidas em seu ramo.

O que fez a diferença? À medida que analisávamos os diários da Karpenter e da O'Reilly, tornou-se claro que as empresas eram *extremamente* diferentes se vistas por dentro, com atmosferas distintas, como noite e dia. Repetidas vezes nos impressionamos com os nítidos contrastes na presença de catalisadores cotidianos e na vida interior no trabalho dos funcionários – contrastes que prefiguravam os futuros divergentes das duas empresas.

As equipes

A multifuncional Equip era composta por quatro mulheres e nove homens, responsáveis pelas linhas de produtos de pequenos acessórios de cozinha da

Karpenter. Suas funções oficiais incluíam todas as fases dessa atividade, desde o desenvolvimento de novos produtos à administração dos estoques e à decisão de que acessórios tirar de linha. Como todas as equipes desse setor da Karpenter, a Equip era responsável pela lucratividade de suas linhas de produto. Durante nosso estudo, estava concentrada em um mixer manual radicalmente reprojetado, uma faca elétrica e um amolador de facas compacto.

Composta por quatro cientistas e técnicos homens, a equipe Vision foi uma das quatro que estudamos na O'Reilly. Todas ficavam localizadas no quartel-general da empresa, em sua principal unidade responsável por desenvolver a pesquisa química e os protótipos de produtos para alimentar as futuras inovações da empresa e satisfazer as necessidades sempre mutáveis dos clientes.

As funções da Vision envolviam desenvolver o estágio inicial em um projeto crucial para a empresa: modificar um revestimento em poliuretano, usado em todos os tecidos para roupas impermeáveis e produtos de proteção. A meta da equipe era explorar novas fórmulas que reduzissem custos diante dos preços em alta das matérias-primas. Era um trabalho extremamente complexo, envolvendo enormes desafios técnicos. Mas se a equipe tivesse sucesso em criar um revestimento de custo mais baixo e qualidade comparável – com durabilidade, resistência à água e flexibilidade – ela revolucionaria as linhas de produto da empresa.

Nítidos contrastes na vida interior no trabalho

Nosso "conto das duas equipes" apresenta os melhores e os piores de todos os períodos de vida interior no trabalho. Em cada aspecto – percepções, emoções e motivações –, a Equip esteve no fundo do poço, ou quase, na maioria das medidas de nosso estudo, enquanto a equipe Vision ficava próxima do topo de nossa amostra. Como poderão ver na tabela 6-1, a Vision superou a Equip em todos os itens.

Em um nível estonteante, Vision e Equip diferiam em progresso no trabalho – a influência número um da vida interior no trabalho. A Vision trabalhava em um complexo problema de engenharia química, com vários fatores desconhecidos, lutando com numerosos obstáculos técnicos. Ao longo do estudo, contudo, a proporção de eventos de progresso comparada à de reveses relatada nos diários foi de 5,33 – uma das mais altas de todas as que encontramos. Para cada revés que a equipe Vision encontrou, ela deu mais de cinco passos adiante.

TABELA 6-1

Comparação da vida interior no trabalho das equipes Vision e Equip

Elementos da vida interior no trabalho das escalas dos diários cotidianos	Avaliação de todas as equipes 1 = melhor, 26 = pior	
	Equip	Vision
Percepções de:		
Autonomia no trabalho	21	2
Apoio da equipe	23	7
Apoio do supervisor	24	2
Apoio organizacional	24	1
Emoção (humor geral)	21	1
Motivação (intrínseca)	20	10

A Equip também estava empenhada em um trabalho difícil. Deveria apresentar uma série de acessórios de cozinha inovadores, que fossem ao mesmo tempo ergonômicos e atraentes. Mas, em termos de progresso, foi a pior equipe em nosso estudo. Seus diários relatavam uma proporção alarmante de 0,47 de progresso com relação aos reveses – ou cerca de duas vezes mais reveses do que progressos. Com esta medida, a Equip foi a pior das 26 equipes em nosso estudo.

As duas equipes diferiam amplamente até na maneira como seus membros escreviam os relatos cotidianos no diário. Os registros da Equip eram em média bem mais longos, descrevendo inibidores quase que com a mesma frequência que descreviam o trabalho em si. O grande número de palavras se encaixa em nosso achado de que os participantes escreviam mais longamente quando relatavam eventos negativos. As narrativas da Equip também tendiam a ser bem mais expressivas com relação a pensamentos, sentimentos e motivações que os funcionários haviam vivenciado durante o dia.

As entradas da Vision eram breves, diretas e concentradas no trabalho propriamente dito. Os membros da equipe raramente reclamavam de inibidores, levando-nos a deduzir que eles não eram um problema.[14] Ao descrever alguma coisa além de um evento no dia de trabalho, a probabilidade era de se tratar de um catalisador. Embora os membros da Vision raramente escrevessem sobre seus sentimentos na narrativa diária – criando entradas bastante enigmáticas, secas, falando apenas de fatos – eles tendiam a imprimir avaliações positivas a seus pensamentos, sentimentos e motivações no formulário.

De acordo com os testes a que lhes submetemos no início do nosso estudo, os membros das equipes Vision e Equip tinham perfis de personalidade e níveis de escolaridade similares. Em outras palavras, ambos os grupos tinham "as pessoas certas" como integrantes.[15] Ambas executavam um trabalho difícil e complexo, sob as mesmas condições econômicas. Então, o que explicava a diferença entre a maravilhosa vida interior no trabalho (e progresso significativo) da equipe Vision e a medonha vida interior no trabalho (e reveses frequentes) da Equip? A resposta está no fator catalisador.

O melhor dos momentos: equipe Vision da O'Reilly

A Vision era uma equipe recém-formada, cujos quatro integrantes ocupavam um único escritório, atravancado com suas escrivaninhas, computadores, manuais técnicos e catálogos de fornecedores. A música que saía de um iPod podia ser clássica, jazz ou *bluegrass*, dependendo de qual dos integrantes da equipe havia chegado primeiro naquele dia. O laboratório, dividido com outra equipe, ficava no final de um corredor, no térreo de um prédio de quatro andares, destinado a pesquisas da O'Reilly. Uma linha de equipamentos para estudos-piloto de novas fórmulas, em escala laboratorial, ficava abrigada no porão.

Com mestrado em engenharia química e MBA em marketing, Tim era o engenheiro sênior da pesquisa. O líder da equipe era Dave, um agradável PhD em química, de 34 anos, simpático e de fala mansa, que gostava de cultivar bonsais como *hobby*. O técnico sênior, Richard, tinha mestrado em química e, aos 30 anos – com sete de experiência na O'Reilly –, trabalhava em meio expediente enquanto estudava para obter um MBA. Completando a equipe, havia Will, um esguio e gregário corredor de maratona, que atuava como o experimentalista da Vision. Embora Will não tivesse diploma universitário, era o membro mais experiente da equipe: durante seus 11 anos na O'Reilly, havia sido assistente e colaborador nos experimentos de sete projetos.

No grupo abundavam catalisadores. No primeiro dia de existência da Vision, Dave, Tim, Richard e Will se reuniram para começar a traçar planos para alcançar a meta do projeto: criar um revestimento de alta qualidade e baixo custo para os principais produtos da O'Reilly. Discutiram tanto que meta queriam atingir quanto os possíveis caminhos para alcançá-la.

> A equipe inteira desenhou uma árvore de decisões que esclarece como será desenvolvido nosso primeiro produto. (Dave, 9/10)

Dave avaliou seu humor como bom naquele primeiro dia.[16] Na qualidade de líder da Vision, estava satisfeito com o fato de a equipe ter ao mesmo tempo capacidade e liberdade em criar um mapa para seu próprio projeto. O desenho da árvore da decisão pelo grupo foi apenas o primeiro exemplo de muitos, demonstrando a *autonomia* que o vice-presidente de P&D, Mark Hamilton, dera à equipe. (Nota: Em nossa abordagem de cada excerto ilustrativo do diário, colocamos em itálico o nome do catalisador ou do inibidor específico.) Desde o princípio, o grupo estava altamente motivado para fazer do projeto um sucesso porque se sentia dono dele.

Contudo, isso não significa que a alta administração da O'Reilly tenha deixado a equipe inteiramente por conta própria. Pelo contrário, as instruções originais haviam sido especificadas e a administração trabalhou com a equipe para *esclarecer as metas globais* em vários pontos durante o projeto. Por exemplo, os diretores técnicos da O'Reilly debateram essas metas com o grupo imediatamente depois de examinar as provas de conceito da equipe. Foi assim que Tim descreveu as discussões em um dia que lhe trouxe muita alegria:

> Hoje, o projeto ultrapassou a faixa de largada. Debatemos a direção do projeto com nossos diretores e recebemos um retorno muito bom. (Tim, 6/11)

Como outras excelentes empresas, a O'Reilly encontrara o equilíbrio perfeito ao dar à equipe *metas* estratégicas claras e *autonomia* sobre como conduzir o projeto. Todos os membros da equipe estavam entusiasmados quando o trabalho oficialmente começou. Em todos os níveis na O'Reilly, vimos este equilíbrio energizador entre metas estratégicas claras e autonomia operacional.

De um modo interessante, o equilíbrio entre esses dois catalisadores também aparece na legendária W. L. Gore & Associates, os criadores do tecido Gore-Tex e de outras maravilhas da engenharia. De fato, muitas fontes creditam a ampla prática na empresa de apoiar a autonomia de seus cientistas e engenheiros pelo duplo sucesso da Gore: repetidamente ter sido escolhida como uma das melhores firmas para a qual trabalhar pela revista *Fortune*. A Gore também tem uma longa história de êxitos e grande lucratividade.[17]

O trabalho técnico da equipe Vision teve um início difícil; Will encontrou sérias dificuldades ao realizar os primeiros experimentos. Apesar disso, o grupo logo começou a fazer progresso. O diário de Will descreve um catalisador que contribuiu: os membros da equipe com frequência *ajudavam* uns aos outros quando necessário – mesmo sem que a ajuda fosse pedida.

> Hoje, quando estava realizando o experimento, tive dificuldade em alimentar a máquina. Estava a ponto de gritar pedindo ajuda, quando Richard apareceu e começou a me ajudar sem que eu precisasse pedir. Com esse comportamento da equipe, acho que o projeto será bem-sucedido. (Will, 22/10)

Outro catalisador da Vision foi ter acesso aos *recursos* necessários, ainda que não abundantes; a administração rapidamente aprovava dotações quando o grupo fazia solicitações bem fundamentadas.

Quando estavam perto da metade do tempo por eles previsto, os membros da equipe sabiam que tinham boas chances de atingir suas metas. Naquele ponto, eles já haviam criado uma fórmula de revestimento mais forte e mais impermeável à água, usando matérias-primas mais baratas. O passo seguinte era determinar se os tecidos poderiam ser cobertos por aquela fórmula numa linha de produção, usando o processo industrial padrão de revestir primeiro um lado e depois o outro. Mas os experimentos de produção não estavam indo bem. Depois da primeira passagem pelo equipamento, o revestimento vazava para o outro lado do tecido, deixando-o gosmento e manchado em certos pontos, e tornando impossível o acabamento adequado daquele lado.

De início, a equipe ficou bloqueada. Então, por sugestão de Dave, eles começaram a partilhar seus resultados insatisfatórios com diretores e colegas. Funcionários da empresa inteira animadamente entraram no debate. Um *fluxo regular de ideias* passou a jorrar, o que desencadeou vida interior no trabalho positiva para os membros da equipe, que relataram sua satisfação:

> Uma conversa com um líder de projeto e outro cientista sênior ajudou a estimular meu raciocínio. (Cheguei a) pelo menos uma conclusão (...). Tudo isso pode ajudar a tornar o projeto mais factível. (Tim, 16/12)

Ao longo das semanas que se seguiram, surgiram dúzias de ideias e a equipe testou várias delas. Finalmente, em uma reunião para avaliar o que eles haviam aprendido, o grupo fez uma bela descoberta – a nova fórmula poderia ser aperfeiçoada para permitir às máquinas de linha de produção revestirem *ambos* os lados do tecido ao mesmo tempo. Isso revolucionaria a maioria dos processos de revestimento da O'Reilly, reduzindo dramaticamente os custos de produção. Excitadamente, a equipe testou a ideia radical, produziu protótipos promissores e enviou por e-mail um relatório aos diretores técnicos.

A resposta não foi muito animadora. Embora Mark Hamilton manifestasse interesse, dois administradores de alto escalão e dois diretores técnicos os advertiram de que as conclusões do grupo deviam estar erradas. Não havia nenhuma indicação na literatura científica existente que embasasse o que a equipe propunha. De fato, argumentavam, Hamilton devia parar de financiar as experiências da Vision com o novo processo, de modo que a equipe voltasse sua atenção para a meta original, o revestimento em si. Por que perseguir uma ilusão?

Dave podia ser um sujeito cordato e de fala mansa por temperamento, mas *não temia enfrentar problemas nem aprender com eles*. E foi deste modo que o líder da equipe reagiu àquele inibidor em potencial. Sua resposta à crise foi imediata, decisiva e franca. No dia seguinte, foi falar com os administradores e lhes perguntou sobre suas preocupações; eles as relataram em detalhes. Então, Dave começou a abordar cada problema levantado, mostrando os protótipos que a equipe havia produzido para o novo processo:

> Demonstrei a duas pessoas [que manifestaram dúvida sobre o sucesso de nosso projeto] a qualidade dos protótipos. Demonstrei que eles têm propriedades suficientes para as aplicações que planejamos. (Dave, 6/2)

Ao enfrentar o problema de frente, Dave conseguiu manter o projeto nos trilhos e obter novos recursos cruciais para a equipe. Além disso, sua vida interior no trabalho foi revigorada ao ver como sua abordagem havia sido eficiente. E por seu exemplo, Dave ensinou aos membros do grupo o valor de *lidar com as dificuldades* de modo franco. (Sobre o papel de líderes de equipe na criação de catalisadores, vejam "O papel especial de líderes de equipe no fator catalisador".) A lição não foi desperdiçada por Tim, que, algumas semanas mais tarde, foi conversar com Dave, responsabilizando-se por um erro que ele e Will haviam cometido.

DICAS PARA ADMINISTRADORES

O PAPEL ESPECIAL DE LÍDERES DE EQUIPE NO FATOR CATALISADOR

Nosso estudo revelou que – os outros fatores se mantendo iguais – fontes "locais" do fator catalisador, tais como líderes de equipe e colaboradores imediatos, tinham uma influência estatisticamente mais forte na vida interior no trabalho do que forças "amplas", como administradores de alto escalão e sistemas organizacionais. Com certeza, isso não significa que as pessoas sejam imunes aos efeitos dessas forças amplas, mas significa que, se você é líder de uma equipe, tem uma influência especial sobre a vida interior no trabalho de seu grupo. De fato, no dia a dia, você pode ser uma fonte mais importante do fator catalisador do que a alta direção executiva.[a] Pela análise das ações dos líderes que participaram de nossa pesquisa, os consideramos como fontes de apoio (ou não) e identificamos uma série de pontos para promover o fator catalisador.[b]

Como líder de equipe, sempre...	Como líder de equipe, nunca...
• Reúna informações que poderiam, de alguma forma, ser relevantes para o trabalho do grupo. • Envolva a equipe na tomada de decisões importantes sobre o projeto. • Desenvolva contatos com pessoas de fora da equipe que possam ser fontes importantes de informações e de apoio para o projeto. • Venda o projeto; lute por um bom projeto caso ele seja ameaçado.	• Deixe de disseminar informações relevantes ao projeto para a equipe. • Microgerencie; não sufoque a autonomia dos membros do grupo no desempenho de seu trabalho. • Deixe de motivar e de inspirar a equipe com o que você diz e, especialmente, com o exemplo que você dá por seus próprios hábitos de trabalho. • Evite solucionar problemas; também não crie problemas devido à sua própria timidez ou arrogância • Deixe de dar missões e metas claras, apropriadas e significativas.

Fonte: T. M. Amabile, E. A. Schatzel, G. B. Moneta e S. J. Kramer, "Leader Behaviors and the Work Environment for Creativity: Perceived Leader Support", *Leadership Quarterly* 15 (2004): 5-32.

a. Nossos resultados sobre o poder do contexto local são fundamentados em um estudo sobre enfermeiras em sete grandes hospitais na Austrália, que demonstrou que sua satisfação com o trabalho estava mais fortemente associada com a subcultura da ala do que com a cultura do hospital de um modo geral. (P. Lok e J. Crawford, "The Relationship Between Commitment and Organizational Culture, Subculture, Leadership Style and Job Satisfaction in Organizational Change and Development", *Leadership and Organizational Development Journal* 20 (1999): 365-373).

b. Aqui, listamos a atuação do fator catalisador; a atuação do fator de nutrição será apresentada no próximo capítulo. A pesquisa foi relatada em: T. M. Amabile, E. A. Schatzel, G. B. Moneta e S. J. Kramer, "Leader Behaviors and the Work Environment for Creativity: Perceived Leader Support", *Leadership Quarterly* 15 (2004): 5-32.

Mostrei (a Dave) os resultados que obtive e lhe disse que havia um (...) erro em um dos testes (...). Ele respondeu que não havia problema desde que soubéssemos o que havíamos feito (...). (Tim, 23/3)

Apesar do fato de que a perspectiva de revelar um erro ao líder de equipe possa não ter sido agradável para Tim, na verdade, ele vivenciou muito boa vida interior no trabalho naquele dia. Não só ficou aliviado com a reação de Dave, mas também sentiu-se motivado com a perspectiva de aprender com o erro.

À medida que a pesquisa da Vision, tanto da fórmula quanto do processo de produção, ganhou impulso e ritmo, a pressão do tempo subiu acima dos níveis toleráveis. O prazo limite do projeto se aproximava rapidamente, mas a equipe ainda tinha muito por fazer. Sua feliz descoberta casual tinha, ironicamente, aumentado de forma dramática a carga de trabalho. O alívio chegou quando o grupo solicitou um técnico temporário, e o técnico foi contratado em um dia. Avaliações nos diários de Tim e de Dave mostraram que mesmo este ligeiro *alívio na pressão do tempo* lhes estimulou a motivação. Agora, a meta parecia alcançável.

Quase que por milagre, a equipe conseguiu cumprir o prazo e sua invenção se revelou a maior inovação na indústria de tecidos revestidos ao longo da década inteira. De todas as 26 equipes de nosso estudo, a Vision foi a única a alcançar uma descoberta revolucionária significativa durante os meses em que a estudamos. A empresa ganhou muitíssimo, como também ganharam os integrantes da equipe: eles receberam reconhecimento significativo e gozaram de uma soberba vida interior no trabalho durante todo o projeto. No último dia, depois de ter levado os colegas de equipe para um almoço de comemoração por seu sucesso, Dave finalmente nos fez vislumbrar a euforia que sentia:

Tivemos a reunião de apresentação final do projeto. Deleitei-me na glória de um trabalho bem-feito por nossa equipe! (Dave, 7/5)

O pior dos momentos: a Equip da Karpenter

Infelizmente, nem todos os administradores compreendem bem. De fato, nenhum grupo de administradores nas empresas que estudamos se saiu tão bem em promover catalisadores quanto Dave, os demais líderes de equipe e a alta administração da O'Reilly. Vocês já sabem o suficiente sobre a Karpenter Corporation para adivinhar que seus administradores não chegaram nem perto. Mesmo sem ter a intenção, eles consistentemente propagaram inibidores.

Como as outras três equipes da Karpenter que estudamos, a Equip ficava alojada no quartel-general da empresa, em Michigan – desconfortavelmente perto dos novos autocráticos executivos que haviam assumido o comando da corporação três anos antes.

O grupo, seu assistente administrativo e dois estagiários ocupavam uma ala inteira do terceiro andar no principal prédio de escritórios da Karpenter. Seguindo pelos corredores bem iluminados daquela ala, os visitantes olhavam boquiabertos para vitrines com coloridos protótipos de acessórios de cozinha, quadros de avisos repletos de desenhos dos produtos mais conhecidos do grupo e equipamento CAD de última linha.

Sophie, a enérgica especialista em marketing de novos produtos, tinha um MBA da UCLA e nove anos de experiência na Karpenter. Era a responsável por dois dos principais produtos da Equip, inclusive o novo mixer manual. Quatro outros membros do grupo figuram com destaque na nossa história. Steve era o líder da equipe, de 32 anos, que tivera um sucesso considerável em vários cargos de marketing durante seus dois anos na Karpenter. Como Dave, da Vision, aquela era a primeira experiência de Steve como líder. A coordenadora de desenvolvimento de produto, Beth, uma veterana com 20 anos na Karpenter, era conhecida por seus designs inovadores e sua personalidade franca e direta. Samantha, de 35 anos, com um MBA de Wharton e mãe de quatro filhos, supervisionava dois outros produtos importantes da linha da Equip. E o engenheiro de embalagens Ben, com mais de três décadas de experiência na Karpenter, tinha contatos de valor inestimável tanto dentro quanto fora da empresa.

Enquanto a quase 2 mil quilômetros de distância, no Texas, a Vision, da O'Reilly, sabia exatamente o que tentaria realizar, a Equip, da Karpenter, vivia um momento difícil, tentando esclarecer suas metas. A *falta de metas claras* era apenas um dos inibidores que infernizava Sophie em desenvolver um mixer manual de design radicalmente novo. A saga do mixer poderia ser um roteiro sobre como travar catalisadores – e como acionar inibidores – durante o desenvolvimento de um novo produto (ver "Uma mosca na parede: observando inibidores em ação").

O projeto da Equip enfrentou obstáculos em todos os momentos, vindos de todos os cantos da organização. A Boltman Corporation, principal competidora da equipe, estava prestes a lançar um novo modelo que, diziam os boatos, era quase tão bom quanto o que Sophie e seu grupo haviam desenhado.

> **MATERIAL PARA REFLEXÃO**
>
> # UMA MOSCA NA PAREDE:
> # OBSERVANDO INIBIDORES EM AÇÃO
>
> De nossa posição privilegiada como destinatários dos diários de trabalho cotidianos, observamos a vida no interior das organizações como a proverbial mosca na parede. Com frequência, vimos coisas das quais mais ninguém tinha conhecimento, exceto as pessoas diretamente envolvidas. De fato, desconfiamos que muitos dos envolvidos na verdade não se davam conta do que estavam fazendo. Quando administradores pisoteavam a autonomia, bloqueavam o fluxo de ideias ou reagiam mal a erros honestos, será que eles sabiam como suas ações estavam sendo interpretadas? Uma vez que a maioria deles tentava desempenhar um bom trabalho como líder, será que alguma vez questionaram sua abordagem? Será que reconheceram os efeitos que esses fatores inibidores tinham sobre seus subordinados? Você reconheceria inibidores como esses em seu próprio comentário? Como nós, você poderia sentir uma desagradável familiaridade em parte daquilo que vimos – seja porque você já tenha feito coisa parecida, ou porque, no passado, tenha estado do lado que sofria com elas. Os exemplos apresentados a seguir vêm de equipes diferentes, de empresas diferentes:
>
> > Hoje, o (VP de P&D) tentou aniquilar um bocado de trabalho que fizemos (...) ele quer que seja feito de outra maneira porque "ele mandou". (Ele) parece um

Mas mesmo um ano mais tarde, o projeto dela ainda se arrastava devido à *falta de metas claras*:

> Tivemos reuniões (...) para discutir o reposicionamento de nossa proposta para o novo mixer manual. O projeto levou mais de um ano para ser desenvolvido, principalmente porque o pessoal da administração pedia continuamente mais análises, e o departamento de P&D demorou em desenvolver uma tecnologia razoável para criar um pegador anatômico macio. Finalmente, a equipe se uniu para apresentar um projeto viável, aprovado pelos altos executivos, apenas para o executivo de operações travar tudo, dizendo que em vez disso ele quer um pegador duro, que saia por $5 a menos no varejo. Steve anda de um lado para o outro (...) Beth não está de acordo com a maioria dos pontos – na verdade, parece que

rolo compressor – quer que as coisas sejam feitas do seu modo e não quer ouvir mais ninguém. É tão frustrante!! Por que fazer de conta que nos dá autonomia se você vai fazer com que tudo seja feito à sua maneira???

Tivemos uma reunião de equipe; o objetivo era formular recomendações à alta administração mais adiante nesta semana. Fomos ADVERTIDOS pelo "líder" de nossa equipe que, devido a sensibilidades políticas, devíamos apresentar fatos e algumas conclusões individuais, mas que (...) não devíamos apresentar conclusões nem recomendações. (...) Isso é ridículo (...). Afinal, somos pagos para averiguar os fatos, processá-los, chegar a conclusões e fazer recomendações. Ele está apenas temeroso de dizer a coisa "errada"! Não temos nenhum líder aqui!!!

Jonah (um colega engenheiro químico) me mostrou as amostras de seu primeiro teste (...) Achei que seu sucesso era extraordinário, uma vez que conseguia demonstrar que, pelo menos, isso pode ser feito, apesar de ter havido problemas no processo. Contudo, Jonah me disse que estava desanimado porque (o líder da equipe) achava que os testes eram um desastre já que as amostras não eram totalmente perfeitas. Acho que é repreensível que (o líder da equipe) diga tal coisa a Jonah, que trabalhou como um louco para fazer os testes (...) Isso apenas mostra o triste tipo de lideranças que temos por aqui e como são bem eficientes em sufocar criatividade.

---

ela pouco se importa que seja de um jeito ou de outro. Projeto frustrante, que recebe pouco apoio dos chefes corporativos, da administração e de membros-chave do grupo (...). Todos nós concordamos que esta situação competitiva está se tornando desesperadora (...). Allen (da área de finanças da Equip) e eu preparamos mais uma proposta para mostrar à administração amanhã, mas preciso que Steve embarque nela conosco; não tenho certeza para que lado ele irá. (Sophie 26/4)

Os obstáculos transparecem de forma gritante em quase todas as frases do diário de Sophie, do mesmo modo que sua frustração.[18] O projeto do novo mixer *ainda precisaria receber recursos significativos* para seu desenvolvimento ou produção porque os diretores de divisão – a administração – *não conseguiam chegar a um acordo sobre as metas* do projeto.

Como resultado, Sophie começou a ver o projeto como uma loucura condenada ao fracasso e a si mesma como um peão nesse jogo. Ela cansou de *tentar conseguir ajuda* do pouco cooperativo departamento de P&D. E, ao contrário dos integrantes da Vision, na O'Reilly, que regularmente se ajudavam uns aos outros, Sophie *quase não teve ajuda* dos membros de sua própria equipe, incluindo a coordenadora de desenvolvimento de produto, Beth, que deveria ter defendido seu esforço.

Depois de um dia de reuniões infrutíferas, em 26 de abril, Sophie não conseguiu nenhum sentido de realização com o projeto. Cada vez mais frustrada pela confusão, *autonomia limitada* e impotência, ela se esforçou em manter a motivação naquela "situação desesperadora". A reunião de 27 de abril com os vice-presidentes não ajudou a melhorar em nada a situação:

(...) Frustração. Falta de decisão causada pela pressão política dos executivos da empresa, o que os torna (os VPs) bastante avessos a riscos. Steve não está liderando o projeto com empenho e parece temeroso em desagradar qualquer um dos dois lados em desacordo. (Sophie, 27/4)

Indecisão crônica, alimentada pelo temor em desagradar os executivos da empresa aparentemente ditatoriais e caprichosos – um temor com fundamento, tendo em vista a ordem inesperada do executivo de operações de acabar com o pegador anatômico macio –, afetou gravemente os gestores de todos os níveis da Karpenter. Steve, o líder da Equip, ficou especialmente vulnerável. Não sendo tímido por temperamento, repetidas vezes ele teve seu *fluxo de ideias bloqueado* pelas duríssimas críticas desses executivos, por exemplo:

(Barry Thomas) O executivo de operações me disse que eu estava com a cabeça enfiada no rabo durante a reunião de avaliação (trimestral) na manhã de sábado passado. (Steve, 31/5)

O comentário grosseiro por parte de um alto executivo, numa reunião em que estavam presentes muitos outros executivos, gerentes, diretores e líderes de equipe, foi apenas a mais gritante de muitas ocasiões em que análises, opiniões ou novas ideias foram recebidas com frieza, insultos abertos ou flagrante zombaria. Com frequência, os perpetradores eram executivos de alto nível. Em vez de criar a segurança psicológica essencial a boas decisões, exposição de novas ideias e riscos razoáveis, os executivos da Karpenter repetidamente *matavam ideias no nascedouro*. Essa negatividade tinha um efeito especialmente devastador sobre a vida interior no trabalho de líderes de equipe inexperientes, como Steve, que passou a evitar confrontos, a tomar posição ou a manifestar suas opiniões sobre qualquer questão. Sob o comando de Steve, a Equip estava à deriva.

Na O'Reilly, Dave e sua equipe Vision não tiveram problemas significativos para obter os recursos de que precisavam. Na Karpenter, cada solicitação de *recursos* envolvia uma batalha. Sophie finalmente obteve os fundos necessários para comprar os gabaritos de máquina para a produção do mixer, mas a aprovação só veio semanas depois daquela reunião de final de abril. Mas mesmo quando a Equip recebia um determinado gabarito de máquina, com frequência havia uma demora considerável para que ele fosse adaptado à linha de produção. Um incidente desse tipo, relacionado a outra linha de produto, aumentou a frustração de Sophie:

> Não consigo incorporar o gabarito da nova faca em uma máquina, para produzir e atender à grande encomenda de um cliente, porque o departamento de P&D diz que está sem recursos (pessoal). (Sophie, 27/4)

As coisas só pioraram para a vida interior no trabalho do pessoal da Equip; havia obstáculos a cada curva da estrada. Mesmo depois que o mixer entrou em produção e as encomendas dos clientes começaram a fluir, as aflições da equipe com o produto continuaram. Como o VP do departamento de P&D estava brigando com o VP de Manufatura, o setor ficou marcando passo na produção. Beth – nunca reticente a respeito de seus pensamentos ou sentimentos – começou a se mostrar cada vez mais agitada em seus relatos diários. Um dia, já perto do fim de nosso estudo, seu relato diário praticamente explodiu:

> Trabalhamos arduamente para botar a produção em andamento, de modo a podermos atender a uma encomenda enorme e de prazo muito apertado. Ontem, a produção estava a pleno vapor e todo mundo suspirou de alívio. Mas quando chegamos hoje de manhã, descobrimos que o Departamento de Manufatura havia parado a produção e se recusava a recomeçar enquanto todas as embalagens não chegassem. As embalagens deviam chegar hoje e eles tinham um armazém vazio para guardar as peças até que elas chegassem. Mas, sem perguntar/ameaçar/informar a ninguém da equipe, eles apenas fizeram o que bem entenderam. (...) Eles sabiam muito bem que se tratava de uma encomenda grande e importante, mas

apenas deram de ombros e disseram que não seria culpa deles se o pedido não fosse atendido no prazo. (Beth, 18/6)

O incidente ressalta dois inibidores infernizando a vida da Equip. A equipe recebia muito *pouca ajuda* do Departamento de Manufatura; de fato, o que o Departamento de Manufatura fazia era ativamente *criar obstáculos*. A Equip se tornara refém na guerra entre a P&D e a Manufatura. Beth perdera a fé nos executivos no comando da Karpenter – que, idealmente, teriam tornado o Departamento de Manufatura corresponsável pelos produtos da equipe – e também perdera motivação para se empenhar pela empresa ou pela equipe.

Extrema *pressão do tempo* foi outro inibidor. Geralmente era pressão do pior tipo, em que as pessoas ficavam correndo "na esteira", de uma tarefa para outra, constantemente interrompidas por solicitações imprevistas, sem conseguir chegar a lugar nenhum. Em consulta com Dean Fisher, Samantha e seus colegas da equipe Equip tinham criado, por exemplo, um cronograma agressivo para concluir o desenvolvimento de uma nova linha de facas elétricas. Mas sem advertência nem explicação, Fisher informou a Samantha que era para largar os demais projetos e acabar o desenvolvimento das facas imediatamente – um mês antes do prazo previsto.

> Estamos recebendo pressão do VP de P&D para avançar no lançamento da linha de facas, mas não temos certeza de que nossa abordagem esteja correta. (...) Estamos nos sentindo pressionados a andar depressa demais (porque Dean Fisher) quer uma reunião dentro de dois dias. (Samantha, 26/4)

À medida que comparamos os relatos diários da Equip com os da Vision ao longo dos mesmos meses, não conseguimos reprimir a ideia de que Dean Fisher fosse o gêmeo desencaminhado de Mark Hamilton, o VP de P&D da O'Reilly. Semelhantes em idade, experiência e tempo de organização, os dois homens dificilmente poderiam ter sido mais diferentes na abordagem do trabalho. Hamilton consistentemente criava catalisadores para a equipe Vision. Ele colaborava para estabelecer metas para o projeto, e não as alterava sem antes consultar o líder da equipe, Dave. Ele encorajava e participava de um animado fluxo de ideias.

Fisher, ao contrário, consistentemente criava inibidores para o trabalho da Equip. Seu comportamento oscilava entre indecisão exasperante sobre os planos da equipe e imposições autocráticas, aparentemente arbitrárias, sobre os produtos a desenvolver e como criá-los. O resultado mais óbvio foi uma série de reveses, incluindo projetos abandonados perto da conclusão e outros apressadamente acelerados, no design ou no desenvolvimento. O resultado tangível para os consumidores foi uma variedade decepcionante de novos produtos que, ao longo do tempo, se mostravam menos inovadores e de qualidade inferior. A vítima oculta foi a vida interior no trabalho de cada membro da Equip.

Quando surgiam problemas com um produto na Karpenter, eles geralmente eram ignorados ou remendados; as equipes raramente tinham tempo ou *autonomia para aprender com esses problemas*, quanto mais corrigi-los de maneira apropriada. Ben, o engenheiro de embalagem da Equip, descreveu um incidente típico – que reduziu substancialmente sua motivação intrínseca.[19] Durante um teste de rotina, ele descobriu que um novo produto se quebrava com frequência ao ser manuseado. (Um colega de equipe havia observado essa possível fragilidade cerca de um mês antes, mas ficara temeroso de mencionar o fato.)

> Nós (...) debatemos o que poderia ser feito para melhorar o produto que vinha se quebrando quando testado. O consenso é que ele é mal projetado, mas teremos que encontrar uma solução para esta falha na embalagem, uma vez que é tarde demais para reprojetá-lo. (Ben, 15/6)

O excerto do diário de Ben é uma metáfora perfeita para todo processo de desenvolvimento de novos produtos na Karpenter. Tal como a vida interior no trabalho de suas equipes, estava quebrado. A reputação estelar da empresa só esconderia as falhas durante mais algum tempo, antes que o resto do mundo começasse a ver os defeitos.

Realmente, haviam se tornado o período dos piores momentos. À medida que o pessoal da Equip era submetido a toda sorte de inibidores, suas vidas interiores de trabalho murchavam. Quando os funcionários percebem que seus superiores não podem ou não querem apoiar seu trabalho, eles começam a se ver como acrobatas, se equilibrando no arame sem rede de proteção. Quando a liderança ou outros grupos ativamente prejudicam o trabalho de seus subordinados, eles se sentem como se alguém sacudisse o arame. A motivação despenca porque um suporte tão tênue provoca ansiedade e sinaliza que o trabalho é sem importância ou condenado ao fracasso – ou ambos. As pessoas da Equip iam para o escritório, todos os dias, sabendo que muito de seu árduo trabalho seria minado e que, como resultado, teriam maior probabilidade de fracassar do que de ter sucesso. Várias delas haviam trabalhado na Karpenter durante anos, orgulhosas com o fato de que a empresa fosse uma das mais admiradas do mundo. Seus diários relatam suas histórias de amargo desapontamento à medida que viam os primeiros estertores mortais da empresa em que outrora haviam se sentido tão entusiasmados em trabalhar.

Catalisadores deliberados, inibidores acidentais

Imaginem que Sophie, a especialista em marketing de novos produtos da Equip, da Karpenter, se encontrasse sentada ao lado de Tim, o engenheiro de pesquisa da Vision, da O'Reilly, durante uma longa viagem de avião. Depois de se apresentarem e conversarem por algum tempo, eles poderiam ter começado a comparar suas experiências de trabalho. Imaginamos que eles teriam a impressão de que habitavam planetas diferentes. Em certo sentido, moravam: Sophie e seus colegas de equipe viviam em um deserto de catalisadores. Se ela parecia uma pessoa irritada, desmotivada e preconceituosa, isso seria uma expressão honesta de sua vida interior no trabalho durante a maior parte dos dias. Tim e sua equipe, ao contrário, trabalhavam numa verdadeira Terra Prometida. Seu contentamento, suas opiniões otimistas sobre a O'Reilly e sua enorme garra em trabalhar se originavam diretamente de seu conhecimento, reforçado a cada dia, de que obteria o apoio de que precisava para alcançar o sucesso – de seu líder, dos colegas de equipe, de outros grupos ou dos altos executivos.

Em nossas reuniões com os executivos destas empresas, depois de concluída a coleta de dados, tivemos oportunidade de vislumbrar alguns *insights* sobre como eles pensavam em catalisadores. Na O'Reilly, descobrimos que o líder do mais alto nível da divisão que estudamos – Mark Hamilton, VP de P&D – intencionalmente criava mecanismos catalisadores por toda a empresa. Outros administradores de alto escalão tinham, em diferentes níveis, consciência de fornecer catalisadores; alguns diziam: "Esta é apenas a maneira como fazemos as coisas por aqui." Era uma característica bem estabelecida do clima na O'Reilly.

Na Karpenter, o diretor executivo e o executivo de operações viam seus cargos quase que exclusivamente em termos de determinar a estratégia corporativa e administrar o ambiente externo; quando falavam sobre as equipes, era apenas em termos vagamente ideais de "iniciativa" e "trabalho de equipe". Ninguém, no topo da Karpenter, se dava conta – ou se importava – com a pouca ajuda que as equipes recebiam do resto da companhia. Eles pareciam acreditar que suas equipes estavam sendo pagas para produzir produtos inovadores e lucrativos – de modo que isto era o que devia acontecer. Eles também não demonstravam nenhuma consciência de que suas próprias intervenções ocasionais – como revogar autonomia ou falhar em manter metas claras para novos produtos – podiam destruir a vida interior no trabalho e criar um caos em projetos. Em outras palavras, a ausência de catalisadores e a abundância de inibidores na Karpenter pareciam ser acidentais e não deliberadas.

Dean Fisher, o VP de P&D do departamento que estudamos, considerava as equipes como grupos de crianças rebeldes que tinham que conquistar e merecer direitos de decisão sobre seus projetos. Ele ignorava por completo sua falha pessoal em assegurar que as equipes tivessem os recursos e o tempo de que precisavam, ou seu papel ao fazer com que os funcionários evitassem encarar erros – e aprender com eles. Ele também não encorajava as equipes a comemorar ou a aprender com quaisquer sucessos que tivessem. Enquanto a Vision relatava frequentes eventos para relatar e apreciar sucessos, nenhum dos mais de seiscentos relatos dos diários da Equip contava qualquer evento do gênero na Karpenter.

Para sermos justos, devemos admitir que o próprio Fisher era pressionado por seus chefes. O diretor executivo e o executivo de operações o criticavam constantemente a posteriori, e com frequência revertiam suas decisões sem explicação. O comportamento dele refletia o clima que recentemente passara a predominar na Karpenter.

Para muitas das equipes que estudamos, catalisadores – ou inibidores – pesavam muito mais do que fatores interpessoais para melhorar ou deprimir a vida interior no trabalho. Para algumas outras, interações sociais, interpessoais, importavam mais – a simpatia e o sorriso, ou o arreganhar de dentes e o desdém que esperam logo atrás da porta do escritório. Às vezes é isso o que fica na cabeça e no coração bem depois do dia de trabalho terminado. E esse é o tema do Capítulo 7.

7

O fator de nutrição

O poder do apoio interpessoal

Em um dia normal de trabalho, no final de março, Helen, integrante da equipe Infosuite, fez um pedido bastante rotineiro: solicitou um dia de folga. Helen descreveu em seu diário em que medida a reação de sua gerente afetou sua vida interior no trabalho:

> Em resposta à minha solicitação de um dia de folga (...), recebi um bilhete da líder do projeto me agradecendo por tudo o que eu tinha feito e me lembrando de que ela já havia planejado um "dia de folga" para mim como prêmio por meu trabalho árduo. Aquilo fez com que eu me sentisse bem e com que tivesse vontade de trabalhar ainda com mais afinco para fazer com que a gerente e a equipe fossem um sucesso. Sei que parece bobo e sentimentaloide, mas foi o que senti... É bom a gente sentir que é valorizada. (Helen, 22/3)

A vida interior no trabalho de Helen foi às alturas, motivando-a a redobrar esforços pela equipe Infosuite e por Ruth, a gerente de projetos que tinha tornado seu dia tão maravilhoso.

Mas Ruth provavelmente não pensou duas vezes no fato; ela sequer o mencionou em seu diário. Poderíamos dizer que aquilo foi apenas uma gerente fazendo seu trabalho. Ao lembrar a Helen que ela *merecia* aquele "dia de folga", Ruth estava apenas reconhecendo um bom trabalho e cumprindo a promessa feita a uma integrante preciosa de sua equipe. Mas – por mais corriqueiro que pudesse ter sido – foi um ato de extraordinária boa gestão. Por seu gesto simples, Ruth aproveitou o *fator de nutrição*, que se posiciona lado a lado com o princípio do progresso e com o fator catalisador, como um dos três maiores contribuidores para a qualidade da vida interior no trabalho.[1]

O fator de nutrição diz respeito a algo que todo mundo anseia no trabalho: ligação humana. Você nutre a vida interior no trabalho de seus subordinados quando premia ou reconhece o seu bom desempenho, os encoraja ou oferece apoio emocional. Você também poderia ajudar a resolver conflitos interpessoais, a criar oportunidades para que as pessoas realmente se conheçam, ou apenas permitir que elas se divirtam um pouco. Nossa ideia é que, quando você pensa nos melhores dias de sua própria vida profissional, muitos deles devem ser dias em que você gozou dessa ligação humana. De fato, às vezes o que deixa as pessoas mais animadas a irem trabalhar e dar tudo de si são os eventos interpessoais – mesmo os pequenos como a interação de Helen com Ruth. Grande significado pode vir a crescer do prazer simples de apreciar os colegas.[2] Como sempre, contudo, existe um lado negativo: interação pessoal também pode resultar em toxinas, que envenenam a vida interior no trabalho. Quando faltam nutridores – ou pior, quando os funcionários se sentem desrespeitados, desvalorizados ou explorados – a vida interior no trabalho azeda.

Embora os nutridores possam ser mais importantes para certas pessoas do que para outras, nenhum de nós pode realmente vicejar sem eles. Como seres humanos, queremos que os outros nos respeitem, nos reconheçam, se importem conosco e gostem de nós. Quando eles fazem tudo isso, nos banqueteamos com emoções positivas, como alegria, orgulho e até amor. E nos sentimos motivados a contribuir para algo maravilhoso. Ao longo do tempo, essas reações da vida interior no trabalho alimentam um desempenho superior. Em outras palavras, fatores nutridores influenciam indiretamente o progresso, influenciando os três componentes da vida interior no trabalho; no diário de Helen, o gesto de Ruth estimulou a percepção de Helen sobre ela, seus sentimentos e sua motivação para trabalhar com ainda maior afinco.[3]

Os quatro principais nutridores
– e como eles conduzem ao sucesso

Em todas as equipes que estudamos, quando os funcionários encontraram alguém lhes estendendo a mão para lhes oferecer fatores nutridores, sua vida interior no trabalho floresceu – o que aumentou sua possibilidade de progresso.[4] A principal maneira pela qual fatores nutridores estimulam a vida interior no trabalho e o progresso é ao infundir no trabalho um maior significado. Quando gostamos das pessoas com quem trabalhamos, queremos sucesso para elas. Quando nossos colegas se tornam uma espécie de família para nós, o trabalho pode adquirir um novo significado em nossa vida. As ligações e interações humanas realmente podem inspirar as pessoas a "irem mais longe pelo bem da equipe". O resultado é criatividade e produtividade.

Descobrimos que o fator de nutrição pode ser dividido em quatro amplas categorias de eventos, cada uma delas impactando diretamente a vida interior no trabalho:

1. *Respeito.*[5] Ações gerenciais podem determinar se as pessoas se sentem respeitadas ou desrespeitadas. O reconhecimento pode ser a mais importante dessas ações. Por maior ou menor que seja o valor do prêmio por um bom trabalho, e por mais formal ou informal que seja o reconhecimento, as pessoas se sentem respeitadas quando seus esforços são reconhecidos. O respeito também é transmitido quando os gestores se mostram seriamente atentos às ideias dos funcionários, sinalizando que eles e seus *insights* são valiosos. Além disso, embora possa ser difícil, lidar honestamente com as pessoas demonstra respeito. Quando elas se dão conta de que um administrador as está enganando – mesmo quando ele está tentando não ferir seus sentimentos – concluem que o gestor não confia em seu profissionalismo. Finalmente, civilidade básica significa respeito e – uma vez que eventos negativos são bem mais poderosos do que os positivos – a ausência de civilidade significa grave desrespeito.

2. *Encorajamento.*[6] Encorajar os funcionários pode nutrir suas vidas interiores no trabalho de duas formas. Primeiro, o entusiasmo de um gestor pode ajudar a aumentar a motivação dos funcionários pelo trabalho. Isso é especialmente verdade quando este encorajamento inclui palavras sobre a importância do projeto. Segundo, quando um gestor manifesta confiança em que os funcionários são capazes de desempenhar bem uma tarefa, esta mensagem lhes aumenta o senso de autoeficiência – sua crença de que são seres humanos eficientes.

3. *Apoio emocional.*[7] Como as emoções constituem um dos três componentes essenciais da vida interior no trabalho, as pessoas se sentem mais conectadas ao que executam quando suas emoções são validadas. Isso se aplica a emoções decorrentes de eventos no trabalho, como frustração com problemas técnicos, bem como na vida pessoal, como o luto seguindo a morte de um ente querido. Gestores que reconhecem as dores e as frustrações dos funcionários – bem como suas alegrias – podem

fazer muito para aliviar as emoções negativas e ampliar as positivas. A empatia é ainda melhor do que o simples reconhecimento. Embora gestores, com frequência, possam não ver indicações do estado emocional de um empregado, podem com certeza, sem se intrometer – manter-se vigilantes quanto a expressões de emotividade bem como a eventos com probabilidade de evocar fortes reações emocionais. Quando alguém conta diretamente a um superior sobre uma experiência emocional, uma palavra simpática pode fazer muito para tranquilizar a mente daquela pessoa e fazê-la retomar a tarefa imediata que precisa realizar.

4. *Afiliação*.[8] Ações que fomentam confiança mútua, apreciação e até mesmo afeição entre colegas de trabalho são as formas mais óbvias da experiência de conexão humana no trabalho. A afiliação é especialmente importante nas organizações contemporâneas em que as pessoas se telecomunicam, trabalham virtualmente, ou se tornam membros de equipes como funcionários temporários através de firmas terceirizadas, em vez de como funcionários da empresa. A necessidade de se ligar a colegas de trabalho, colaborando para realizar uma mesma tarefa não desaparece quando as pessoas fazem a maior parte de seu trabalho de casa ou de salões de aeroportos. De fato, esta necessidade se intensifica. Os gestores podem facilitar a afiliação – até uma camaradagem afetuosa – ao oferecer oportunidades de colegas se conhecerem pessoalmente e encontrar maneiras para que se divirtam juntos. Quando os funcionários gostam da empresa um dos outros, há menos conflitos interpessoais (e os inevitáveis são mais brandos) que possam impactar negativamente o trabalho. Criar laços entre os integrantes de uma equipe também pode melhorar o fluxo de ideias e aumentar a colaboração.

Muitos gestores parecem saber que o apoio interpessoal é importante para motivar funcionários e animar suas emoções.[9] Mas a questão mais difícil sobre o fator de nutrição é que ele é mais do que apenas tapinhas nas costas por uma tarefa bem-feita e um discurso animador no final de uma semana dura de trabalho. Não se trata apenas de como os gestores interagem diretamente com seus subordinados. É também estabelecer bases para que os subordinados *ofereçam nutrição uns aos outros*. Isso significa criar um clima organizacional positivo, considerando personalidades e estilos de trabalho, bem como habilidades e competências ao designar os membros das equipes. Também requer certificar-se de que as pessoas compreendam seus papéis, de forma que possam coordenar seus esforços e se comunicar abertamente umas com as outras. De outro modo, conflitos destrutivos são quase inevitáveis. Embora debates animados de ideias e discussões polidas sobre o trabalho em si possam ser extremamente produtivos, choques pessoais baseados em mal-entendidos, ressentimentos, personalidades que não combinam ou estilos de trabalho que conflituam podem destruir a confiança e derrubar uma equipe inteira.[10] Boa gestão significa evitar inteiramente estes problemas ou neutralizá-los quando surgirem.

Descobrimos que muitos administradores têm grande dificuldade em fazer qualquer das duas coisas e, na pior das hipóteses, criam um ambiente de trabalho tóxico (ver "Uma mosca na parede: observando toxinas em ação"). *Toxinas* são o contrário de nutridores e têm o efeito oposto. As quatro toxinas são *desrespeito, desestímulo, intimidação, negligência emocional* e *antagonismo*. As toxinas podem ser comportamentos negativos – como o comentário do executivo de operações da Karpenter, de que um líder de equipe "estava com a cabeça enfiada no rabo" durante uma reunião de avaliação. Mas a simples ausência de fatores nutridores – como não reconhecer as contribuições de um subordinado ou de um colega – também pode ser tóxica para a vida interior no trabalho.

Foi o caso na equipe Edgell Imaging, Inc. Seus gestores não compreenderam o poder dos nutridores e a falha custou muito caro à empresa.

Um colapso de confiança: a equipe Focus, da Edgell

Barbara era uma estrela em ascensão na Edgell Imaging, uma empresa com sede em Maryland, que desenvolvia escâneres de mesa e portáteis. Com diploma de graduação da Caltech, cinco anos de experiência numa bem-sucedida empresa de desenvolvimento de aparelhos médicos e duas patentes já registradas, Barbara era considerada uma das melhores engenheiras mecânicas da Edgell depois de apenas três anos na empresa. Extrovertida, confiante e fisicamente atraente, com grandes olhos castanhos e cabelos muito negros, ela irradiava entusiasmo por seu trabalho. Barbara ficou particularmente satisfeita quando a direção a encarregou de um projeto da mais alta prioridade para a empresa – o desenvolvimento de um escâner e copiadora de múltiplo uso. O projeto, chamado Focus, era o primeiro passo da nova estratégia da Edgell

MATERIAL PARA REFLEXÃO

UMA MOSCA NA PAREDE: OBSERVANDO TOXINAS EM AÇÃO

Se você se estressa em seu trabalho de gestão, pode se descobrir dizendo ou fazendo exatamente aquilo que mais desprezava em seus gestores anteriores. Mesmo quando calmos, muitos gestores acham difícil empatizar com as necessidades humanas de seus subordinados ou lidar com situações interpessoais difíceis.

No que diz respeito a fator de nutrição e toxinas, o treinamento em gestão ainda tem um longo caminho a percorrer. É muito raro que ajude gestores a internalizar a perspectiva de que relacionamentos interpessoais têm grande importância para um desempenho eficaz e, portanto, exigem constante atenção.

A seguir, apresentamos alguns exemplos de comportamentos tóxicos de gestores, retirados dos diários. Pergunte a si mesmo quantas vezes você foi exposto a toxinas semelhantes. Depois pergunte a si mesmo quantas vezes você foi culpado de cometer os mesmos erros – mesmo quando pensou que estava sendo amistoso, prestativo ou bem-humorado. Pense nos efeitos sobre a vida interior no trabalho dos outros e, no futuro, pense duas vezes:

> Na sessão "livre e aberta" de perguntas e respostas com o executivo de operações, no final de uma reunião de departamento (...) alguém perguntou o que estava sendo feito sobre o problema para manter o moral alto. Ele respondeu: "Não existe este tipo de problema na empresa. E se alguém pensar que existe,

---

de sair de sua atual linha de máquinas caras, construídas sob encomenda para clientes (como revistas, bibliotecas, grandes corporações e as Forças Armadas) para máquinas para consumidores comuns e para o mercado de pequenos negócios. A diretoria da Edgell informou à equipe Focus logo de início que o futuro da organização dependia deste projeto.

Infelizmente, como os encarregados da gestão da Focus deixaram de aplicar o fator de nutrição, o projeto soçobrou. E a Edgell perdeu Barbara. A história da Focus ilustra como problemas com fatores nutridores conduziram a estes desastrosos resultados para o projeto e para a empresa. Começaremos pouco antes da saída de Barbara e voltaremos atrás na história para mostrar como as coisas foram malfeitas desde o início.

temos um ônibus bem grande, esperando lá fora para levá-lo para onde quiser buscar outro trabalho."

Perguntei (a um membro da diretoria) sobre uma proposta que estou esperando (de transferência para uma de nossas unidades de P&D que fica do outro lado do país). Estou esperando a proposta já há duas semanas (...). Ele ignorou minha pergunta: "Fique frio, vai acontecer uma hora dessas." Aquilo me irritou muito! Minha vida brevemente vai ser virada de pernas para o ar (...), não acho que seja nenhum absurdo querer informações sobre isso!

Tentar falar com [um colega de equipe] durante reuniões é extremamente difícil. Ele interrompe etc. – ninguém parece saber como interagir com ele. Tivemos um **ENORME** impasse na reunião por causa disso. As pessoas esperavam que [os dois líderes de equipe] dessem alguma ajuda/orientação/ação. Mas eles não ofereceram nenhuma e ninguém sabia como pôr fim àquela confusão.

Eu tinha começado a trabalhar na [avaliação da equipe] quando recebi um telefonema. Quando estava desligando, Lance (o líder da equipe) entrou em meu escritório e começou a falar comigo. Como é de seu hábito irritante, ele fez questão de ler o que havia em minha tela, e viu a avaliação que eu havia feito sobre ele. Fiquei irritado comigo mesmo por ter deixado o questionário na tela. Que droga!

Muito antes de o projeto Focus ter sido concebido, Barbara havia acertado um período de licença não remunerada de seis meses para se juntar ao marido, professor na John Hopkins, que estava passando um ano sabático na Europa. Interessado em conservar Barbara, o departamento de RH da Edgell havia lhe garantido que ela teria seu cargo e um aumento de salário ao voltar.

Mas o apoio que ela recebeu do departamento de RH estava totalmente ausente em sua equipe imediata. À medida que se aproximava a hora da partida de Barbara, ela tentou passar suas anotações sobre o projeto e os protótipos não concluídos para Roy e Matthew, os outros dois engenheiros mecânicos da equipe. Seus esforços foram recebidos com apatia *desrespeitosa* pelos colegas:

Há muito trabalho em que já fiz um bom avanço, que só precisa ser concluído. À medida que descubro cada vez mais as complexidades do design e especifico os detalhes entre as muitas peças combinadas, me pergunto se alguém mais será capaz de entender tudo isso (...) Algumas vezes na semana passada perguntei a colegas de equipe como e quando eles querem obter minhas informações – e a resposta essencial foi "deixe-nos os arquivos". (Barbara, 12/5)

À medida que o tempo passava, *a ausência de qualquer verdadeira afiliação* entre os membros da equipe Focus tornou-se dolorosamente evidente para Barbara. Mais uma semana inteira se passou e nenhum de seus colegas respondeu às suas iniciativas:

Não tive nenhum contato com a equipe, exceto por algumas perguntas simpáticas sobre minha licença e meu último dia. Espero poder passar muitas informações à equipe, e atualmente estou preparando este material. Contudo, fico esperando que me solicitem os dados. Não quero obrigar ninguém a receber um trabalho que não consideram importante. (Barbara, 19/5)

Barbara nunca recebeu nenhuma indicação de que seus colegas de equipe considerassem seu trabalho importante. No dia 21 de maio, um dia antes de sua licença começar, ela novamente sofreu com o *desrespeito* deles por suas contribuições, ao tentar – sem conseguir – lhes transmitir informações importantes:

Hoje é meu último dia no projeto e estou bastante decepcionada em ter que dizer que nem um único integrante da equipe pediu para se reunir comigo e receber as informações que tenho para passar. Enviei um e-mail à equipe pedindo que destinassem algum tempo para uma reunião comigo. A única resposta que recebi foi de Roy, dizendo que passaria a manhã inteira fora e me pedindo para deixar meus cadernos de anotações (...) estou realmente satisfeita em deixar a empresa. (Barbara, 21/5)

Aquele 21 de maio foi o último dia de Barbara na Edgell Imaging – para sempre. Irritada e triste, ela apenas deixou suas anotações e foi embora. Naquele momento, a Edgell perdeu todo o conhecimento tácito que Babara havia reunido sobre a empresa e sobre seus produtos, bem como o futuro valor de sua expertise. Ela não voltou à empresa depois da licença.

Claramente, algo havia corrido muito mal com a equipe Focus. Embora problemas de má comunicação e desrespeito não fossem raros nas equipes que estudamos, a obstrução criada pelos colegas de Barbara foi o maior fracasso em trabalho de equipe que vimos. Como aquilo havia acontecido? Como era possível que se chegasse ao ponto em que um membro altamente competente da equipe repetidamente tentasse e não conseguisse passar informações cruciais a seus colegas? Em muitos sentidos, a equipe Focus era de altíssimo nível. Além do grupo de engenharia mecânica – Barbara, Roy e Matthew –, havia Donald, o líder da equipe, que tinha especialização em engenharia mecânica e elétrica, e quatro outros engenheiros com especialização em engenharia elétrica, de sistemas e de programas. Barbara, Roy e cinco de seus colegas tinham mestrado ou estavam em vias de obtê-lo, e quatro dos integrantes (incluindo Barbara, Roy e Donald) tinham patentes registradas. Os relatos iniciais no diário de Donald elogiavam a competência técnica de Barbara e Roy. Nossas medidas da personalidade dos integrantes da equipe, no princípio de nosso estudo, não revelaram quaisquer motivos para que eles não se dessem bem ou não trabalhassem bem juntos. Esperávamos ver um grupo eficiente, concentrado na inovação do novo produto, com seus integrantes se empenhando com afinco para atingir uma meta desafiadora – algo semelhante às histórias de sucesso das equipes da O'Reilly Coated Materials.

Contudo, ler os diários da Focus às vezes era como assistir a uma telenovela ruim, em que os personagens liam falas de roteiros diferentes; havia muito melodrama apesar de os personagens quase nunca estarem na mesma página. Graves desentendimentos interpessoais, inadvertidamente criados e alimentados pelos gestores, atormentaram o grupo de Barbara. Como resultado, o progresso cotidiano sofreu e o desempenho de longo prazo foi bloqueado.[11] De fato, em suas próprias avaliações do sucesso do projeto, ao final do nosso estudo, os membros da Focus se colocaram na décima oitava posição entre nossas 26 equipes.

Desrespeito e antagonismo

O roteiro da novela da Focus ganhou corpo quando a equipe foi formada. Perry Redding, VP de P&D, colocou um engenheiro experiente, mas recém-contratado, Donald, no comando o projeto. Todas as pessoas que Redding selecionou para a equipe tinham boas credenciais em engenharia, mas ele não deu nenhuma atenção ao nível de experiência que tinham na Edgell ou a seus estilos bastante divergentes de solução de problemas. Ele também cometeu o erro terrível de permitir que os dois principais engenheiros mecânicos, Barbara e Roy, acreditassem que iam desempenhar o papel principal no desenvolvimento do design. Em seus questionários para nosso estudo, ambos informaram que eram o principal engenheiro mecânico do projeto.

Nenhum dos dois era ideal para o papel, porque Roy tinha muito menos experiência na Edgell, e a licença de Barbara começaria antes do prazo de conclusão do projeto. Nem Perry Redding nem Donald – nem ninguém da administração em nível de chefia – esclareceu o papel de Barbara ou o de Roy até dois meses depois de iniciado o projeto – um roteiro para o desastre. Depois que Redding finalmente declarou que Roy era o único engenheiro mecânico chefe, Barbara se sentiu desrespeitada por ele e por Roy. Embora muito provavelmente a atuação da própria Barbara tenha contribuído para a ausência de fatores nutridores na Focus, nos concentraremos em como esse desrespeito – e outras toxinas – afetaram sua vida interior no trabalho.

> Expliquei a Donald que me sentia insultada por me ter sido tomado o papel [de engenheira mecânica chefe], e pelo fato de Roy ter demonstrado muito pouco respeito por minhas ideias durante os últimos dois meses. Donald me disse que Perry (VP de P&D, meu chefe e uma pessoa em quem eu confiava) havia decidido que os papéis fossem trocados dessa forma. Do mesmo modo como, em fevereiro, Perry deu minha responsabilidade pelo conceito de design [para um consultor externo] sem sequer me avisar, ele fez esta [troca de papéis] sem me comunicar. Creio que me sentiria menos insultada se Perry tivesse me avisado com antecedência a respeito de tudo isso em vez de me deixar descobrir em reuniões e pelo comportamento das pessoas. (...) Estou muito menos inclinada a voltar para a empresa depois de minha licença de seis meses. (Barbara, 14/4)

Como passou a considerar seu chefe alguém em quem não podia mais confiar, Barbara começou a ver a Edgell como uma empresa que não merecia sua lealdade. Ser destituída de um papel de liderança lhe serviu como um poderoso desestímulo. Suas emoções foram bastante negativas: raiva, ressentimento, frustração, decepção e tristeza.[12] Sua motivação para trabalhar na Edgell começou a minguar. Todas as suas reações de vida interior no trabalho decorreram do *desrespeito* com que foi tratada: ela não foi tratada honestamente, como uma empregada de confiança deveria ser, e suas contribuições intelectuais para o projeto não foram reconhecidas.

A trama da Focus se complicou ainda mais pelo fato de Barbara e Roy terem estilos de solução de problemas diferentes – fato que se tornou óbvio para nós assim que examinamos os questionários que eles haviam respondido antes de o estudo começar.[13] O estilo de solução de problemas de alguém, profundamente arraigado por sua herança e experiência, é parte de sua singularidade como indivíduo. Barbara preferia gerar múltiplas ideias inovadoras, sem seguir uma linha de raciocínio convencional, tentar muitas soluções rapidamente para eliminar as que não fossem factíveis e avançar por meio de premissas desafiadoras. Roy preferia solucionar problemas mais metodicamente, trabalhando dentro de paradigmas estabelecidos para analisar novas ideias, e se assegurar de que elas funcionavam antes de apresentá-las aos outros.

Tanto Roy quanto Barbara demonstravam alto nível de competência e potencial para serem criativos. Mas as diferenças de estilo precisavam ser administradas.[14] Não foram. Várias semanas depois de iniciado o projeto, Matthew, o terceiro engenheiro mecânico, foi inserido nessa mistura. Com estilo mais próximo do de Roy, Matthew imediatamente sentiu antipatia por Barbara. Como ninguém ajudou os três a compreenderem suas diferenças nem facilitou a apreciação de cada um das qualidades dos outros, o antagonismo cresceu, marcado por conflitos e quebra de confiança.

As diferenças de estilo entre Roy e Barbara atuaram de muitas formas, mas foram mais agudas em um conflito sobre o cronograma de design mecânico. Donald tentou aplacar Roy e Barbara ao pedir a ambos que preparassem cronogramas, na esperança de que pudessem se conciliar com facilidade. Contudo, em vez de esfriar o *antagonismo*, o pedido de Donald involuntariamente alimentou a fogueira, criando uma competição de soma nula. Como resultado, o conflito sobre o cronograma básico, que havia se iniciado em fevereiro, permanecia quase dois meses depois. Donald e os três engenheiros mecânicos o registraram em seus diários. Perto do começo, Barbara escreveu:

> Roy propôs um cronograma e nós o debatemos. Discordei do plano e sugeri outro. Parece que um dos planos tem que ser escolhido e haverá uma situação de vitória/derrota entre nós dois que temos que trabalhar juntos em íntima colaboração. Acho que estamos perdendo tempo e também que, se este tipo de plano for seguido, não é o tipo de empresa em que eu deveria trabalhar. (Barbara, 24/2)

Matthew, que se juntou à equipe dois meses depois de iniciado o projeto, ficou incrédulo ao ver que o cronograma ainda não havia sido decidido:

> O cronograma ainda está sendo debatido e é objeto de discussões; não compreendo por que isso está acontecendo a esta altura do projeto. (Matthew, 13/4)

Barbara, Roy, Matthew e Donald sofreram duros golpes em sua vida interior no trabalho a cada vez que esses incidentes desagradáveis irrompiam. Mesmo assim, embora os efeitos destrutivos no progresso do trabalho fossem óbvios, Donald parecia impotente em reduzir o *antagonismo*.

Repercussões

Os efeitos negativos sobre a vida interior no trabalho não se limitaram aos personagens principais desse conflito interpessoal. Inevitavelmente, houve repercussões, contaminando toda a equipe e tornando mais lento o progresso de todo mundo. Os diários da Focus registravam dúzias de exemplos nos quais alguém comentava o *antagonismo* entre Roy e Barbara (e às vezes Matthew). O engenheiro de sistemas Dustin foi um observador especialmente atento:

> Obter informações técnicas do pessoal [de engenharia mecânica] parece ser um problema ultimamente. (Pedi algumas dimensões bem básicas.) É possível que seja porque eles não se comunicam entre si. (Dustin, 17/3)

> Como temos escritórios abertos, ainda ouço o pessoal da engenharia mecânica reclamando uns dos outros. Fico me perguntando quando isso vai acabar, mas estou me habituando. (Dustin, 10/4)

> Foi duro para mim ouvir Roy gemer e reclamar sobre o trabalho (...) de Barbara. (Dustin, 8/6)

A vida interior no trabalho de Dustin ficava esvaziada nos vários dias em que ele observava os desentendimentos internos no grupo de engenharia.[15] E continuou a atingir níveis ainda mais baixos devido à *negligência emocional* a que ele e os outros espectadores inocentes da equipe eram submetidos. Donald não sabia que Dustin se sentia tão incomodado pelo conflito porque tratava o assunto como um tópico não aberto à discussão. E os efeitos vazavam da vida interior no trabalho para o desempenho. Como as reuniões de equipe tinham probabilidade de desencadear conflitos entre os engenheiros mecânicos, todos os colegas começaram a se evitar, e a comunicação, de um modo geral, começou a ser prejudicada. De fato, problemas de comunicação, movidos *pelo antagonismo, desrespeito* e *falta de confiança* entre os engenheiros mecânicos, criaram um prejuízo significativo para o progresso da equipe Focus. Donald não enfrentou estes problemas de maneira eficaz, e a direção da empresa também não. Considerem o relato de Nick, um engenheiro de programa:

> A reunião na qual a reorganização da engenharia foi anunciada por Perry Redding pareceu bastante irrelevante para o nosso grupo (...) Os grandes problemas – cronograma impossível, membros de equipe que não gostam nem confiam uns nos outros, a desconexão entre autoridade e responsabilidade – nunca foram mencionados. (Nick, 3/6)

Na maior parte do tempo, as pessoas trabalhavam sozinhas e no escuro, isoladas em seu sofrimento.

Falhas de liderança

A princípio, quando lemos os diários da Focus, nos sentimos tentados a atribuir a prevalência de toxinas a personalidades incomumente desagradáveis. Contudo, quando checamos o teste de personalidade que os participantes fizeram no início do estudo, descobrimos que nenhum dos três engenheiros havia tido pontuação terrivelmente baixa na dimensão "amabilidade e extroversão".[16] Os problemas estavam mais na *gestão* do que nos *membros* da equipe.

Líderes em múltiplos níveis deixaram na mão os membros da Focus ao criar uma situação em que alimentar a vida interior no trabalho era quase impossível. Perry Redding tomou decisões irrefletidas, como nomear o inexperiente Donald como líder da equipe, ignorando os estilos de solução de problemas imensamente diferentes entre Roy e Barbara, e – de forma ainda mais destrutiva – induzindo tanto Roy quanto Barbara a acreditarem que seriam o engenheiro chefe. Além disso, o relacionamento de Redding com a equipe foi problemático durante todo o projeto. Na esperança de acalmar as preocupações de Barbara e ao mesmo tempo exercer controle sobre o projeto que ele considerava importante demais para fracassar, ele dizia uma coisa a Barbara quando estava com ela (por exemplo, elogiar seu trabalho) e depois tomava atitudes que traíam sua confiança (por exemplo, dizer a Donald para repreendê-la).

Mais importante, Redding encorajou os membros da equipe a falarem diretamente com ele caso tivessem problemas, em vez de conversarem com Donald. Isso minou a autoridade de Donald como líder, tornando mais difícil para ele resolver o conflito crescente. Redding e o diretor de operações, Joseph Callaghan, repetidamente faziam planos secretos – tais como excluir Barbara do projeto Focus – e Donald tinha que lhes implorar para mudar. De todas as maneiras, a direção demonstrou falta de respeito pelos integrantes da equipe em geral e por Donald em particular.

Excelente engenheiro com diversas patentes registradas, Donald era gentil, bem-intencionado e motivado para liderar bem o projeto Focus. Contudo, ele demonstrou ser incapaz de fornecer fatores nutridores à equipe. Novo na Edgell, faltavam-lhe habilidade política e credibilidade interna para liderar um projeto tão importante. Ávido para cuidar do trabalho técnico, ele se mostrou cego para as implicações de longo prazo das tensões crescentes no grupo de engenharia. Foi lento em perceber a magnitude dos problemas interpessoais, bastante óbvios para quase todo mundo na equipe. Ao longo de semanas depois de o projeto (e o conflito) ter começado, Donald falhou em tentar conversar com Roy e Barbara, separada ou conjuntamente, sobre os ataques mútuos cada vez mais públicos. Ele permitiu que os desentendimentos dominassem a agenda e as reuniões da equipe. Quando finalmente ele comentou o *conflito* em seu diário, suas observações tendiam a ser bastante brandas, clínicas e distantes. Donald não o considerava um problema a ser resolvido:

> Mais uma batalha irrompeu entre Barbara e Roy na reunião de avaliação, depois que [um cliente importante] havia saído. Barbara e Roy têm atitudes muito diferentes com relação à vida e nenhum dos dois parece aceitar os métodos do outro. (Donald, 7/4)

Depois de várias semanas e duas ameaças da diretoria em afastar Barbara, Donald decidiu se tornar pró-ativo. Pediu a Callaghan e a Redding que lhe dessem mais tempo antes de fazer quaisquer mudanças de pessoal, e delicadamente discutiu o conflito com Barbara, Roy e Matthew, individualmente e em conjunto. Privadamente, cada um dos três engenheiros descartou os comentários de Donald considerando-os demasiado ingênuos e mantendo suas posições. Donald ainda tentou incentivar o espírito de equipe ao fazer todos lerem breves biografias de suas carreiras em uma reunião, algo que apenas deu aos engenheiros em guerra um fórum público para zombaria disfarçada em humor. Claramente, quando Donald entrou em campo, o jogo já estava perdido:

> Apesar das minhas advertências, Roy e Barbara ainda trocavam farpas durante nossa reunião de grupo. (Donald, 7/5)

Donald cometera um dos erros mais comuns que gestores podem cometer quando se trata de fatores nutridores e toxinas. Na tentativa de fazer algo positivo – tentando criar afiliação no seio de equipe – ele o fez timidamente e tanto tempo depois de a situação ter saído de controle que o impacto foi negativo.

No final, o novo escâner-copiadora ficou atrasado em mais de um ano e teve que ser desenvolvido por uma equipe chefiada por um novo líder e com quase todos os integrantes novos. Por que a Focus fracassou? As indicações apontam como motivo a predominância de toxinas sobre nutridores. Os registros dos diários da equipe eram dominados por relatos de insultos pessoais, discussões exacerbadas e desconfiança entre todos. A vida interior no trabalho dos integrantes do grupo era caracterizada por raiva, baixíssima motivação e insatisfação com os demais membros, com o trabalho e com a organização. O progresso foi bloqueado à medida que os integrantes da Focus demonstraram não ser capazes sequer de criar um cronograma de projeto em que o progresso pudesse ser medido.

A história da Focus é um caso extremo, mas descartá-la como irrelevante seria um erro. As consequências negativas da falta de fatores nutridores se aplicam a situações mais típicas. De fato, em nosso estudo, é bem mais frequente que os administradores compreendam isso mal do que entendam corretamente. Ao formar equipes, eles costumavam subestimar a importância de problemas interpessoais. Muita gente vê na história da Focus um reflexo bastante claro de suas próprias empresas. Administrar relações humanas é uma tarefa extremamente difícil de ser bem-feita, e é tentador ignorá-la. Mas tenham cuidado: a vida interior no trabalho será degradada na mesma medida em que houver deficiência de fatores nutridores em sua organização, e, consequentemente, o desempenho também será prejudicado. Depois que se perde a confiança, é muito difícil recuperá-la.[17] Se levada ao extremo, a situação atinge um ponto sem retorno.

Uma conexão humana: a equipe Infosuite da DreamSuite

Como o registro no diário de Helen ilustra, no princípio deste capítulo, a equipe Infosuite, da DreamSuite Hotels, tinha pleno domínio sobre o fator de nutrição. Apesar de relegados a cubículos apertados dentro de um armazém sem janelas, e apesar de em geral serem maltratados pela alta direção da DreamSuite, os membros da Infosuite conseguiam manter uma boa vida interior no trabalho, durante a maior parte do tempo, pela troca mútua de nutridores. O contraste com a Focus, onde as pessoas pareciam determinadas a ferir umas às outras, é especialmente impressionante.

Em muitos sentidos, as equipes Infosuite e Focus eram o contrário uma da outra. Na mesma medida em que os integrantes da Focus avaliavam seu progresso como medíocre, os membros da Infosuite viam seu progresso como bom – de fato, era o segundo melhor das 26 equipes do nosso estudo. Nossa análise de fatores nutridores nas duas equipes resultou em um contraste igualmente gritante. Muitas das forças negativas na Focus estavam completamente ausentes na Infosuite, e muitas das forças positivas na Infosuite eram completamente ausentes na Focus. Em ambos os casos, o comportamento de gerentes e administradores criou a base para o apoio – ou para a falta deste – no seio da equipe. Ao contrário da Focus, onde gestores de todos os níveis desempenharam um papel tóxico, os administradores de alto escalão foram uma fonte pouco importante de fatores nutridores para a equipe Infosuite. Na verdade, foram os gerentes que fizeram a diferença positiva, diante do comportamento negativo da diretoria – foram colíderes da equipe (isso acontece com frequência: ver "O papel especial de líderes de equipe no fator de nutrição").

Modelos de excelente apoio, tanto um para com o outro quanto para com o resto da equipe, Ruth e Harry inspiraram um clima singular de respeito, encorajamento, afeto e compreensão, que distinguiu a Infosuite de todos os grupos que estudamos. O registro do diário de Helen é apenas um entre dúzias de relatos de integrantes da Infosuite, descrevendo o uso de fatores nutridores por Ruth ou por Harry. Em quase todos os casos, a vida interior no trabalho "entrou em alta", como a de Helen quando Ruth lembrou-lhe da folga que ela já havia conquistado por merecimento. Mas até onde pudemos apurar em todas as nossas entrevistas com a DreamSuite, não se podia creditar à direção a criação das bases para a química sublime da equipe Infosuite. O grupo de nove pessoas havia sido montado sem muita ponderação. Neste caso, a empresa teve sorte.

Recorde que, na equipe Focus, Barbara e Roy tinham estilos bem diferentes de solucionar problemas. De um modo interessante, Ruth e Harry tinham uma diferença de estilo semelhante, embora não tão extrema. Mas estilos diferentes na solução de problemas não têm necessariamente que resultar em choque, como aconteceu com Barbara e Roy. O estilo de Barbara e de Ruth envolve a produção de muitas ideias, algumas das quais podem ser estúpidas. O estilo mais metódico de Roy e Harry pode ajudar a examinar e selecionar essas ideias e a sistematicamente desenvolver e refinar as melhores. Contudo, para trabalhar bem juntas, pessoas com estilos diferentes têm que aceitar a validade e a utilidade da maneira do outro em solucionar problemas. Foi o que Ruth e Harry conseguiram fazer. Como resultado, eles se deram muitíssimo bem e, em nossa opinião, foram os líderes de equipe mais eficazes que encontramos em nosso estudo.[18]

Então, por que a Infosuite teve a conexão humana que faltou à Focus? Uma diferença clara com relação à equipe Focus foi que Harry e Ruth tinham, desde o início, deliberadamente se dedicado a alcançar um acordo mútuo sobre seus papéis com relação um ao outro. Ruth, que tinha o título de gerente de projetos, era formalmente a superior de Harry. Apesar disso, Ruth tratava Harry como seu igual. Depois que uma segunda equipe foi acrescentada à sua responsabilidade, Ruth confiou inteiramente a Harry a liderança da Infosuite. Além disso, os dois se comunicavam com frequência e abertamente sobre a equipe, seus projetos e quaisquer problemas em potencial que surgissem. Em um exemplo, Harry relatou:

> Fiz o plano estratégico com Ruth, nossa gerente de projetos, sobre como dividir tarefas/responsabilidades/recursos com o acréscimo de uma segunda equipe respondendo a ela. Acho que elaboramos um plano de ataque bem razoável. (Harry, 18/2)

Embora com frequência eles tivessem perspectivas diferentes, eles respeitavam as opiniões um do outro e se empenhavam para encontrar boas soluções. Como resultado, os integrantes da equipe tinham grande confiança tanto em Ruth quanto em Harry. Além disso, eles seguiam o exemplo dos dois líde-

DICAS PARA GESTORES

O PAPEL ESPECIAL DE LÍDERES DE EQUIPE NO FATOR DE NUTRIÇÃO

Em função do fato de trabalharem em relacionamento íntimo com seus subordinados, líderes de equipe têm um impacto especialmente poderoso sobre a vida interior no trabalho através dos fatores nutridores que oferecem ou deixam de oferecer. De fato, se você é um líder de equipe, é possível que tenha mais poder do que os altos executivos para criar um ambiente de trabalho solidário ou debilitante para os integrantes de seu grupo. Você pode até atenuar o impacto negativo de uma direção pouco sensível às necessidades de apoio dos funcionários. Nossa pesquisa identificou ações diretas de que se pode lançar mão – e as que se devem evitar – se se quiser dar apoio à vida interior no trabalho de sua equipe por meio de fatores nutridores.[a] Mesmo se você não for um líder, pode usar as mesmas ferramentas – em qualquer que seja seu nível na empresa.

Cada uma das orientações abaixo é acompanhada de um exemplo (em itálico) retirado de um dos diários. Embora essas orientações possam parecer óbvias, vale a pena tê-las em mente. Um percentual preocupante de líderes deixaram de segui-las consistentemente – mesmo quando achavam que estavam gerindo bem as pessoas.

O líder de equipe deve	O líder de equipe não deve
Mostrar que respeita seus subordinados e o trabalho que eles fazem:	Agir com arrogância, descortesia ou condescendência:
Seth (o líder da equipe) pediu minha opinião sobre um problema que está enfrentando. Para mim, é um sinal encorajador de sua confiança em minha capacidade técnica.	*Matt (o líder da equipe) veio ao meu escritório esta manhã e me disse que ia liberar Jared para que ele pudesse trabalhar em outro projeto. Não me importo que Jared tenha sido liberado antes de mim. O que doeu foi que a cota de atividades rotineiras, idiotas e tediosas de Jared foram transferidas para mim. (...) Matt tentou se mostrar condescendente comigo, dizendo que faço esse tipo de trabalho melhor do que Jared. Detestei isso (...), não quero competir por tarefas rotineiras, nada criativas e idiotas. Eu me senti como uma faxineira!*

O líder de equipe deve	O líder de equipe não deve
Reconhecer e premiar as realizações de seu pessoal:	Demonstrar apatia pelas conquistas de integrantes de sua equipe ou por seus projetos:
Numa reunião, Gene (líder da equipe) me deu crédito pelo trabalho que fiz. Foi bom e é um fator motivador para mim.	*Estou me sentindo um pouco frustrado... Tentei falar com Spancer (o líder da equipe) ontem, sobre uma ideia para uma experiência. Ele me interrompeu e disse que falaria comigo hoje... Ainda estou esperando.*
Quando for preciso, dar apoio emocional a seus subalternos:	Confundir papéis, responsabilidades e relacionamentos formais, ou mudá-los ao acaso:
O lado positivo dessa conversa (perturbadora com um parceiro aliado estratégico) é que Rob (líder da equipe) manifestou apoio e ofereceu consolo; o que fez com que eu me sentisse bem: o fato de que meu gerente se manifestasse em meu favor.	*Durante a reunião com o chefe da minha equipe, ele mencionou que [estarei fazendo algo inteiramente diferente] nas próximas duas semanas. Quase mais nada foi dito, exceto que há (...) "mais mudanças a caminho".* *Isso é uma ocorrência normal por aqui. Boatos circulam por seis meses ou mais, então um dia – Paft! Você tem um novo chefe em uma equipe diferente. (...) Esse tipo de mudança cria um caos na continuidade da equipe.*
Criar oportunidades para o desenvolvimento de espírito de amizade e de camaradagem na equipe: *Hoje, posamos para a foto do calendário do mês de junho de nossa equipe. Desde janeiro estamos posando para fotos e a cada mês escolhendo a melhor para usar como a "foto dos calendários" do mês seguinte. É divertido e cria um sentimento bastante agradável. Gostei de trabalhar com a equipe hoje.*	

Fonte: T. M. Amabile, E. A. Schatzel, G. B. Moneta e S. J. Kramer, "Leader Behaviors and the Work Environment for Creativity: Perceived Leader Support", *Leadership Quarterly* 15 (2004): 5-32.

a. No Capítulo 6 observamos que gestores locais, como líderes de equipe, de fato podem exercer uma influência mais forte do que administradores de alto escalão sobre a vida interior no trabalho dos funcionários através do fator catalisador. O mesmo é verdade com relação ao fator de nutrição. Listamos aqui as ações de nutrição que dão apoio às pessoas; as ações catalisadoras que apoiam o trabalho foram citadas no Capítulo 6.

res, que criavam fatores nutridores básicos na Infosuite: *respeito* pelos colegas, *afiliação* e *apoio emocional*. O quarto nutridor, *encorajamento*, quase sempre estava incluído na mistura. Através de cada uma destas formas, nutridores chegavam e fluíam de cada membro da equipe.

Respeito mútuo

Respeito se refere a expressões explícitas ou implícitas do valor de alguém. Harry, por exemplo, esteve bastante doente no final de maio, e então tirou alguns dias de férias com a família. Embora muitos membros da equipe tenham manifestado *respeito* em sua preocupação com Harry e na alegria por seu retorno, nenhum foi mais efusivo do que o engenheiro de programação Tom:

> Nosso Harry está de volta!!!! Nosso Harry está de volta!!!! Agora vai ficar tudo bem. Tudo bem, estou exagerando um pouco, mas a volta de Harry, depois de quase duas semanas (doença, depois férias), é um alívio tão grande da pressão sobre todos nós. Ele é o irmão mais velho que nos guia, protege e encoraja. (Tom, 7/6)

Tom e seus colegas de equipe *respeitavam* Harry como um líder altamente eficiente, que oferecia tanto catalisadores (ajudando a fazer o trabalho em si, como abordamos no Capítulo 6) quanto nutridores (*encorajando* as pessoas e cuidando de seus interesses). Como resultado, as emoções e a autopercepção de Tom eram nutridas pela mera presença de Harry. Claramente, Tom sentia um afeto considerável por Harry, motivado por sua liderança. Todas as outras pessoas da equipe sentiam o mesmo.

Ruth também era respeitada pela equipe. A maneira *respeitosa* com que ela conciliava e atendia às necessidades dos integrantes do grupo era um de seus muitos gestos que desencadeavam respeito recíproco. Considerem o trecho apresentado a seguir do diário de Helen, que de vez em quando precisava trabalhar em casa por causa dos horários de seus filhos pequenos:

> Adoro trabalhar em casa. Tenho a sensação de que não sou distraída pelas questões rotineiras do trabalho. Posso me concentrar naquilo que é preciso sem ser distraída por telefones tocando ou pelas perguntas dos outros. Além disso, acho que faço programas melhores quando estou de chinelos, com minha caneca de café do lado e o rádio tocando a todo

volume!! Estou tão contente que minha gerente de projetos nos permita fazer isso. Sinto que ela confia que darei o melhor de mim longe do meu posto no escritório, e que ela precisa de mim para o trabalho, caso contrário não faria esse tipo de acordo comigo. Que chefe maravilhosa! Ela é a melhor. (Helen, 29/3)

Reparem na explícita manifestação de apreço e confiança em Ruth, ao mesmo tempo que descrevia o apreço e a confiança de Ruth *nela*. A vida interior no trabalho de Helen foi claramente estimulada pelo *respeito* por sua individualidade que recebeu de Ruth. Emocionalmente, Helen se sentia feliz e grata, e via a si mesma como uma funcionária valiosa, produtiva e afortunada. O apoio de Ruth às suas necessidades teve um impacto positivo direto sobre a vida interior no trabalho de Helen, que por sua vez teve um impacto positivo no progresso dos dias em que ela trabalhava em casa.

A longo prazo, o desempenho de Helen – sua criatividade, produtividade, comprometimento para com o trabalho e coleguismo – era alto. A importância desta quarta dimensão – o coleguismo – é difícil de superestimar. Ruth demonstrou respeito de colega por Helen quando atendeu às suas necessidades especiais no dia a dia de trabalho. Por sua vez, Helen demonstrou *respeito* por seus colegas de equipe ao generosamente dividir com eles seu conhecimento e seu entusiasmo. Vejam este registro no diário de Marsha, quando ela soube que ia trabalhar em um novo projeto com Helen:

Estou muito entusiasmada com [o projeto] porque vou aprender um sistema que não conheço nada e vou criar um novo tipo de processamento. Vou trabalhar com Helen (...) Eu adoro trabalhar com Helen porque sempre aprendo muito com ela e nos divertimos muito! (Marsha, 9/3)

No dia 9 de março, a vida interior no trabalho de Marsha foi às alturas. E o projeto em que ela trabalhou com Helen foi um retumbante sucesso.

Afiliação

O segundo fator de nutrição que distinguia a Infosuite era a forte afiliação. De maneira geral, quanto mais unidos entre si são os integrantes de uma equipe, melhor será a vida interior no trabalho de todos e maior será o progresso. Ao debater *afiliação* de equipe, incluiremos vários comportamentos: fazer algo explicitamente pelo bem da equipe (em vez de apenas executar o trabalho ou o projeto); realizar algo para aumentar a ligação emocional no seio da equipe; divertir-se com os colegas dentro ou fora do trabalho; e demonstrar orgulho, afeto ou carinho por um colega de trabalho ou pela equipe como um todo.

Nem todos esses fatores precisam estar presentes para que uma equipe funcione bem em termos de afiliação. Os membros das quatro equipes na O'Reilly Coated Materials, por exemplo, pareciam se dar muito bem sem que houvesse muita amizade fora do trabalho ou muito afeto mencionado entre os integrantes das equipes. Mas havia claramente um sentido de orgulho por fazer parte do grupo, e seus membros se divertiam juntos de vez em quando.

A Infosuite mostrava uma *afiliação* extraordinária entre os integrantes da equipe, cujos exemplos apareciam em todos os diários, inclusive no de Tom:

> (...) a verdade é que todo mundo está trabalhando até as horas mais loucas, fazendo tarefas impossíveis, e ainda assim mantendo a animação e o bom humor. Deus do céu, eu amo essa turma! (Tom, 28/5)

Foram Ruth e Harry que inspiraram essa lealdade incansável e estimularam a equipe a demonstrar uma combinação incomum de carinho, humor e diversão, mesclada com uma poderosa ética de trabalho. A equipe viu Ruth aceitar uma carga adicional de trabalho ao chefiar uma segunda equipe, e Harry assumir deveres inesperados de liderança, sem queixas. O grupo ria alegremente do humor autoirônico de Ruth – como quando, constrangida por um lapso cometido durante uma reunião de equipe, ela se enfiou dentro de um grande caixote que calhou de estar na sala. E a equipe viu Ruth trabalhar lado a lado com dois colegas durante o fim de semana prolongado pelo feriado do Dia dos Mortos de Guerra para terminar o projeto Grande Coisa – sempre mantendo seu bom humor habitual.

Talvez mais do que qualquer outro integrante da equipe Infosuite, Marsha era influenciada pela atitude positiva de Ruth. Extremamente consciente de que Ruth queria bem, respeitava e protegia o grupo ao mesmo tempo em que mantinha os mais altos padrões em seu trabalho, Marsha dava o melhor de si para seguir essas qualidades e demonstrava seu comprometimento com a equipe e com Ruth, bem como um orgulho feroz pelo que fazia:

> Os [clientes de nosso atual projeto] nunca nos deram as especificações escritas do que queriam, mas apesar disso acabaram de nos enviar um bilhete perguntando se vamos cumprir o prazo de 6 de maio. Estou apenas

seguindo adiante e trabalhando como louca na criação de programas. Espero que gostem do que não pediram. Ruth está se esforçando muito para fazer com que eles assumam o compromisso. O importante para mim é fazer com que Ruth se saia bem; todos nós protegemos uns aos outros nesta equipe. (Marsha, 6/4)

Estes são os frutos da *afiliação* quando ela é muito forte. Em seu registro no diário do dia 6 de abril e em outros, Marsha revelou algo de muito interessante sobre sua vida interior no trabalho, que, em certa medida, dependia de como ela via a vida interior no trabalho dos colegas, especialmente Ruth. A vida interior no trabalho de Marsha era positiva quando ela sentia que sua equipe estava feliz e trabalhando bem. Tal percepção evocava emoções positivas e estimulava sua motivação interna em realizar um excelente trabalho. Em outras palavras, o efeito direto de fatores nutridores sobre a vida interior no trabalho de Marsha indiretamente ampliava seu progresso.[19]

Todos os membros da Infosuite manifestaram confiança e orgulho por seus colegas, em múltiplos registros nos diários. Esta alta estima mútua também ficava evidente nas diárias avaliações de escala numérica do formulário. Em média, eles deram avaliações mais altas para o progresso da equipe do que para seu progresso individual. Ao contrário, a equipe Focus, na Edgell Imaging, exibia exatamente o padrão oposto.

Logo depois que o estudo acabou, nossa última reunião com a Infosuite confirmou que Ruth e Harry eram as principais fontes da forte *afiliação* da equipe. Quando conversamos sobre os sucessos da Infosuite, muitos de seus integrantes observaram que eles deviam seus sucessos principalmente aos líderes do grupo. Também comentaram que outras equipes os invejavam por terem líderes tão maravilhosos. Contudo, tanto Ruth quanto Harry argumentaram que a Infosuite como um todo merecia o crédito. Harry comentou: "Não, é uma equipe fantástica. Qualquer um que não seja um imbecil poderia chefiar esta equipe." Mas nós sabemos que não é bem assim. Como vimos na Karpenter Corporation, mesmo gestores altamente inteligentes que falham ao não oferecer fatores nutridores podem transformar equipes, cujos integrantes trabalharam bem juntos ao longo de anos, em grupos infernizados por desentendimentos e desconfianças.

A boa vida interior no trabalho de que todos da Infosuite desfrutavam era bem evidente. A alegre camaradagem lhes permitia ver o ambiente profissional como um lugar onde podiam ser eles mesmos, onde não precisavam esconder parte de quem eles eram. Quando as pessoas podem lançar mão de diferentes aspectos de suas identidades para exercer influência sobre o trabalho, elas são mais criativas.[20] Na Infosuite, este componente do desempenho era claramente visível.

Apoio emocional

O terceiro maior fator de nutrição que vimos na equipe Infosuite foi o *apoio emocional* – qualquer situação em que as emoções ou as opiniões de alguém são validadas de alguma forma, ou se a pessoa recebe algum tipo de conforto ou empatia com relação ao trabalho ou a uma questão pessoal. O *apoio emocional* reforça a vida interior no trabalho ao abrandar emoções negativas – acalmar temores, reduzir frustrações, ou dissipar desespero:

> Acabei acalmando Ruth esta manhã, depois que mais um bilhete desnecessário de seu chefe a deixou em lágrimas. (Harry, 7/5)

> Nossa colega de equipe, cujo pai está hospitalizado, voltou ao trabalho hoje. Foi bom vê-la, e isso nos deu a chance de mimá-la um pouco. Nós formamos uma equipe tão boa!! (Helen, 22/3)

O registro de Helen mostra que *apoio emocional* não nutre apenas a vida interior no trabalho daquele que o está recebendo; também pode ter efeitos positivos sobre a vida interior no trabalho daqueles que o estão dando. Nesse caso em particular, a percepção de Helen sobre a qualidade de sua equipe foi ampliada por fazer parte do esforço coletivo em animar uma colega cujo pai estava doente – um excelente exemplo do processo de atribuir sentido à vida interior no trabalho. Essas percepções positivas estavam interligadas a emoções muito positivas.[21]

Esse forte apoio socioemocional criou um sentido de confiança quase absoluto e um fluxo aberto de comunicação. Repetidas vezes, os integrantes do grupo comentaram que podiam abordar uns com os outros qualquer aspecto de seu trabalho e muitos aspectos de sua vida pessoal, inclusive com os dois líderes, e esperar respostas honestas. Com a comunicação clara conduzindo a um menor temor diante dos tremendos desafios que enfrentava, a equipe Infosuite foi mais capaz de se concentrar no trabalho.

Liderar ao nutrir

Os líderes mais bem-sucedidos sabem como nutrir a vida interior no trabalho daqueles a quem lideram. Sir Ernest Shackleton, que comandou o HMS *Endurance* numa expedição à Antártica, em 1915, era um líder deste tipo.[22] Sua habilidade em fomentar ligações humanas lhe permitiu liderar seus 27 homens de modo a realizar um dos mais incríveis feitos de sobrevivência na história humana.[23]

O *Endurance* ficou preso no gelo no dia 18 de janeiro de 1915; oito meses depois, quando o gelo começou a quebrar o navio, Shackleton e seus homens o abandonaram por um bloco de gelo próximo. Embora os exploradores estivessem presos nas piores condições possíveis até seu resgate, em 30 de agosto de 1916, nem um único homem se perdeu.

Sua sobrevivência é em grande parte creditada à liderança de Shackleton. Intuitivamente, Shackleton empregou fatores nutridores nesse papel. Já no início da viagem, ele havia exigido que todos os membros da tripulação executassem todas as tarefas a bordo. Isso reduziu as diferenças de *status* entre os homens, levando-os a uma maior afiliação. Shackleton também se desdobrou em esforços para ajudar a tripulação a se sentir tão feliz quanto era possível. Quando ficaram à deriva no bloco de gelo, ele os encorajou a jogar, tocar música e a fazer curtas encenações teatrais. Dois meses depois que o grupo havia abandonado o *Endurance*, ele decidiu que fariam o percurso do gelo para terra, onde provisões de expedições anteriores poderiam ser encontradas. Como estavam às vésperas do Natal, Shackleton decidiu que comemorariam o Natal antes de partir; e eles fizeram o que puderam para transformar em banquete as poucas provisões de que dispunham. Os esforços de Shackleton para tornar a tripulação cada vez mais unida renderam repetidos benefícios, quando a vida deles dependia da absoluta unidade de propósito.[24]

Como Shackleton, os administradores de negócios mais eficientes lideram as pessoas ao atender às suas necessidades como seres humanos.[25] Donald, o líder nominal da equipe Focus, da Edgell, não dedicou o empenho necessário a lidar com os membros de sua equipe em um nível humano, de modo a nutrir-lhes a vida interior no trabalho. Os líderes da Infosuite, Ruth e Harry, ao contrário, se dedicaram realmente ao seu pessoal, consistentemente exemplificando todos os quatro nutridores. Seu exemplo em atender às necessidades um do outro, bem como às necessidades da equipe, foi seguido por todos.

O grande estudioso da administração, Peter Drucker, certa vez escreveu: "A meta (da administração) é tornar produtivas forças específicas e conhecimentos de cada indivíduo."[26] Na visão de Drucker, a tarefa do gestor é assegurar que as necessidades dos funcionários para executar um trabalho difícil e manter uma vida profissional satisfatória sejam atendidas. Liderar servindo não significa abdicar das responsabilidades. Mas requer de fato uma mentalidade diferente com relação à gestão – concentrar-se não no tradicional controle dos subordinados, e sim na contribuição para o real progresso no trabalho por parte dos membros da organização.

Vocês já viram que gestores podem fomentar uma vida interior no trabalho positiva e impulsionar o progresso ao atender às necessidades de seus subordinados tanto com catalisadores quanto com nutridores. Vocês também já viram que gestores podem criar infelicidade, apatia e um caminho certo para o fracasso ao negligenciar tais necessidades. No Capítulo 8, mostraremos como você pode cuidar da vida interior no trabalho e promover um excelente desempenho ao seguir um protocolo simples todos os dias.

8

Ao final do dia

Há não muito tempo fizemos uma palestra numa convenção de executivos – da Nokia, Microsoft, Intuit, Coca-Cola e dúzias de outras grandes empresas – reunidos em um luxuoso salão de baile de um hotel de Atlanta. Durante a sessão, perguntamos quais as suas opiniões sobre pensamentos, sentimentos e motivações que as pessoas vivenciam em relação a eventos no trabalho. Perguntamos se eles acreditavam que a vida interior no trabalho afeta o desempenho. A maioria disse que sim. De modo que seguimos adiante: o que gestores podem fazer para manter os funcionários contentes e entusiasmados com a empresa, e motivados para trabalhar com afinco todos os dias? As primeiras pessoas que levantaram a mão mencionaram vários incentivos, inclusive salários competitivos, bônus, programas de reconhecimento e outros benefícios, como programas de assistência para indivíduos enfrentando crises pessoais. Tudo isso, concordavam os membros da nossa plateia, mostra o interesse da empresa.

Depois de reconhecer que incentivos e benefícios de fato fazem diferença, perguntamos a esses executivos se eles também achavam importante facilitar o progresso cotidiano dos funcionários em seu trabalho. Muitos deles pareceram perplexos. Um homem na terceira fila deu voz à pergunta que parecia estar na mente de muitos: "O que quer dizer com isso? *É claro* que progresso cotidiano no trabalho é motivador. Mas se você contratou os melhores quadros e estruturou bem sua organização, bem, cabe a eles fazerem progresso no trabalho deles. Você não devia ter que se preocupar em 'facilitar' isso todos os dias."

Mas você tem que se preocupar sim. Se as pessoas em sua empresa não puderem fazer progresso consistente em trabalho significativo, não poderão ter uma boa vida interior no trabalho. Elas não podem fazer esse progresso sem apoio – sem uma forte dose diária de catalisadores e nutridores. E este apoio depende de você. Há um número grande demais de administradores que ignoram a importância do progresso e, portanto, nem se preocupam, nem agem para dar-lhe apoio. Por mais crucial que o progresso seja para a vida interior no trabalho e por mais óbvio que possa parecer, estamos convencidos de que a maioria dos gestores apenas não pensa no assunto, sistematicamente, todos os dias.

De fato, das sete empresas de nosso estudo, apenas uma – a O'Reilly Coated Materials – tinha executivos que consistentemente apoiavam os funcionários e seu progresso. Mark Hamilton, o VP de P&D e chefe do departamento da O'Reilly que estudamos não era nem carismático nem "afetuoso e entusiasmado". Como a maioria das pessoas de sua equipe de gestão, Hamilton era um cientista um tanto reservado, que havia iniciado carreira como colaborador em um laboratório de P&D. Mas ele era um administrador incomumente perceptivo, inteligente e sensível. Quando o entrevistamos, ficamos impressionados com as lições que havia depreendido de sua experiência pessoal como membro e líder de equipe, chefe de laboratório e, mais recentemente, diretor técnico.

Hamilton compreendia que a O'Reilly só podia ter sucesso se seus funcionários e equipes fossem bem-sucedidos, e que isto só poderia acontecer se os gestores se concentrassem de forma consistente em apoiar o trabalho de seu pessoal. Observando que embora isso não significasse que todos os projetos seguiriam adiante até chegar à conclusão, ele insistia que de fato significava que as pessoas sempre teriam uma percepção de estarem avançando em trabalho importante – que seus gestores respeitavam suas ideias e apoiavam seus esforços em fazer algo significativo.

Era o que *ele* fazia como gestor, ao encorajar seus diretores técnicos a racionalizar processos de avaliação de projetos, ao receber, de mente aberta, líderes de equipes para novos experimentos, ou ao comemorar sucessos de grupos em reuniões coletivas de toda a empresa. Por meio de ações consistentes, Hamilton demonstrava ter uma consciência intuitiva do princípio do progresso, dos fatores catalisadores e nutridores para alimentar a vida interior no trabalho e o alto desempenho.

Consciência é o primeiro passo para a ação. Saber o quanto a vida interior no trabalho é importante para a performance de cada empregado, a cada dia, pode sensibilizá-lo com relação ao papel que ela desempenha em seu trabalho e no trabalho de todo mundo ao seu redor. Saber que progresso diário, mesmo pequenas vitórias, pode "valer" o dia para alguém – e que mesmo pequenos reveses podem arruinar o dia – devia estimular e aumentar sua vigilância com relação a ambos. Neste capítulo, mostraremos como manter esta vigilância e como transformar este conhecimento em ação.

Um líder que compreendeu bem

Quando se tratava de dar apoio à vida interior no trabalho, Mark Hamilton e a direção da O'Reilly definitivamente haviam compreendido tudo muito bem. Mas suas ações não oferecem uma perspectiva em *close-up* de gestão eficaz porque eles não interagiam diariamente com as equipes que estudamos. Para uma visão mais de perto do que gestores podem fazer para facilitar o progresso cotidiano, abordaremos a história de um excelente líder de equipe de uma empresa diferente – uma empresa cujos altos executivos eram ineficientes. Na história desse líder, vimos exemplos abundantes de como realmente um gestor pode fazer diferença positiva no dia a dia.

Graham, um engenheiro químico corpulento, de 49 anos, liderava a New-Poly, equipe de quatro homens da Kruger-Bern Chemicals. Quer estivesse no laboratório da empresa no norte da Pensilvânia ou em uma de suas frequentes visitas a clientes, o enérgico líder ficava sempre ligado no progresso de sua equipe e no que estava ajudando ou prejudicando esse progresso a cada dia. Mais importante, ele agia com base nessas informações para melhorar as coisas.

Antes de contarmos a história, uma advertência: as ações *específicas* de Graham para apoiar o progresso da equipe dependeram das circunstâncias particulares do projeto, do grupo, e da empresa. Não existe nenhuma maneira pela qual possamos prescrever em detalhes o que uma determinada equipe precisa para ser bem-sucedida em determinado projeto. Isso exige expertise no campo do projeto e conhecimento de suas especificações – ambos devem estar com a equipe e com seu líder. Mas as ações de Graham servem como um poderoso exemplo de como gestores de qualquer nível podem abordar cada dia, determinados a fomentar o progresso.

Graham e sua equipe tinham pela frente uma batalha "a encarar". A diretoria da Kruger-Bern Chemicals, uma multinacional com quartel-general na Europa, estava considerando uma mudança estratégica que poderia causar uma grande reorganização na divisão americana que nós estudamos. A meta do projeto NewPoly – desenvolver um polímero seguro e biodegradável para substituir petroquímicos em cosméticos e mais tarde em uma ampla variedade de produtos de consumo – parecia estar de acordo com a nova direção estratégica, mas os sinais dos executivos europeus não eram claros.

Além disso, Graham recebera sinais contraditórios de dois vice-presidentes nos Estados Unidos sobre como sua equipe seria avaliada. O VP de P&D lhe disse para patentear tanta tecnologia quanto pudesse e que evitasse fechar sociedades com clientes em potencial (grandes fabricantes de cosméticos) até que todos os aspectos da nova tecnologia da equipe tivessem sido submetidos a registro no Escritório de Patentes e Marcas Registradas dos Estados Unidos. O desenvolvimento da tecnologia seria bastante complexo, mas com aplicabilidade de alto alcance se tivesse sucesso, e o chefe de P&D queria que a Kruger-Bern garantisse sua propriedade intelectual.

Mas o VP de Desenvolvimento de Novos Negócios da Kruger-Bern orientou Graham a se associar imediatamente com clientes, de modo a gerar renda tão rápido quanto fosse possível. Enquanto isso, indivíduos-chave tanto no escritório de patentes da empresa quanto nas organizações de clientes retardavam as coisas. E nenhum dos dois VPs estava disposto a dar à equipe NewPoly o pessoal adicional que havia sido prometido no início do projeto. Embora a equipe compreendesse que aquele projeto era importante e estivesse fazendo avanços tanto em tecnologia quanto em relacionamento com clientes, a incerteza com relação às metas e a limitação de recursos ameaçava deter esse progresso.

Apesar dessas dificuldades, a equipe fez um bom avanço durante a fase do projeto que estudamos. E embora tivessem percepções muito negativas da Kruger-Bern e de sua relutância em lhes dar os recursos adequados, a vida interior no trabalho dos membros da equipe era muito boa na maioria dos aspectos. Eles viam seu trabalho como positivamente desafiador e davam notas altas ao apoio que recebiam de seu líder (Graham) ao apoio mútuo dentro da equipe e à autonomia.[1] As emoções positivas no cotidiano eram, em média, fortes e do mesmo modo a motivação intrínseca da equipe. Graham merece grande parte do crédito.

Criar o clima, um evento de cada vez

No dia 5 de junho, quando o projeto da NewPoly tinha apenas um mês, irrompeu uma crise. No final da sexta-feira, à tarde, o VP de marketing do mais importante cliente em potencial, a Mink Industries, telefonou, furioso com uma amostra de brilho vermelho para os lábios que a equipe havia mandado anteriormente naquela semana. O chefe de compras do principal cliente da Mink, um grande varejista de cosméticos, havia testado a cor e a textura da amostra. Embora o VP da Mink tivesse explicado que a amostra era apenas o último resultado experimental, o comprador havia declarado que a Mink deveria parar de trabalhar com a Kruger-Bern se aquilo fosse o melhor que pudessem apresentar.

Chocados com a ameaça, a maioria dos integrantes da equipe se perguntou se aquilo significava o fim do trabalho. Graham prometeu ao cliente ação rápida e imediatamente mobilizou a equipe. Convocou uma reunião imediata e, depois de explicar em detalhes a natureza da reclamação, pediu a cada membro da equipe que apresentasse sua análise dos problemas técnicos e de gerenciamento de relacionamento com o cliente. Manteve todo mundo concentrado nas questões e não permitiu acusações pessoais. Vários membros da equipe, a começar pelo próprio Graham, assinalaram erros que eles próprios haviam cometido ao criar a amostra ou ao se comunicar com o cliente. A equipe ficou reunida até tarde naquela noite de sexta-feira – sustentada por comida chinesa pedida por telefone e muito café – completando a análise e desenvolvendo um plano de ação para lidar com a situação.

Na segunda-feira de manhã, Graham e Brady, um engenheiro de pesquisa louro e sério, debateram o plano com o vice-presidente da Mink e acalmaram a situação:

> Graham e eu tivemos uma conferência com nosso cliente para troca de informações sobre a reclamação feita por eles e para comunicar nossos planos em resposta. Também debatemos como lidar com (...) o cliente de nosso cliente de maneira a manter as coisas em andamento. Foi uma discussão positiva entre dois parceiros empenhados numa nova e desafiadora oportunidade de negócios. (Brady, 8/6)

Ao abordar o problema tão rápida e abertamente, Graham mostrou a Brady e ao resto da equipe que não tinha medo de informações negativas. Com efeito, ele fez ver à equipe que valorizava e recebia bem comunicações precisas sobre qualquer situação. Ao envolver todo o grupo na análise das questões e na elaboração de um plano, Graham lhes deu um modelo de como responder a crises no trabalho – sem entrar em pânico nem apontar dedos acusadores para atribuir culpa individual, mas sim pela análise dos problemas, identificação das causas e desenvolvimento de um plano de ação coordenado.

Na sexta-feira seguinte, mais uma vez, Graham convocou a equipe à sala de conferência. De pé diante da lousa branca e de caneta na mão, ele colocou todo mundo concentrado no relatório da crise, na avaliação da solução que haviam implementado e na revisão dos conhecimentos que haviam adquirido. Juntos, eles depreenderam várias lições: no futuro, seriam mais seletivos ao responder aos pedidos frequentes de amostras da Mink. Também se concentrariam na consistência da cor bem como na textura. E pediriam à Mink para não levar amostras experimentais a clientes até que a equipe NewPoly concordasse que "estavam prontas para apresentação". O que Graham fez, essencialmente, foi mostrar ao grupo como aprender com um fracasso. Ao ajudar os subordinados a ver que juntos poderiam solucionar problemas e aplicar lições para planejar trabalhos futuros, ele promoveu a criação de um clima de maior coordenação.

Com 15 anos de experiência na Kruger-Bern Chemicals, Brady tinha mestrado em química orgânica e era lendário entre os colegas pesquisadores por sua dedicação. Circulavam histórias sobre o saco de dormir que ele mantinha na mala do carro para as ocasiões em que decidia continuar experimentos noite adentro. Ele dava grande importância ao fato de ser um integrante valorizado de uma equipe eficiente. Imaginem como Brady poderia ter descrito de modo diferente as consequências daquele evento se Graham tivesse culpado integrantes do grupo pela qualidade desapontadora da amostra ou pelo fato de ter sido prematuramente mostrada ao cliente. Isso é provavelmente o que teria acontecido com qualquer das equipes na Karpenter Corporation. Brady e seus colegas poderiam decidir esconder os problemas de Graham no futuro. A comunicação teria sido interrompida. Mas, em vez disso, Graham demonstrou respeito pela competência profissional da equipe e sua confiança nela. E demonstrou que respeitava suas ideias ao mantê-los envolvidos em todos os aspectos da crise. Suas palavras e ações não apenas lidaram com os problemas imediatos, mas também criaram um clima positivo, que perdurou durante todo o projeto.

Manter-se sintonizado todos os dias

Sem informações precisas, nenhum gestor pode oferecer os catalisadores e nutridores de que as pessoas precisam para fazer progresso. Graham já levara vantagem no jogo quando estabeleceu um clima psicologicamente seguro de comunicação durante a crise com o cliente. Os membros de sua equipe sabiam que sua porta estaria sempre aberta se ele estivesse no escritório, e que acolhia bem seus telefonemas se estivesse fora. Além disso, Graham arregaçava as mangas e metia a mão na massa no trabalho junto com eles. Dia após dia, se mantinha sintonizado com o progresso e as necessidades da equipe, colaborando ao mesmo tempo com ela.

Por exemplo, com frequência Graham visitava clientes com Brady e Curtis, o especialista em marketing da NewPoly. Com um MBA em Stanford e 12 anos de experiência, Curtis, tentara conquistar o interesse da Shelton Consumer Goods, em Minneapolis. Percebendo que o negócio poderia ser ainda mais importante do que o da Mink, Graham se ofereceu para ajudar, acompanhando-o numa viagem de visita à Shelton. Curtis não hesitou em aceitar a oferta – e a viagem correu melhor do que se havia esperado:

> Tive uma reunião com um importante cliente em potencial (...) com Brady e Graham. (O cliente) pareceu mais entusiasmado em trabalhar conosco (hoje) do que em recentes conversas por telefone (...). Nós nos demos conta de que (...) pode haver uma excelente oportunidade aqui (...). Todos nós saímos satisfeitos da reunião. (Curtis, 21/5)

Graham não precisou se perguntar sobre o progresso da equipe no dia 21 de maio. Ele viu com seus próprios olhos.

Sua abertura para debater problemas sem fazer julgamentos levou os membros da equipe a mantê-lo atualizado – sem que ele precisasse pedir – sobre reveses, progresso e planos. Quando Brady não conseguiu acertar os parâmetros no equipamento, por exemplo, ele teve que abortar o teste experimental de um novo material. Como a equipe NewPoly só tinha acesso a este equipamento crucial um único dia por semana, isso causou um atraso significativo. Brady não hesitou em contar a má notícia a Graham.

> Contei a Graham que o teste teve de ser remarcado devido a problemas operacionais. Ele não gostou da semana perdida, mas pareceu compreender. (Brady 8/7)

Por seu lado, embora desapontado, Graham não culpou Brady. Ele aceitou o ocorrido como um evento infeliz, mas inevitável. Mais importante, ele se concentrou em diagnosticar e corrigir o problema:

Nosso teste para fazer um novo substrato para um cliente importante teve que ser abortado. Embora o problema tenha sido diagnosticado e possa ser corrigido, significa atrasar tudo por uma semana. (Graham, 8/7)

Observem como Graham se incluiu como participante do problema quando se referiu ao "nosso teste" (em vez de "o teste de Brady").

Localização do apoio

Graham *direcionava seu apoio* a um determinado alvo a cada dia, tendo em vista o que vira e ouvira sobre recentes eventos na equipe e no projeto. Por estar tão bem sintonizado com o grupo, no meio de julho, ele pôde dar encorajamento – fator de nutrição crucial – quando seu pessoal ficou nervoso com uma possível reorganização corporativa. Uma correspondência confusa foi enviada pela matriz europeia, levando Graham a imediatamente buscar esclarecimentos com seus diretores americanos. Assim que recebeu informações animadoras, ele as transmitiu à equipe – apesar de estar de férias. Isso fez diferença concreta na vida interior no trabalho de seus subordinados:

Graham telefonou para passar a notícia de que uma mudança pendente na organização tinha implicações mais positivas do que dizia a maioria dos boatos. Apreciei muito sua ligação, já que ele estava fora, de férias, para informar sobre este clarão de luz em meio ao mar de incertezas. (Brady, 17/7)

Tão cruciais quanto esses nutridores bem direcionados foram os catalisadores que Graham pôde oferecer. Devida à sua proximidade da equipe, ele podia ver por si mesmo de que apoio específico ao projeto precisava e agir da maneira apropriada. Não negligenciou nenhum dos catalisadores: esclarecimento de metas; dar autonomia; trabalhar para garantir recursos suficientes e prazos razoáveis; ajudar diretamente no trabalho; promover a franca troca de ideias; e abordar problemas e sucessos como oportunidades de aprendizado.

A provisão de Graham de catalisadores bem direcionados tanto às grandes questões do projeto (como a reclamação do cliente) quanto para desafios mais banais era constante e deliberada. Quando viajava para visitar clientes ou a alta direção da empresa, por exemplo, ele telefonava para a equipe a cada dois dias para saber como estavam indo as coisas. Além disso, sempre perguntava o que podia fazer para ajudar. Com frequência, podia dar alguma assistência mesmo de longe:

> Graham telefonou para perguntar sobre a minha semana. Durante nossa conversa, ele observou, a partir das minhas descrições, que a má textura em nosso substrato problemático pode estar relacionada a algumas questões sobre aquele material, relatadas (na literatura científica) e observadas em menor escala no (...) experimento de ontem. Vou investigar para ver se esta ideia explica os atuais resultados. (Brady, 19/6)

Brady e seus colegas acolhiam bem a ajuda de Graham, principalmente porque ele oferecia sua expertise sem nenhum sinal de condescendência.

Embora Graham geralmente soubesse do que a equipe precisava através de sua colaboração com os integrantes, de vez em quando apenas *perguntava*:

> Graham perguntou do que precisávamos para o projeto avançar mais rapidamente. Um coro de vozes respondeu que precisávamos de mais pessoal. Embora eu sentisse que o tumulto da reorganização em curso no momento podia fazer com que nosso pedido de mais gente soasse quase como uma loucura, Graham diz que vai fazer um pedido firme de mais um engenheiro e dois técnicos. Isso deve servir para testar o empenho da direção com relação a este projeto. Não posso deixar de admirar a coragem de Graham em levantar a questão (...) neste momento. (Brady, 3/8)

Três dias mais tarde, Graham estava no quartel-general da empresa defendendo o pedido. Nesse e em dúzias de outros casos, Graham se manteve bem informado sobre os reveses, inibidores e toxinas que afetavam sua equipe – e tomou providências para amenizá-los. Não só seu comportamento de fato impulsionou o avanço real do projeto, como também sinalizou ao grupo que ele e seu trabalho tinham valor concreto.

Se tomadas separadamente, nenhuma das ações de Graham parece extraordinária. Ele apenas lidou com os problemas à medida que eles ocorreram e forneceu à equipe os recursos e a ajuda de que ela precisava para avançar. Mas o que fez de Graham um excelente líder foi sua capacidade em fazer isso todo santo dia. Ele consistentemente fornecia catalisadores e nutridores ao grupo e, mais importante, nunca permitia que inibidores ou toxinas derrubassem o projeto ou dominassem a vida interior no trabalho do pessoal. Infelizmente, apenas uma minoria dos líderes que estudamos foi capaz de fazer o mesmo.

Consultar, não controlar

Existe uma linha tênue entre se manter em íntimo contato para saber como seus subordinados estão se saindo e uma microgestão demasiado restritiva (gestão excessivamente detalhista e restritiva). Alguns líderes em nosso estudo avançaram para o lado errado dessa linha. Operando de acordo com uma noção equivocada do que significa o trabalho de gestão, eles se distanciaram de suas equipes.[2] Em vez de trabalhar em colaboração e *consultar* regularmente seus subordinados para se manterem a par do trabalho, como Graham fazia, estes gestores *controlavam* o que eles faziam. Os subordinados sabem ver a diferença entre um e outro, e as consequências para a vida interior no trabalho não são boas.

Gestores que não compreendem bem sua função cometem quatro tipos de erro. Primeiro, falham ao não permitir que haja autonomia para executar o trabalho. Ao contrário de Graham, que deu à equipe NewPoly uma meta estratégica clara, mas respeitava as ideias dos membros do grupo sobre como poderiam alcançar aquela meta, gestores controladores demais – ou "microgerentes" – ditam cada movimento. Segundo, costumavam perguntar a seus subordinados sobre o trabalho, sem lhes oferecer nenhuma ajuda real quando surgem problemas. Líderes assim são percebidos como juízes e ditadores, em vez de como treinadores e colegas.

Terceiro, líderes demasiado detalhistas são rápidos em atribuir a culpa a alguém quando surgem problemas, em vez de orientar seus subordinados numa exploração aberta das causas e possíveis soluções. Seus subordinados acabam se esforçando para fazer boa figura em vez de discutir honestamente os obstáculos e como superá-los. Vivem temerosos e suas percepções do gestor se encaixam em uma permanente depressão.

Quarto, os líderes em nosso estudo que não compreenderam isso bem raramente dividiam, com os membros da equipe, informações sobre seu próprio trabalho. Graham e outros líderes eficientes se deram conta de que, em virtude de seus papéis especiais, eles detinham informações vitais sobre muitas questões relevantes para o trabalho da equipe. Estas questões incluíam as opiniões que a diretoria tinha do projeto, as opiniões e necessidades do cliente, e possíveis fontes de assistência ou resistência, dentro e fora da organização. Alguns líderes guardaram ciumentamente tal conhecimento como indicação de seu status, passando-o adiante como favores, de acordo com seus caprichos. Quando os subordinados percebem que um gestor está lhes subtraindo informações úteis, como um pai excessivamente controlador, eles se sentem infantilizados, sua motivação despenca e seu trabalho é prejudicado.

A microgestão controladora não apenas envenena a vida interior no trabalho; a longo prazo ela sufoca a criatividade e a produtividade. Quando as pessoas carecem de autonomia, de informação e da ajuda especializada de que precisam para progredir, seus pensamentos, sentimentos e motivações entram em curva descendente – resultando em ideias triviais e desempenho medíocre. Gestores entram em pânico quando veem o desempenho cair, o que os leva a fazer uma marcação ainda mais cerrada e intrusiva sobre seus subordinados e a criticá-los ainda mais duramente – o que gera uma vida interior no trabalho ainda pior. Os funcionários costumam esconder os problemas desse tipo de gestores, até que esses problemas explodam sob a forma de crises. Mesmo quando tentam oferecer catalisadores e nutridores, líderes microgestores não têm informações suficientes sobre o que seus subordinados realmente precisam. Círculos viciosos se instalam e imperam.

Graham não cometeu esses erros. Geriu de maneira eficaz as condições que afetavam o progresso sem microgerenciar as pessoas. Ocasionalmente, sem se intrometer, ele até descobria uma janela com vista direta para a vida interior no trabalho dos integrantes de sua equipe – e fazia o que podia para dar-lhes suporte. A recompensa foi uma equipe energizada e produtiva. Seguindo o exemplo de Graham e de outros líderes brilhantes em nosso estudo, descobrimos que a recompensa não depende da personalidade ou da formação de um determinado líder, e sim de uma série de ações. Codificamos essas ações sob a forma de uma lista simples de verificação diária para gestores.[3]

Lista diária de verificação de progresso

Por vezes, as menores coisas podem fazer uma enorme diferença. Em seu livro de 2009, *The Checklist Manifesto,* o cirurgião de Harvard e escritor, Atul Gawande, demonstrava que até cirurgiões experientes podiam melhorar dramaticamente o desempenho de suas equipes ao usar uma lista simples de verificação para guiar cada operação.[4] Os itens da lista de cirurgia segura parecem terrivelmente banais. Incluem procedimentos como autoapresentações por parte de toda a equipe cirúrgica, confirmar que todo mundo saiba que lado do corpo vai ser operado e contar as esponjas cirúrgicas, certificando-se de que todas tenham sido removidas do paciente antes de fechar a incisão.

Os resultados são surpreendentes. Em um experimento de três meses, em oito hospitais diferentes, o índice de complicações sérias para pacientes de cirurgia caiu em 36% e a taxa de mortalidade em 47% depois da introdução da lista de verificação. Mesmo o próprio Gawande, um cirurgião altamente treinado, com anos de experiência, descobriu que seu próprio desempenho melhorou notavelmente depois que começou a usar a lista. Seu argumento é de que uma cirurgia, como qualquer tarefa complexa, exige uma verificação regular de todos os itens fundamentais – para liberar a equipe para se concentrar no trabalho e em quaisquer circunstâncias inesperadas que possam surgir.

A administração de empresas pode não ser uma cirurgia do cérebro, mas é uma tarefa complexa. Se você é um executivo de alto nível, precisa se concentrar nas grandes questões gerais: economia, ciência e sociedade, bem como em seu modelo de negócio no atual ambiente competitivo e nas tendências emergentes em seu ramo de negócio. Você também precisa desenvolver planos de longo prazo para a organização, uma estratégia para concretizá-los, e um plano para a próxima fase da vida de sua organização. Você precisa pensar criativamente sobre aquisição de recursos e uma porção de outras questões gerais que podem determinar o destino de sua empresa. E você tem que cuidar das crises quando elas surgem. Mesmo que seja um gestor de nível mais baixo – talvez liderando apenas uma equipe de projeto – sua mente estará cheia de dúzias de preocupações, desde planejar a estratégia do projeto a insistir na contratação de um novo técnico que poderia melhorar o trabalho do grupo, para não mencionar suas próprias tarefas.

Mas qualquer que seja seu nível, sua estratégia terá pouca probabilidade de sucesso a menos que você também pense sobre as pessoas que trabalham para implementá-la. Isso é verdade independentemente de se estas pessoas são os executivos chefes da empresa ou os membros de uma equipe que desenvolvem um novo produto. Se quiser que eles tenham desempenho a níveis mais altos, você precisa apoiar sua vida interior no trabalho. E precisa fazer isso todos os dias; é por isso que uma lista de verificação diária pode ser uma ferramenta valiosa. Tudo que ela exige são cinco minutos no final do dia.

Os itens na lista de verificação de progresso (tabela 8-1) não são tão simples quanto contar o número de esponjas numa bandeja do centro cirúrgico, mas também não são muito complicados. Exigem apenas que você se mantenha vigilante a cada dia em busca de indicações de progresso da equipe e atento a eventos que o influenciam. E que se mantenha vigilante também para os sinais sobre a vida interior no trabalho. Não espere que eles sejam frequentes e não procure constantemente por eles – apenas esteja alerta para as indicações óbvias. Ruth e Harry, os líderes da Infosuite, não precisaram de extraordinária inteligência emocional para compreender a vida interior no trabalho dos membros do grupo no dia das demissões em massa. Pessoas chorando em suas escrivaninhas são uma boa pista. Mas, com frequência, os sinais são mais difíceis de perceber, como alguém cometendo mais erros do que seria habitual, ou colegas se mostrando especialmente irritados uns com os outros. Essas podem ser pistas óbvias, mas só se você estiver alerta para elas.

Como usar a lista

Perto do final de cada jornada de trabalho, use a lista de verificação de progresso como um guia para passar em revista o dia e planejar suas ações de gestão para o dia seguinte. Registre seus pensamentos numa cópia escrita ou eletrônica da lista. Depois de usá-las durante algum tempo você poderá eficientemente se concentrar nas questões diárias ao examinar as palavras em itálico. Primeiro, concentre-se nos *progressos* e *reveses* do dia, depois pense sobre *eventos específicos* – inclusive *catalisadores* e *nutridores* – que afetaram o progresso. Em seguida, considere quaisquer indicações da *vida interior no trabalho* daquele dia. Finalmente, prepare-se para a *ação*. O plano para o dia seguinte é a parte mais importante de sua revisão diária: o que você pode fazer para facilitar o progresso?

Como Graham, use as informações que reuniu ao longo do curso normal da jornada diária. Idealmente, você trabalhará em íntima colaboração com seus subordinados, de modo que terá acesso a essas informações – bem como a sinais diretos sobre seu estado de vida interior no trabalho. O modo colaborativo de interação de Graham convidava os membros da equipe a debaterem o status de seu trabalho – o que lhe fornecia um fluxo constante de informações; ele não precisava questioná-los constantemente. Dê uma olhada nos dois relatos apresentados a seguir para ver essa dinâmica em ação:

> Graham veio me ver para passar em revista o andamento do projeto e delegar uma tarefa adicional. (Brady, 28/7)

TABELA 8-1

A lista diária de verificação de progresso

Progressos

Quais eventos hoje indicaram uma pequena vitória ou um possível grande avanço? (*Descreva brevemente*)

Reveses

Quais eventos hoje indicaram um pequeno revés ou uma possível crise? (*Descreva brevemente*)

Catalisadores

Inibidores

A equipe teve *metas* claras de curto e longo prazo para um trabalho significativo?

Houve alguma confusão com relação a *metas* de longo ou de curto prazo para um trabalho significativo?

Os membros da equipe tiveram *autonomia* suficiente para resolver problemas e assumir a propriedade do projeto?

Os membros da equipe foram *cerceados em* sua capacidade de resolver problemas e assumir a propriedade do projeto?

Eles tiveram todos os *recursos de* que precisavam para avançar com eficiência?

Faltou-lhes algum dos *recursos de* que precisavam para avançar com eficiência?

Eles tiveram *tempo* suficiente para se concentrarem em trabalho significativo

Faltou-lhes *tempo* suficiente para se concentrarem em trabalho significativo?

Eu lhes dei ou obtive para eles *ajuda* quando precisaram ou pediram?

Eu ou outras pessoas deixamos de prestar a *ajuda* necessária ou que foi pedida?

Encorajei os membros da equipe a se ajudarem mutuamente?

Debati as *lições* dos sucessos e problemas de hoje com equipe?

"Puni" o fracasso ou fui negligente em procurar *lições* e/ou *oportunidades* em problemas e sucessos?

Ajudei *ideias a fluírem livremente?*

Eu ou outros cortamos a apresentação ou debate de *ideias* prematuramente?

Nutridores

Demonstrei *respeito* pelos membros da equipe ao reconhecer contribuições para o progresso, dando atenção a suas ideias e tratando-os como profissionais dignos de confiança?

Encorajei os membros da equipe que enfrentavam desafios difíceis?

Dei *apoio* a um membro da equipe que estava com um problema pessoal ou profissional?

Existe um sentido de *afiliação* e camaradagem pessoal e profissional entre os membros da equipe?

Toxinas

Desrespeitei os membros da equipe ao deixar de reconhecer suas contribuições para o progresso, não ouvindo suas ideias, ou não os tratando como profissionais dignos de confiança?

Desencorajei um membro da equipe de alguma forma?

Negligenciei um membro da equipe que estava com um problema pessoal ou profissional?

Existe tensão ou *antagonismo* entre os membros da equipe ou entre mim e membros da equipe?

Vida interior no trabalho

Vi alguma indicação da qualidade da vida interior no trabalho de meus subordinados hoje?

Percepções do trabalho, equipe, gestão, firma

Emoções

Motivação

Que eventos específicos podem ter afetado a vida interior no trabalho hoje?

Plano de ação

O que posso fazer amanhã para fortalecer os catalisadores e nutridores que identifiquei e estão faltando?

O que posso fazer amanhã para começar a eliminar os inibidores e toxinas que identifiquei?

Fiquei sabendo que Brady fez um progresso considerável em obter os materiais e o equipamento para uma nova fase do projeto. (Graham, 28/7)

Por meio de interações simples como essas, diariamente Graham colhia novas informações sobre o progresso da equipe.

Se você for como a maioria dos cirurgiões a quem Gawande tentou convencer a usar sua lista de verificação – ou mesmo como o próprio Gawande – você achará que ela não está à sua altura. Com certeza você é um especialista experiente demais para precisar de uma muleta tão simplista. Mas é precisamente porque você é um especialista e, portanto, tem tanta coisa em que pensar, que dedicar cinco minutos à lista pode ser tão importante. Sabemos por nossa própria experiência, e pela experiência de tantos líderes com quem falamos, como é fácil ser dominado pelas pressões do trabalho e perder a pista dos pequenos sucessos que no final levarão ao próximo grande avanço. É ainda mais fácil ignorar os pequenos reveses que podem tirá-lo dos trilhos.

A maioria de nós tem tendência a se concentrar no positivo ou no negativo. Se você tende a se concentrar no positivo, é muito fácil ignorar os problemas a menos que a lista de verificação o lembre de fazê-lo. De modo inverso, se você tende a se concentrar no negativo, a lista o sintonizará com as coisas que estão caminhando bem.

Depois de usar a lista por alguns dias, é provável que você conclua que pode consultá-la mentalmente. Argumentará que é tão simples que já a memorizou. Resista a este impulso. Sem olhar para a lista concreta como parte de sua rotina diária e registrar seus pensamentos, é provável que você pare de fazê-lo por completo. Pouco depois descobrirá que progresso diário, catalisadores e nutridores terão sido excluídos de sua agenda mental.

À medida que passar em revista o dia para responder às perguntas da lista de verificação, seja abrangente. Não se esqueça do poder de pequenos eventos positivos e negativos. Considere inclusive fatos que possam parecer triviais, e procure eventos positivos e negativos. Qualquer coisa que tenha corrido bem, ou melhor do que se esperava para sua equipe, ou para o trabalho de qualquer pessoa em particular, é um evento de progresso. Qualquer fracasso, ou desapontamento no trabalho, é um revés.

Considere toda a gama de catalisadores ou inibidores. Aconteceu algo que tenha ajudado ou atrapalhado a clareza da equipe com relação a metas, autonomia ao executar bem o trabalho, acesso a recursos e a ajuda necessários, tempo para pensar, capacidade de aprender com problemas e sucessos, ou capacidade em fazer ouvir suas ideias? De vez em quando, apenas pergunte a seus subordinados o que você pode fazer para ajudá-los a avançar. Então, da próxima vez em que usar a lista, seu plano de ação será claro. Além disso, sua pergunta enviará um sinal crucial de que eles e o trabalho que fazem é importante.

Quando chegar à pergunta da lista sobre nutridores, reflita se seus subordinados foram respeitados, reconhecidos, encorajados e apoiados como pessoas durante o dia. Curtis, o especialista em marketing da equipe NewPoly, era um "cabra macho", alguém que raramente demonstrava qualquer vestígio de emoção em seu diário ou em nossas reuniões com a equipe. Quando os problemas apareciam, ele os descrevia com calma taciturna e os abordava com eficiência prática. Mas mais ou menos no meio de nosso acompanhamento de nove meses de sua equipe, Curtis sofreu uma brutal crise pessoal – seu filho pequeno foi diagnosticado com leucemia. Embora Curtis faltasse pouco ao trabalho, continuasse a ter um bom desempenho e raramente mencionasse seus problemas, Graham sabia que Curtis estava sofrendo. Em mais de uma ocasião, ele lhe deu apoio.

> Tive encontros com dois grupos diferentes de colegas de Massachusetts, trabalhando em projetos relacionados; conversei com Earl que estava (visitando um) cliente; conversei com Curtis sobre seus problemas pessoais. (Graham, 23/11)

Embora Curtis mencionasse o apoio de Graham em poucos registros de seu diário, era evidente que ele apreciava a empatia do líder por sua angústia pessoal.

Ao examinar o dia em busca de incidentes relevantes, lembre-se de que eventos importantes de trabalho podem ter origem em qualquer fonte – de *seu próprio* comportamento durante o dia; resultados técnicos que "apenas acontecem"; interações no seio da equipe; ações de outros administradores, gerentes, funcionários ou grupos; "o sistema" de procedimentos e políticas da organização; até coisas acontecendo fora da empresa. Em seu diário pessoal, Graham comentava eventos de toda esta ampla variedade.

A cada item da lista, reflita se você precisa agir imediatamente ou ficar atento a sinais adicionais. Você pode ter ou não informações suficientes com base nas ocorrências de um único dia. Mas anote qualquer coisa que queira observar. Mantenha-a em sua agenda de gestão.

A meta da lista de verificação é a *gestão voltada para o progresso significativo*, porque este é seu verdadeiro trabalho na organização. Isso pode exigir uma considerável mudança de mentalidade. Escolas de administração, livros de negócios e os próprios administradores geralmente conceitualizam administração como *gestão de organizações* ou *gestão de empresas*. Mas se você se concentrar no trabalho significativo, a gestão de pessoas e da organização inteira se tornará bem mais factível. Você não terá que inventar um meio de fazer um raio X da vida interior no trabalho de seus subordinados porque, se lhes facilitar o progresso regular em trabalho significativo, se tornar esse progresso visível para eles e tratá-los bem como pessoas, eles vivenciarão as percepções, emoções e motivações necessárias para um excelente desempenho. E esse desempenho aprimorado contribuirá muito para o sucesso organizacional. Além disso, eles também se sentirão entusiasmados com o trabalho.

Você poderá se surpreender com os benefícios da lista de verificação. Completá-la ao final de cada dia o direcionará para os elementos fundamentais ao apoio da vida interior no trabalho: o princípio do progresso, o fator catalisador e o fator de nutrição. A lista o ajudará a se concentrar apenas no evento mais relevante do dia, o fato mais recente ou em seu sentimento global a respeito.[5] Também libertará sua mente de ter que se preocupar com a vida interior no trabalho durante o dia inteiro, de modo que você poderá se entregar às suas atividades. Mais importante, assegurará que os triunfos e dificuldades de seus subordinados não passem despercebidos pela tela de seu radar.

Ironicamente, um foco microscópico desse tipo sobre o que está acontecendo todo dia é a melhor maneira de criar um clima disseminado de comunicação livre, de boa coordenação e de verdadeira consideração pelas pessoas e por suas ideias. É o acumulo de eventos semelhantes no dia a dia que cria o clima. Se você é um administrador, os eventos provocados por você são especialmente potentes. Eles impõem o tom e servem de modelo para todos aqueles que os recebem. Com um evento de cada vez, você molda o clima no qual seu pessoal se baseará.

Como apoiar círculos virtuosos e interromper círculos viciosos

Concentrar-se na vida interior no trabalho por um dia de cada vez mantém você vigilante. Mas as pessoas compreendem os eventos de cada dia comparando-os com a história pregressa dos dias que o precederam. Um foco míope em um período de tempo estreito pode deixá-lo cego para o quadro mais amplo do que está realmente acontecendo na vida interior no trabalho e no progresso. Como ambos exercem influência mútua um sobre o outro, o ideal é manter ciclos positivos de progresso – círculos virtuosos – por tanto tempo quanto for possível, abortando os negativos – círculos viciosos – o mais rápido possível. Esses padrões com frequência são difíceis de identificar a menos que você esteja sempre olhando para as coisas certas no correr do tempo. De fato, poderíamos nunca ter descoberto o princípio do progresso se não estivéssemos cuidadosamente analisando as descrições de eventos cotidianos. Foi ao nos concentrarmos no dia a dia e depois nos afastarmos para procurar padrões, que se revelou o que estava realmente acontecendo com as equipes que estudávamos.

Dar apoio a círculos virtuosos exige que primeiro saibamos reconhecê-los. Quando sua revisão particular do final do dia indicar uma série com mais eventos de progresso do que reveses, e nenhum grande sinal de vida interior no trabalho negativa, são boas as chances de que sua equipe esteja em um ciclo virtuoso. Se o grupo for afortunado o suficiente para estar vivendo um círculos virtuoso, é importante manter-se alerta para eventos negativos – especialmente pequenos problemas – que podem azedar a vida interior no trabalho ou interromper o progresso. O passo mais fundamental é estar alerta para lidar com eventos que sejam, de fato, reveses. Foi o que Graham fez, agindo decididamente ao enfrentar a crise criada pela reclamação do cliente, sem atribuir culpa a ninguém nem fazer melodrama. Outros excelentes líderes enfrentavam problemas com uma equanimidade semelhante.

A Vision, da O'Reilly Coated Materials, foi uma das melhores equipes de nosso estudo. Seus membros viveram muitos ciclos virtuosos de progresso e na vida interior no trabalho. Mas nem todos os seus dias foram de céu de brigadeiro – pelo contrário. Como se empenhavam em um trabalho técnico extremamente complexo, Dave e seus três companheiros enfrentaram muitos reveses. Embora fossem todos cientistas e técnicos que compreendiam as vicissitudes da experimentação, cada revés foi um desapontamento – um choque negativo para a vida interior no trabalho de cada integrante da equipe.

Dave foi um mestre em ajudá-los a lidar com os choques. Sem fanfarra nem pânico, ele consistentemente tratou tais eventos como ocorrências normais do projeto e deixou claro que cada um deles era uma oportunidade de aprendizado. Vocês se lembram que Tim, o engenheiro de pesquisa sênior, cometeu um erro ao fazer uma série de testes experimentais? Quando Tim lhe contou, Dave reagiu com calma e de maneira razoável, dizendo: "Não tem problema, desde que você saiba o que fez."

Lembrem-se dessas palavras. É assim que um gestor cria um clima de segurança psicológica – ao se concentrar no trabalho e no que pode ser aprendido com ele, em vez de ficar censurando os subordinados por seus erros. De maneira mais global, é assim que um gestor pode apoiar ciclos virtuosos de progresso e vida interior no trabalho diante dos inevitáveis reveses que ocorrem em qualquer projeto complexo. Comparem isto ao clima de atribuição de culpa e temor que imperava na Karpenter Corporation. Como um integrante da equipe Domain, da Karpenter, disse: "Por aqui, não encontrar uma solução é visto como falta de competência!"

Isso ressalta um fato importante. Por sua própria natureza, trabalho significativo é árduo; com frequência, as pessoas obtêm a maior satisfação ao superar os desafios mais difíceis. É inevitável sofrer alguns fracassos no caminho para a inovação. Embora você deva tentar minimizar os obstáculos e reveses sob seu controle, nunca poderá criar uma bolha livre de problemas para seu pessoal. Você não poderá nutrir a vida interior no trabalho se levar a si mesmo e sua equipe à loucura, tentando evitar todos os problemas. Em vez disso, concentre-se em fornecer a seus subordinados os catalisadores e nutridores de que precisam para superar os obstáculos que inevitavelmente enfrentarão. Como disse certa ocasião o lendário industrial Henry Ford: "O fracasso é apenas a oportunidade de começar de novo de maneira mais inteligente."

Reverter uma situação ruim é sempre mais difícil do que manter uma boa em andamento. Mas é possível. Mesmo os altos executivos desatentos da DreamSuite Hotels conseguiram, numa oportunidade, deter o ciclo vicioso de vida interior no trabalho negativa e reveses da Infosuite – ainda que apenas temporariamente e não intencionalmente. Os membros daquele grupo caíram em ciclos negativos repetidas vezes, lidando com uma empresa mãe que era ora negligente ora desdenhosa, ou hostil e exigente. Durante a reaquisição da unidade da Infosuite e as demissões que se seguiram, a administração da DreamSuite tratou a equipe como uma mercadoria descartável.

Mas então veio a semana áurea do projeto Grande Coisa, durante a qual a direção, desesperada em evitar perder 145 milhões de dólares, se desdobrou em atenções para com a equipe. Durante aqueles oito dias, à medida que os integrantes da Infosuite trabalhavam quase 24 horas por dia no projeto, a diretoria os liberou de outras obrigações, manifestou seu apreço pelo trabalho e ofereceu encorajamento constante, sob a forma de palavras amistosas, água mineral e comida.

Naqueles dias, a vida interior no trabalho da Infosuite atingiu um pico e o desempenho superou as expectativas. O ciclo vicioso havia sido interrompido. Imaginem os ciclos virtuosos que se seguiriam se a diretoria não tivesse retornado ao hábito de ignorar a equipe e suas necessidades.

Como líderes locais podem criar um oásis

Mesmo em um ambiente de trabalho hostil como o da DreamSuite, um gerente hábil, de nível baixo na hierarquia, pode por vezes interromper um ciclo vicioso de vida interior no trabalho negativa e reveses. Ruth, uma das líderes da Infosuite, foi uma gestora desse tipo. Com efeito, ela criou um oásis de apoio em um clima organizacional árido e inóspito. Não apenas os altos executivos da DreamSuite desrespeitavam e desvalorizavam o grupo, mas seus chefes de departamento – que eram os clientes internos da Infosuite – raramente se davam ao trabalho de esclarecer pedidos ou reconhecer o bom trabalho. Incansavelmente, Ruth lutou contra esta maré medonha, e de maneira geral teve sucesso em salvar a vida interior no trabalho dos integrantes de sua equipe.

O segredo de seu sucesso foi o clima solidário que ela havia criado com o grupo ao lidar com reveses banais, *antes* que os eventos organizacionais começassem a se acumular. Por exemplo, logo no início de nosso estudo, a engenheira de programação, Helen, lutava com um arquivo de dados indecifrável do departamento de marketing da DreamSuite. Embora os administradores do departamento precisassem das análises com urgência, não retornaram os telefonemas de Helen pedindo esclarecimentos. Sem conseguir ler os dados, Helen se viu completamente bloqueada em suas tentativas de avançar na tarefa. No dia seguinte, assim que Ruth soube de suas dificuldades, imediatamente encontrou alguém da equipe de TI que pudesse ajudar.

> Consegui localizar uma pessoa com recursos necessários no escritório de TI que possibilitou a leitura do arquivo fornecido pelo departamento de marketing (...) Isso foi animador porque Helen lutara com o arquivo há duas semanas (Ruth, 12/2)

A atuação de Ruth não apenas permitiu a Helen concluir rapidamente a missão, mas também estimulou a vida interior no trabalho *da própria* Ruth.[6] Não é incomum que esses efeitos positivos se reflitam no gerente.[7]

Como vocês viram no Capítulo 7, desde o início, Ruth forneceu muitos nutridores aos membros da equipe Infosuite. De maneira mais notável, ela encorajou seus esforços e ofereceu reconhecimento e apreço quando eles tiveram sucesso. Em certa ocasião, ela de fato abraçou a engenheira de programa Marsha, que havia feito um progresso extraordinário.

> Hoje, incluí na produção dois pedidos de nossos usuários da DreamSuite. Consegui concluir ambos os pedidos em muito menos tempo do que havia sido previsto, de modo que lhes economizei dinheiro. Minha gerente de projetos (Ruth) ficou tão contente que me abraçou. Fico contente quando ela está contente! (...) Eu me sinto feliz com relação a todo o trabalho que completei hoje. (Marsha, 18/2)

Vocês podem imaginar quão extraordinariamente positiva foi a vida interior no trabalho de Marsha naquele dia. Embora o gesto físico de Ruth fosse incomum, sua demonstração pública de entusiasmo por um bom desempenho não era.

Através dos pequenos gestos de boa gestão de Ruth, as pessoas na Infosuite adquiriram confiança de que podiam contar com seu o apoio, mesmo depois que as demissões da DreamSuite tiveram início, algumas semanas depois que começamos nosso estudo. No dia em que quase 40 gerentes de projetos perderam o emprego, as emoções de Marsha entraram em parafuso. No dia seguinte a essa agressão à vida interior no trabalho, Ruth conseguiu recuperar a compostura e a dedicação de Marsha com um pequeno gesto de compreensão emocional.[8]

> Hoje de manhã, minha gerente de projetos veio até aqui, se sentou a meu lado e me perguntou se eu estava bem depois das demissões ocorridas ontem. Achei que foi realmente muito legal da parte dela. Todos nós tivemos um dia muito difícil ontem, mas me sinto melhor hoje. Dentro de 45 dias, todos nós saberemos qual será nosso destino e então poderemos cuidar da nossa vida de uma maneira ou de outra. O resultado de tudo isso está realmente fora de nosso controle. Estou tentando me concentrar no que *está* sob meu controle, ao fazer meu trabalho. (Marsha, 21/5)

Em grande parte graças à abordagem de gerenciamento de Ruth a partir do momento em que assumiu a liderança da Infosuite, Marsha e seus colegas conseguiram de fato se concentrar no trabalho. Menos de uma semana mais tarde, eles mergulhariam no projeto Grande Coisa. O trabalho braçal de Ruth em criar uma base sólida com a equipe rendeu belos frutos. Em sua constante consciência das dificuldades e façanhas dos subordinados, e sua provisão consistente e diária de catalisadores e nutridores, Ruth serve como paradigma para qualquer gerente que queira rapidamente interromper ciclos viciosos de reveses e de vida interior no trabalho negativa.

Altos administradores têm que assumir responsabilidade

Se você é um administrador de alto escalão, não permita que a história da Infosuite o engane. Repetidas vezes, Ruth conseguiu salvar a vida interior no trabalho de sua equipe, o que não significa que os executivos da DreamSuite não tenham pagado nada por seu comportamento com relação à equipe. O fluxo regular de choques ao organismo da vida interior no trabalho dos membros da Infosuite – choques que tinham origem na alta administração – interrompeu em seguida o progresso de curto prazo do grupo. E seus efeitos a longo prazo foram ainda mais corrosivos. Um ano depois de nossa pesquisa, exausta por sua batalha constante para neutralizar o fluxo de eventos negativos impostos à equipe, Ruth aceitou outra proposta de emprego. Muitos elementos-chave da equipe saíram da empresa com ela. A DreamSuite perdeu quadros e expertise de valor inestimável.

Sim, líderes de setor podem criar um oásis temporário para uma equipe, um departamento, talvez até uma unidade estratégica de negócios inteira. Mas isso não exime os altos executivos da responsabilidade de criar um clima organizacional positivo para os subordinados e suas ideias. É um desperdício de talento e de energia que líderes de setores arquem sozinhos com a responsabilidade de sustentar a vida interior no trabalho de seu pessoal. E eles não podem fazê-lo eternamente. Como os eventos negativos têm impacto mais forte do que os positivos, o clima organizacional hostil acabará por imperar no final.

O progresso vive no cotidiano, não apenas nos relatórios trimestrais ou em pontos de verificação importantes. E construir um ótimo clima organizacional acontece em palavras e ações do cotidiano e não por uma série de grandes iniciativas únicas. Os gestores não podem deixar de influenciar a vida interior no trabalho de seus subordinados; a única questão é como. É por isso que, se você é um gestor, o exame do progresso de seu pessoal deve se tornar uma disciplina diária. É assim que você dá atenção e importância às pequenas coisas que podem ter efeitos ampliados na vida interior no trabalho.

Qualquer que seja seu nível na organização, mesmo se liderar apenas o trabalho como um bom colega, você tem alguma responsabilidade pela vida interior no trabalho das pessoas que o rodeiam. Você pode criar catalisadores e nutridores; pode reduzir inibidores e toxinas. Pode contribuir mais para o clima e o sucesso de sua organização se verificar todas essas coisas no final do dia. Mas quer você seja integrante de equipe ou chefe executivo da empresa, há mais uma coisa a observar e controlar. No último capítulo, mostraremos como.

9

Como cuidar de sua própria vida interior no trabalho

Ao longo deste livro, nos concentramos em como os eventos do dia afetam a vida interior no trabalho. Agora, você já conhece o papel que ela tem no desempenho e o impacto que eventos específicos podem exercer sobre ela. Também sabe que esses princípios se aplicam a todos os funcionários numa organização, porque todo mundo tem uma vida interior no trabalho. O que inclui você. Se você é um administrador ou um gerente, tem que cuidar da vida interior no trabalho de seus subordinados ao lhes dar apoio e aos progressos que fazem todos os dias. Mas não se esqueça de si mesmo. Administradores e gerentes têm melhor desempenho quando sua própria vida interior no trabalho está positiva e forte.

Anne Mulcahy, que comandou a Xerox de 2000 a 2009, compreendia a importância de cuidar da vida interior no trabalho – não só a de seus 50 mil funcionários, mas também a dela. Mulcahy foi uma das mais bem-sucedidas diretoras executivas da história. Tendo começado sua carreira na Xerox como representante de vendas, em 1976, e subido na hierarquia da empresa até comandar sua própria divisão, Mulcahy – e todos do mundo de negócios – ficaram surpresos quando ela foi convidada a assumir o cargo de executiva chefe. Na época, a Xerox vivia uma situação lamentável. A empresa havia muito tempo vinha perdendo lucratividade e mercado em quase todos as suas áreas de negócios, e acabara de perder 253 milhões de dólares em um trimestre; tinha uma dívida de 18 bilhões e mais nenhum crédito; suas debêntures haviam acabado de ser rebaixadas; estava sob investigação da SEC; e o preço de suas ações caíra de 68,00 dólares em 1999, para 6,88 dólares em outubro de 2000. Numa reunião, em 23 de outubro de 2000, consultores externos haviam aconselhado que entrasse com uma declaração de falência.

Mulcahy recusou. Sua razão principal? O efeito devastador que um pedido de falência teria sobre os funcionários da Xerox.

Eu disse: "Vocês não compreendem. Vocês não compreendem o que é ser um empregado desta empresa. Lutar e sair vencedor. Uma declaração de falência nunca é uma vitória. Sabem de uma coisa? Não recorrer a isso a menos que chegue o momento em que não haja outra decisão possível. Ainda temos muitas cartas para jogar." Fiquei furiosa com o fato de que qualquer pessoa que pudesse compreender a paixão e o ímpeto necessários para vencer não compreendesse o impacto que uma declaração de falência de uma empresa fosse ter sobre seus funcionários. Falei: "O que temos a nosso favor é que nosso pessoal acredita que estamos numa guerra que podemos vencer."[1]

Mulcahy estava certa. Sua convicção de que a motivação dos funcionários se esvaziaria sob a declaração de falência, e que só sua paixão contínua poderia trazer a empresa de volta a um bom desempenho, sustentou a Xerox ao longo de quatro anos de árdua luta até alcançar um inegável sucesso.

Ao mesmo tempo que se mantinha atenta à vida interior no trabalho dos funcionários da Xerox, Mulcahy se manteve atenta à sua própria vida interior. Ao final de cada dia, ela examinava os eventos e o que tinha feito. Por mais difíceis e decepcionantes que esses eventos tivessem sido, por menores que pudessem ter sido seus êxitos, ela ficava contente se pudesse se concentrar no que *havia conseguido* realizar. Com a certeza de que tinha dado o melhor de si para fazer a Xerox avançar, ela podia enfrentar o dia seguinte com vigor:

> Mesmo durante os piores períodos, consigo dormir e me levantar no dia seguinte para começar de novo (...) Tenho um hábito que repito toda noite antes de dormir. Se você passa em revista o dia e não consegue encontrar nada que teria feito diferente, então a única coisa de que você precisa é estar em paz e se levantar no dia seguinte.[2]

Quer você seja um diretor executivo ou gerente de um pequeno grupo, seria bom se seguisse o exemplo de Anne Mulcahy. As responsabilidades de gerenciamento podem ter um custo especial sobre as percepções, emoções e motivações do dia a dia. Vimos isso repetidas vezes quando analisamos os diários de líderes de equipe.[3] A maioria dos gerentes é ao mesmo tempo superior e subordinado, espremidos num sanduíche entre aquelas que se reportam a eles e os chefes a quem eles se reportam. (Mesmo um executivo chefe geralmente responde a um conselho de diretores.) Em nosso estudo, os líderes de equipe estavam nessa posição. Responsáveis pelo comando e pela gestão de uma equipe e seu projeto, com frequência eles tinham pouco mais poder formal que seus subordinados. Contudo, esperava-se que eles satisfizessem as exigências da diretoria, as necessidades de informação, ajuda e recursos da equipe e que defendessem o trabalho do grupo para o resto da organização e para os clientes.

O dilema em ser pressionado de todos os lados é quase palpável na história de Michael, o gerente da cadeia de suprimentos da Domain, da Karpenter Corporation. O fornecedor contratado da equipe havia executado mal um pedido, ameaçando atrasar a entrega da encomenda urgente de um cliente importante dos Esfregões Spray Jet. No dia 2 de agosto, Michael escreveu: "(...) teremos que ligar para nosso cliente número 2 e avisá-lo de que não cumpriremos o prazo de entrega a tempo para que possam aproveitar a campanha publicitária que farão para os esfregões." Apenas quatro dias mais tarde a situação se repetiu. A diretoria da Karpenter caiu em cima de Michael – e ele caiu em cima da equipe:

> A saga (...) continua (...) com o fornecedor contratado dizendo que está com falta de caixotes. Na sexta-feira, gastamos 28 mil dólares em transporte aéreo para enviar 1.500 esfregões de 30 dólares para nosso cliente número 2. Ainda faltam 2.800 unidades dessa encomenda e há uma boa probabilidade de que eles também ganhem asas. [Eu] me transformei do simpático Gerente de Cadeia de Suprimentos no carrasco de capuz negro. Qualquer semelhança de civilidade desapareceu, estamos contra a parede, fugir não é possível, de modo que só resta lutar. Os VPs voam em círculo sobre meu corpo à procura de um bom ponto de ataque. Eles querem um sacrifício. (Michael, 9/8)

Em todos os aspectos, a dinâmica da vida interior no trabalho dos líderes de nossas equipes espelhava as dos indivíduos que trabalhavam para eles. Como acontece com os membros dos grupos, o evento individual que mais deflagrava uma experiência de vida interior no trabalho positiva era o progresso. Mas havia uma distinção interessante: o progresso com mais frequência era dos *subordinados* – da equipe – e não do líder sozinho.

A lição? Para estimular sua vida interior no trabalho como gerente, certifique-se de fornecer para seu pessoal os catalisadores e os nutridores de que eles precisam para fazer progresso todos os dias, e proteja-os de inibidores e toxinas tanto quanto possível. Desse modo, você progredirá em seu trabalho de gestão, criando seu próprio ciclo de progresso positivo.

Costumamos ouvir gerentes de baixo ou médio nível hierárquico dizerem que seu papel administrativo é perda de tempo, que os afastam de seu "verdadeiro" trabalho – engenharia, marketing, desenvolvimento de produto e assim por diante. É possível que você também se sinta assim. Esperamos poder mudar sua perspectiva. Você pode *encontrar significado na gestão administrativa e ampliar sua vida interior no trabalho* se abraçar este papel que é de importância crítica. A maior parte do trabalho contemporâneo se torna impossível sem o apoio de uma gestão forte e hábil. Se puder oferecer este apoio a sua missão pessoal, você contribuirá muito com sua empresa e com os clientes a que ela atende. E como o bom apoio do gerente faz uma diferença mensurável nas percepções, emoções e motivações de seus subordinados, você também melhorará a vida interior no trabalho deles.

Ao mesmo tempo, você pode tomar providências adicionais para dar apoio à sua própria vida interior no trabalho. Considere a prática diária de Anne Mulcahy – semelhante à lista de verificação que recomendamos no capítulo anterior – e avalie como isso poderia ajudá-lo a manter-se entusiasmado com seu trabalho (ver "Escrever um diário para o bem-estar"). Quer você seja ou não um gestor, um exame regular dos eventos de seu dia podem ajudá-lo a melhorar a vida interior no trabalho (ou a melhorar uma vida interior no trabalho ruim) para si mesmo e para seus colegas. Não leva mais do que cinco minutos no final de seu dia. E os benefícios podem ser consideráveis.

Os participantes de nossa pesquisa nos ensinaram o valor de passar em revista os eventos do dia de trabalho. Ao final de nosso estudo, perguntamos se de alguma forma ter participado da pesquisa os havia afetado. Uma grande parte disse que havia aprendido algo com o estudo. A maioria relatou que havia se descoberto, adquirindo *insights* ao escrever sobre o "evento do dia"; de fato, com frequência isso foi o que os incentivou a enviar seus diários eletrônicos, dia após dia. Muita gente disse que tinha tido experiências "Aha" enquanto lia o conjunto de suas narrativas, organizadas cronologicamente, que enviamos privadamente a cada participante alguns dias depois de o estudo ter acabado. De maneira global, embora alguns relatassem ter aprendido algo sobre a equipe e a organização, o autoconhecimento foi a forma de *insight* individual mais frequente.[4]

Que autoconhecimento específico eles adquiriram? Alguns nos disseram que pensar a respeito dos acontecimentos e escrever sobre eles no final do

MATERIAL PARA REFLEXÃO

ESCREVER UM DIÁRIO PARA O BEM-ESTAR

Se você já manteve um diário ou mesmo uma lista cotidiana dos principais eventos de cada dia, pode já ter vivenciado alguns dos poderosos efeitos criados por esse hábito. Ao longo dos últimos quinze anos, psicólogos descobriram que pessoas em muitas situações diferentes podem se beneficiar ao escrever regularmente sobre os eventos em suas vidas.[a] No final de um experimento, quem escrevia brevemente sobre a concepção imaginada de seu "melhor eu possível" ao longo de dias seguidos relatou níveis mais altos de bem-estar do que quem não escreveu.[b] Outros experimentos revelaram que escrever sobre eventos traumáticos ou estressantes resulta em um sistema imunológico mais forte e maior saúde física, melhor adaptação à universidade, maior sensação de bem-estar e capacidade de encontrar emprego mais rapidamente depois de ser demitido.[c]

Cientes de que a saúde física pode reduzir o estresse e melhorar o desempenho, muitos administradores corporativos oferecem centros de ginástica e aulas de ioga. A presente pesquisa sugere um acréscimo intrigante: talvez a vida interior no trabalho e o desempenho dos funcionários também possam se beneficiar com seminários sobre a prática de escrever diários.

a. James Pennebaker, psicólogo da Universidade do Texas, é pioneiro na pesquisa dos benefícios da escrita expressiva (e.g. J. W. Pennebaker e S. Beall, "Confronting a Traumatic Event: Toward an Understanding of Inhibition and Disease", *Journal of Abnormal Psychology* 95 (1986): 274-281).

b. L. A. King, "The Health Benefits of Writing About Life Goals", *Personality and Social Psichology Bulletin* 27 (2001): 798-807.

c. Esta pesquisa é examinada em J. M. Smyth, "Written Emotional Expression: Effect Sizes, Outcome Types, and Moderating Variables", *Journal of Consulting and Clinical Psychology* 66 (1998): 174-184.

---

dia os ajudou a rastrear continuamente seus êxitos, fracassos e contribuições para o projeto. Outros relataram maior atenção a suas próprias metas e *insights* sobre como poderiam alcançá-las. E houve também os que disseram ter ficado mais conscientes do que estava realmente acontecendo no trabalho e por quê. Quando eventos ambíguos e inesperados ocorrem durante o dia, a mente das pessoas tenta dar-lhes sentido de um modo geralmente inconsciente e implícito. Escrever um diário pode tornar este processo explícito, permitindo uma reflexão mais útil.

Os participantes também adquiriram *insights* sobre o modo como afetavam seus colegas e o desempenho global da equipe; ideias sobre dificuldades interpessoais e como melhorá-las no trabalho; *insights* sobre como seu trabalho era afetado por vários eventos e informações sobre seus próprios estilos e forças. Ocasionalmente, um participante espontaneamente relatava uma mudança de comportamento baseada nesses *insights*. Por exemplo, o que um deles escreveu numa pesquisa de acompanhamento: "Vi que meus comentários pareciam refletir um tom pessimista, que em retrospecto, pode ter sido injustificado. Agora tento abordar projetos com uma postura mais otimista."

Diretrizes para sua revisão diária

Podemos oferecer alguma orientação para você rever seu evento do dia com base em informações do nosso estudo e nas descobertas que relatamos no presente livro (para facilitar a consulta, "Diretrizes para seu diário" resume essas dicas). Se o dia tiver sido bom de maneira global, pense em por quê, e aproveite tudo de positivo que isso proporciona. Deleite-se com o sentido de realização e êxito, com o progresso que você ou sua equipe fizeram. Se o dia tiver sido ruim, não o relegue a uma lata de lixo mental. Por pior que o dia lhe pareça intuitivamente, dedique alguns minutos a recordar *qualquer* progresso que você ou sua equipe tenham feito. Na maior parte dos dias, você conseguirá encontrar algo e poderá se surpreender com o que realmente foi feito. Além disso, se o dia foi marcado por reveses, reflita sobre o que os causou. Se eles ocorreram apenas devido à complexidade técnica do trabalho, tente canalizar sua frustração para um plano de ação para lidar com o problema. Aprecie os aspectos positivos de ter um trabalho realmente desafiador – em vez de ter que enfrentar uma atividade tediosa. Reflita sobre o que você pode aprender com um revés e tente encarar essas lições como um progresso valioso.

Nossa orientação inclui refletir se você está contribuindo positivamente para o progresso e a vida interior no trabalho de seus colegas, e como pode fazê-lo da maneira mais eficaz. O objetivo disso não é apenas "ser bonzinho". Todo mundo contribui para um clima de comunicação, coordenação e consideração em uma organização. Como indivíduo, você se beneficiará de um clima que facilite o trabalho e respeite a dignidade de todo o mundo.

Com o passar do tempo, modifique a forma e o formato das perguntas da maneira que for mais útil para você. Você, por exemplo, poderá querer dar uma avaliação numérica a cada dia com relação a certos aspectos da vida interior no trabalho e criar gráficos semanais ou mensais dos padrões obtidos. Existem vários programas de computador para diários, alguns com escalas numéricas para qualificação, que podem ser customizadas. Outros incluem até lembretes diários. Qualquer que seja a forma que você escolher para o seu diário, o importante é fazer nele registros regularmente. Só então você se dará conta dos benefícios.

Ao final de cada mês, pergunte a si mesmo: há tendências que possa perceber neste diário? Quais são as implicações? À medida que você passar em revista as tendências reveladas com o tempo, é possível que não goste do que

---

DICAS PARA TODOS

DIRETRIZES PARA SEU DIÁRIO

Como ponto de partida para seu diário, sugerimos que tente responder às seguintes perguntas ao final de cada dia:

- No dia de hoje, que evento sobressai em minha mente e como ele afetou minha vida interior no trabalho?

- Que progresso fiz hoje e como ele afetou minha vida interior de trabalho?

- Que fatores de nutrição e catalisadores deram apoio a mim e ao meu trabalho hoje? Como posso dar-lhes suporte amanhã?

- Que coisa individualmente posso fazer para progredir em meu trabalho importante amanhã?

- Que reveses sofri hoje e como eles afetaram minha vida interior de trabalho? O que posso aprender com eles?

- Que toxinas e inibidores tiveram impacto sobre mim e sobre meu trabalho hoje? Como posso enfraquecê-los ou evitá-los amanhã?

- Influenciei positivamente a vida interior no trabalho de meus colegas hoje? Como posso fazê-lo amanhã?

encontrar. Se, cada vez mais, houver mais dias ruins do que dias bons, tente compreender quais são as principais causas para isso. Se elas estiverem no âmbito de seu controle, desenvolva um plano de ação – e então execute-o. Talvez você precise conversar com seus colegas, seu chefe ou com o diretor de recursos humanos. Talvez você precise mudar a maneira como aborda o trabalho ou interage com seus colegas de equipe. Talvez, se todos os outros esforços falharem, você precise de uma nova missão, uma equipe diferente, um cargo diferente na organização, ou de um novo empregador.

Passar em revista os principais eventos de cada dia, mesmo que leve apenas cinco minutos, exige disciplina. Para se certificar de que você aderirá a essa disciplina, manter um diário de verdade – de papel ou eletrônico – pode ajudar. Apenas certifique-se de se concentrar nos eventos concretos do dia e não em sua vida interior no trabalho. O diário o ajudará a ver coisas que de outro modo poderiam passar despercebidas, facilitará seu planejamento de ações e lhe dará maior domínio sobre os eventos do dia seguinte. Se for bem feito, o ajudará a se tornar um administrador melhor, um gerente melhor, um contribuidor mais valioso para sua organização, um profissional mais competente.

Como sabemos disso? Os homens e mulheres maravilhosos que participaram de nossa pesquisa nos disseram. Quando chegou a hora de encerrarmos o estudo de suas equipes, muitos deles manifestaram gratidão. De início, ficamos surpreendidos. Gratidão? A nós? Por pedir (e de vez em quando insistir) a eles para que preenchessem nosso formulário, todos os dias, por muitas semanas ou às vezes muitos meses? Sim. Alguns deles nos disseram que, apesar de ser uma chateação ter que preencher o formulário e escrever a narrativa diária, estavam satisfeitos por tê-lo feito.

Aqui vão alguns exemplos de seus comentários:

Achei valioso responder aos questionários, especialmente quando fui disciplinado o bastante para fazê-lo no final do dia, quando tudo ainda estava fresco em minha memória. Aquilo me ajudou a refletir sobre meu dia, meus êxitos, o trabalho da equipe e sobre como eu me sentia de maneira geral. Quando você está trabalhando num ritmo desenfreado, ter tempo para refletir é coisa rara, mas realmente traz benefícios. Mais uma vez, muito obrigado a todos vocês.

Foi uma trabalheira responder (a estes questionários diários), mas em muitos sentidos eles me deram uma chance de refletir sobre o dia e suas atividades. Assim, pude ajustar minhas ações e direcioná-las de modo a tornar a equipe um lugar melhor para trabalhar. Vou sentir falta dessa parte (...). Obrigado a todos vocês por manterem isso do lado positivo.

Um líder de equipe nos emocionou com seu último registro. Depois de ter respondido ao questionário diariamente, durante sete meses, ele disse:

Lamento que esteja chegando ao fim. Isso me obrigou a parar e a refletir sobre os eventos do dia. O ritual diário foi muito útil ao me deixar mais consciente de como eu devia estar motivando e interagindo com a equipe. Mais uma vez, muito obrigado pela ajuda que me deram para que eu me tornasse uma pessoa melhor.

Somos *nós* que estamos gratos pelas descobertas que estes diários tornaram possíveis. Quando conversamos com Graham no final de nossa oficina com a equipe NewPoly, ele nos disse que encontrava significado em seu trabalho ao ajudar os colegas a avançarem e ao dividir com eles a alegria de ver o projeto obter sucesso. Graham afirmou que, para ele, isso era o que realmente significava gerenciar. Depois de termos adquirido os *insights* que dividimos com vocês sobre a vida interior no trabalho neste livro, não poderíamos estar mais de acordo.

Acreditamos que, se a gestão de empresas quiser ter um significado duradouro, ela deve melhorar a vida das pessoas. O caminho óbvio para atingir esta meta é assegurar que as organizações ofereçam produtos e serviços de alta qualidade a seus clientes. Mas de igual importância, os gestores devem enriquecer a vida dos funcionários da empresa – ao lhes permitir ter sucesso em um trabalho que tenha valor real para seus clientes, para a comunidade e para eles próprios.

APÊNDICE

Sobre a pesquisa

Neste apêndice, descreveremos o programa de pesquisa que fundamentou este livro. Evitando detalhes técnicos excessivos, descreveremos as empresas, as equipes e os indivíduos que participaram em nossa pesquisa diária; como lhes disfarçamos a identidade para proteger a confidencialidade; que dados coletamos e como os coletamos; quais as principais abordagens analíticas que aplicamos a esses dados; e os principais estudos que servem como base às principais conclusões do livro.[1]

Propósito, participantes e disfarces para manter a confidencialidade

Nosso propósito inicial era compreender o papel da vida interior no trabalho nas organizações: o que a influencia e como ela influencia o desempenho. Para fazer isso de forma realista e rigorosa, decidimos estudar as pessoas enquanto elas trabalhavam em tempo real, no interior das empresas – em vez de fazê-lo em retrospecto, como tantos pesquisadores haviam feito anteriormente. Ao analisar um grande número de funcionários em diferentes equipes, pudemos determinar como os eventos do dia a dia afetam a vida interior no trabalho e como ela afeta o desempenho.[2]

Queríamos que nossos resultados fossem tão gerais quanto fosse possível, de modo que, ajudados por um pequeno grupo de amigos e colegas do mundo dos negócios e da academia, conseguimos recrutar participantes de várias equipes, em diferentes empresas de diferentes ramos da indústria, de uma variedade de pequenas a grandes empresas, novas e já antigas.[3] Cerca de metade das empresas que procuramos concordaram em permitir que tentássemos recrutar equipes que se encaixassem em nossos critérios: em que todos, ou quase todos os integrantes dedicassem a maior parte de seu tempo a projetos da equipe, cujos integrantes trabalhassem independentemente, e nas quais uma parte significativa das tarefas exigisse criatividade – ideias, produtos ou processos novos e úteis. A tabela A-1 apresenta os dados das sete empresas participantes.[4]

TABELA A-1

Empresas participantes

Dados da ocasião em que a participação da empresa teve início

Pseudônimo	Ramo	Idade da empresa no início do estudo[a]	Receita anual[b]	Número de funcionários[c]	Número de equipes participantes
HotelData JV, Inc.[d]	Alta tecnologia	Jovem	Pequena	Médio	1
VH Networks	Alta tecnologia	Jovem	Pequena	Médio	4
Edgell Imaging Inc.	Alta tecnologia	Média	Pequena	Pequeno	4
Karpenter Corporation	Bens de consumo	Velha	Média	Grande	4
Lapelle	Bens de consumo	Média	Grande	Médio	4
O'Reilly Coated Materials	Química	Velha	Média	Grande	4
Kruger-Bern Chemicals	Química	Velha	Grande	Grande	5

Notas:

a. Idade da empresa no início do estudo: jovem = 18 meses; média = 10-45 anos; velha = 65-85 anos.
b. Receita anual: pequena = menos de 500 milhões; média = de 2 a 4 bilhões; grande = de 15 a 25 bilhões.
c. Número de funcionários: pequeno = menos de 1.000; médio = de 2.000 a 6.000; grande = de 13.000 a 45.000.
d. Subsidiária da DreamSuite Hotels.

Tendo em vista explorar a vida interior no trabalho em toda a sua complexidade, bem como os eventos que a poderiam estar influenciando, sabíamos que todos os participantes teriam que se sentir à vontade para ser completamente honestos no formulário cotidiano diário (o *questionário* diário). Isso significava que todos teriam que participar voluntariamente e que nós teríamos que prometer confidencialidade. Em nossa reunião de recrutamento com possíveis equipes participantes, lhes dissemos que o estudo era "concebido para aumentar radicalmente nosso conhecimento sobre como gerentes e equipes poderiam obter mais consistentemente resultados desejados para projetos". Explicamos em que consistiria a participação e dissemos que só poderíamos contar com essa participação se todos ou quase todos os integrantes da equipe concordassem, ressaltando que a decisão teria que ser deles. (Havíamos advertido executivos, diretores e outros superiores a não influenciar a decisão da equipe.)

Também deixamos claro aos integrantes que todas as respostas ao questionário viriam diretamente para nós, em Harvard, e que disfarçaríamos totalmente as informações sobre indivíduos, equipes, projetos e empresas em quaisquer relatos que fizéssemos sobre a pesquisa, inclusive quaisquer livros em que usássemos esses dados. Então, demos alguns dias para refletirem sobre sua participação como grupo. Cerca de metade das equipes que recrutamos decidiram participar. Certificamo-nos de que os indivíduos compreendessem que, a qualquer momento, poderiam confidencialmente se retirar do estudo, sem que seus colegas de equipe soubessem por nosso intermédio. (Um pequeno grupo de participantes de fato se retirou.) Todas as equipes tinham um líder, e cinco delas contavam com dois colíderes. Todos eles participaram. A menos que indicados de outra forma em nossas análises, tratamos os líderes como "participantes", juntamente com os membros das equipes. A tabela A-2 apresenta as informações sobre os grupos participantes.

Nossa amostra final de 238 funcionários consistia de 182 homens (77%) e 56 mulheres. A idade média era de 38,2 anos (o desvio padrão = 10,2 anos), com uma variação de 22 a 68 anos. Em média, no início do estudo, nossos participantes trabalhavam em suas empresas a 7,7 anos (desvio padrão = 8,9 anos), variando de 2 semanas a 36 anos. Todos tinham alto nível de escolaridade; 82% haviam se formado em universidades, e a maioria tinha diploma de pós-graduação. A maior parte das equipes participou de todas, ou quase todas as fases significativas de um projeto individual. As equipes participaram entre 9 e 38 semanas, com uma média de 19 semanas.

TABELA A-2

Equipes participantes

Dados na ocasião em que a participação da equipe teve início

Pseudônimo da empresa	Pseudônimo da equipe	Duração do estudo (semanas)	Tamanho da equipe*	Distribuição por sexo	Faixa de idade (média)
HotelData JV, Inc.	Infosuite	17	9	4H/5M	31-63(41)
VH Networks JV, Inc.	DayRide	9	6	6H	27-32(29)
	Pixel	9	13	11H/2M	23-30(26)
	Hampton	14	8	8H	25-40(30)
	Micro	13	17	12H/4M/1NA	22-40(30)
Edgell Imaging Inc.	Archive	13	5	3H/2M	39-58(46)
	Focus	17	8	7H/1M	32-68(45)
	Value	20	6	5H/1M	31-44(35)
	Booktext	24	5	4H/1M	42-67(48)
Karpenter Corporation	Equip	17	13	9H/4M	27-54(39)
	Domain	17	14	10H/4M	22-55(36)
	Power	17	17	13H/4M	25-61(36)
	Color	17	22	19H/3M	23-49(35)
Lapelle	Mission	13	11	7H/4M	25-45(35)
	Prospect	8	15	10H/5M	28-48(36)
	SPF	16	17	10H/6M/1NA	24-50(40)
	Moisture	16	12	7H/5M	27-53(36)
O'Reilly Coated Mat.	Shield	20	4	3H/1M	23-63(46)
	Vision	30	4	4H	26-38(35)
	Flex	28	5	4H/1M	25-64(43)
	Tent	16	10	9H/1M	26-52(41)

TABELA A-2

Equipes participantes

Dados na ocasião em que a participação da equipe teve início

Pseudônimo da empresa	Pseudônimo da equipe	Duração do estudo (semanas)	Tamanho da equipe*	Distribuição por sexo	Faixa de idade (média)
Kruger-Bern Chemicals	NewPoly	37	5	5H	37-61(51)
	Sealant	20	14	11H/3M	26-58(45)
	Alliance	11	3	2H/1M	44-48(46)
	Coolant	10	7	6H/1M	30-57(42)
	Surface	28	11	11H	41-57(47)

* Este é o número de membros. Em algumas equipes, nem todos os integrantes participaram do estudo. Em média, 92% de cada grupo participaram, variando de 68% a 100%. Em equipes de cinco ou menos integrantes, todo mundo participou.

Ao disfarçar as informações dos participantes neste livro, nossa meta foi proteger a privacidade dos indivíduos, suas equipes e suas empresas, mantendo ao mesmo tempo a precisão dos dados que forneciam. O objetivo em disfarçar empresas foi para que elas não pudessem ser identificadas por ninguém de fora; que uma equipe não fosse identificável para qualquer outro grupo da empresa; e que os colegas de equipe não tivessem nenhuma informação pessoal a respeito uns dos outros a que de outro modo não teriam acesso. O essencial sobre nossos dados, nosso método e nossos achados se mantém inalterado. Para as empresas, mantivemos a classificação geral do ramo de indústria, mas mudamos completamente os produtos, serviços, clientes e localização. Dentro de uma faixa próxima à do valor real, modificamos quaisquer estatísticas identificáveis (idade da empresa, receita, lucratividade, número de prêmios recebidos e dados da força de trabalho).

Quanto aos participantes, não disfarçamos o sexo, responsabilidades do cargo ou informações demográficas (tais como escolaridade, personalidade, estilo cognitivo, número de patentes). Contudo, mudamos todos os nomes, obscurecemos etnicidade ao escolher nomes neutros, tornamos os títulos de seus cargos genéricos e apresentamos suas idades e tempo de serviço ligeiramente modificados com alguns anos a mais ou a menos do que o número real. Quaisquer informações pessoais reveladoras (por exemplo, ter sofrido a morte de um membro da família ou estar grávida) foram disfarçadas. Criamos pseudônimos para nomes de batismo e sobrenomes de gestores que fossem superiores hierárquicos à equipe e usamos pseudônimos de nome de batismo para todos os demais; fizemos isso para permitir que os leitores identificassem facilmente os gestores. Períodos de tempo, de um modo geral, não foram disfarçados, e a colocação das datas foram mantidas, mas todos os demais dados específicos foram disfarçados. Não revelamos os anos exatos em que os dados foram coletados. Podemos revelar, contudo, que nem todas as 26 equipes participaram ao mesmo tempo, e que todos os dados foram coletados ao longo dos 14 anos em que este trabalho foi escrito.

Os dados

Nossos achados são resultado de uma variedade de pesquisas, observações e conversas ao longo do estudo. A mais importante foi um questionário em estilo de diário, enviado por e-mail diariamente a todos os participantes.

O questionário diário

Tão logo uma equipe decidia participar do estudo, a primeira autora deste livro, Teresa Amabile, marcava um encontro para treinar seus integrantes sobre como responder ao *questionário diário*, o formulário que receberiam todos os dias. (No caso de uma das empresas, um pesquisador associado treinado comandou essas reuniões, com Amabile participando por chamada telefônica em conferência.) A parte mais importante desse treinamento se concentrava no nível de detalhe da narrativa do evento diário: fornecer detalhes concretos sobre o que tinha acontecido e quem estava envolvido. Os participantes foram instruídos a descrever um acontecimento que se destacasse para eles naquele dia, independentemente do tipo, desde que fosse relevante para o trabalho ou para o projeto. Amabile respondeu às perguntas, deu-lhes exercícios práticos e forneceu feedback. De modo que tivéssemos opiniões independentes dos eventos do dia, ela lhes pediu que não comentassem as respostas de seus questionários diários com mais ninguém até o estudo estar concluído.

A ideia por trás desses relatórios era ao mesmo tempo rastrear a vida interior no trabalho e o fluxo de eventos na vida profissional diária de nossos participantes de um modo que fosse ao mesmo tempo detalhado e relativamente discreto. Além disso, o questionário nos daria um meio de examinar reações específicas aos eventos relatados – o *sensemaking* (a elaboração de sentido), as reações emocionais e as respostas motivacionais. Também tínhamos como meta rastrear o comportamento de trabalho no dia a dia.[5]

Pediu-se aos participantes que completassem o questionário (que lhes era enviado por e-mail ao meio-dia, de segunda a sexta-feira) no final de cada dia ou logo ao chegar, na manhã do dia seguinte. Embora lhes fosse dada a opção de enviar por correio os questionários diários em papel (por exemplo, se estivessem viajando a trabalho), apenas uma pequena porcentagem foi enviada assim. A maioria foi enviada por e-mail ao final do dia.

No total, os participantes responderam e enviaram 11.637 questionários diários; a taxa de resposta global foi de 75%, com uma variação entre indivíduos de 16% a 100%.[6] Na maioria de nossas análises quantitativas, eliminamos dados de participantes com taxas de resposta abaixo de 20%. Para a maioria dos participantes, o formulário diário levava cerca de 10 minutos para ser respondido. Em média, cada um deles enviou cerca de 50 questionários. O número de palavras nas descrições de eventos variou consideravelmente de 1 a 855 palavras; a média foi de 54 palavras.

A tabela A-3 resume o questionário diário.

Outros questionários

Além do questionário diário, os participantes completaram vários outros formulários em vários momentos durante o estudo. Nosso objetivo era coletar dados do histórico dos indivíduos (demográficos e de personalidade), da equipe e do projeto. Esses questionários adicionais são descritos na tabela A-4.

Dados adicionais

Enquanto uma equipe participava do estudo, Teresa Amabile telefonava para cada integrante uma vez por mês para ver se ele tinha quaisquer perguntas ou preocupações a respeito do questionário diário ou do estudo. (No caso de uma das empresas, um pesquisador associado sênior fez as chamadas.) Cada

TABELA A-3

Perguntas do "questionário diário" – formulário diário

Seções e seu conteúdo[a]	Número e tipo de perguntas	Pergunta da amostra
Informações básicas sobre dia de trabalho	6 preencha as lacunas	• A data de hoje • Número de horas passadas trabalhando no projeto hoje • Trabalho feito no projeto hoje (breve descrição) • Número de membros da equipe com quem trabalhou hoje
Sobre o próprio trabalho e sua motivação	12 escalas de avaliação[b]	Hoje, em meu trabalho no projeto senti... • Que de minha parte houve progresso • Fiz trabalho criativo • Meu trabalho foi de alta qualidade • Senti-me desafiado por meu trabalho • Motivado pelo reconhecimento que posso receber • Motivado pelo interesse em meu trabalho
A equipe e seu trabalho	6 escalas de avaliação[c]	Com base no trabalho da equipe no projeto hoje, senti que... • A equipe trabalhou bem em conjunto • A equipe fez trabalho de qualidade • A equipe fez progresso
Percepções do ambiente de trabalho	14 escalas de avaliação	Em que medida cada item descreve o ambiente de trabalho do projeto conforme você viu hoje? • Liberdade ou autonomia no trabalho • Pressão de tempo no trabalho • Clareza de metas para o projeto • Encorajamento e apoio por parte do supervisor do projeto • Encorajamento à criatividade de nossa equipe por parte da administração/diretoria

Seções e seu conteúdo[a]	Número e tipo de perguntas	Pergunta da amostra
Emoções	6 escalas de avaliação	Hoje, de maneira global, me senti... • Frustrado • Feliz
Evento de hoje	1 narrativa	Descreva brevemente um evento do dia que sobressaia em sua mente como relevante para o projeto, seus sentimentos por este projeto, seu trabalho neste projeto, os sentimentos de sua equipe com relação ao projeto, ou o trabalho de sua equipe neste projeto. Lembre-se de especificar quem esteve envolvido e o que aconteceu. O evento pode ser positivo, negativo ou neutro.
Perguntas sobre o evento	5 escalas de avaliação[d]	• Quantos indivíduos de sua equipe têm conhecimento deste evento? • Avalie o efeito deste evento em cada um dos itens a seguir: • Seus sentimentos sobre o projeto • Seu trabalho no projeto hoje • O trabalho de outros membros da equipe no projeto hoje • O projeto de forma global, a longo prazo
Qualquer outra coisa (opcional)	1 narrativa	Por favor, acrescente qualquer outra coisa que gostaria de relatar hoje.

Notas:
a. As seções foram listadas na ordem em que aparecem no questionário.
b. A menos que especificado de outro modo, a escala para os itens avaliados por escala são: 1 = nenhum; 2 = muito pouco; 3 = um pouco; 4 = moderadamente; 5 = bastante; 6 = muito; 7 = extremamente.
c. Esta seção e a seguinte deram aos participantes a opção de responder "N" a qualquer um dos itens, caso não tivessem nenhuma base para responder à pergunta naquele dia (ou seja, se não tivessem tido contato com a equipe naquele dia).
d. A escala para a primeira destas perguntas foi: 1 = só eu; 2 = só eu e um membro da equipe; 3 = menos da metade da equipe; 4 = mais da metade da equipe; 5 = a equipe inteira. A escala para a segunda destas perguntas foi: 1 = efeito muito negativo; 2 = efeito moderadamente negativo; 3 = efeito ligeiramente negativo; 4 = neutro ou nenhum efeito; 5 = efeito ligeiramente positivo; 6 = efeito moderadamente positivo; 7 = efeito muito positivo.

TABELA A-4

Questionários completados pelos participantes[a]

Questionário[b]	Frequência	Descrição
Questionário	Diário	Itens combinados de escala quantitativa e itens qualitativos narrativos.
Avaliação final de projeto	Uma vez (ao fim do estudo)	Coletava dados avaliados por escala quantitativa de cada participante com relação ao desempenho global da equipe em várias dimensões.
Formulário de avaliação de pessoal	Mensal	Pedia aos participantes que avaliassem todos os membros da equipe, inclusive ele mesmo, em quatro dimensões baseadas no trabalho do mês anterior: contribuição criativa para o projeto, contribuição para a qualidade do projeto, engajamento no projeto e contribuição para a coesão da equipe.
Kirton Adaptation-Innovation Inventory[c]	Uma vez (no início do estudo)	Avaliou o estilo cognitivo, especificamente o estilo de pensamento criativo.
KEYS: Avaliação do Clima para Criatividade[d]	Três vezes (no início, no meio e no fim estudo)	Avaliou o ambiente de trabalho orientado para o ambiente voltado para criatividade.
Inventário de Personalidade NEO – Cinco Fatores (forma S)[e]	Uma vez (no início do estudo)	Mediu as "Cinco Grandes" dimensões de personalidade: neuroticismo, extroversão, abertura a experiências, amabilidade e conscienciosidade.

Questionário[b]	Frequência	Descrição
Inventário de Preferências no Trabalho[f]	Uma vez (no início do estudo)	Avaliou a orientação de motivação estável intrínseca e extrínseca de alguém para o trabalho.

Notas:
a. Outros questionários foram completados, mas listamos apenas aqueles cujos dados foram analisados para este livro.
b. A menos que identificados de outro modo, todos os questionários foram criados para este programa de pesquisa.
c. M. J. Kirton, "Adaptors and Innovators: A description and Measure", *Journal of Applied Psychology* 61 (1976): 622-629. O questionário KAI foi obtido e usado com a permissão do Occupational Research Centre (www.kaicentre.com)
d. T. M. Amabile, R. Conti, Coon, J. Lazenby e M. Herron, "Assessing the Work Environment for Creativity", *Academy of Management Journal* 39 (1996): 1154-1184. O questionário KEYS foi obtido e usado com a permissão de The Center for Creative Leadership (www.ccl.org).
e. P. T. Costa e R. R. McCrae, *NEO-PI-R: Professional Manual* (Odessa, FL: Psychological Assessment Resources, 1992). O NEO Five-Factor Inventory (FormS) foi obtido e usado com a permissão do Psychological Assessment Ressources (www3.parinc.com).
f. T. M. Amabile, K. G. Hill, B. A. Hennessey e E. M. Tighe, "The Work Preference Inventory: Assessing Intrinsic and Extrinsic Motivational Orientations", *Journal of Personality and Social Psychology* 66 (1994): 950-967.

líder de equipe recebia dois telefonemas por mês. Ocasionalmente, essas conversas revelavam informações úteis sobre indivíduos, projetos, equipes ou empresas. Nunca divulgamos qualquer informação coletada sobre o projeto, a equipe, a empresa ou os indivíduos durante estas conversas.

Perto da metade do tempo previsto para a participação de uma equipe no projeto, realizamos com seus integrantes uma breve "reunião de metade do estudo". O propósito era coletar informalmente dados adicionais sobre a equipe, o projeto ou a organização, bem como manter o entusiasmo do grupo por sua participação e responder a quaisquer perguntas que pudesse ter. Não divulgamos quaisquer informações que tivéssemos recebido até aquele momento, além de dar aos indivíduos os resultados confidenciais de suas avaliações no NEO e no Inventário de Preferência no Trabalho.

A um mês do fim da coleta de dados de uma equipe, Amabile (acompanhada por um pesquisador associado) realizou uma reunião final. O propósito era apresentar os resultados preliminares agregados daquele grupo, usando dados quantitativos e qualitativos, e obter feedback quanto à exatidão de nossas conclusões preliminares sobre a história da equipe.[7] Amabile convidava os integrantes a se reunir com ela individualmente depois da reunião, e vários o fizeram. Embora pretendêssemos que esses encontros finais servissem como "recompensa" para os participantes sob a forma de informações úteis para seu trabalho futuro, inevitavelmente descobrimos que obtínhamos muitas informações novas e úteis.

Nas reuniões finais, perguntávamos aos membros da equipe o que os motivava a continuar enviando os formulários preenchidos dia após dia. Quase sempre eles respondiam que estavam curiosos com relação ao conhecimento que adquiririam sobre si mesmos e sobre a equipe. Também diziam que queriam que a organização pudesse aprender com o estudo. Na seção final (opcional) do último questionário diário, um número considerável de participantes espontaneamente mencionava que achava que preencher o questionário era útil. Alguns exemplos estão no Capítulo 9.

No prazo de até um mês depois da reunião final, Amabile e o pesquisador associado escreviam em colaboração o estudo de caso daquela equipe. Isso devia servir de fonte primária de dados qualitativos, capturando informações observacionais frescas sobre a equipe, seus membros, projeto, organização, administração e eventos que tivessem ocorrido durante o período do estudo. Os casos se baseavam em repetidas leituras das narrativas do diário dos integrantes, em encontros individuais (inclusive com o líder da equipe) e conversas telefônicas com gestores de nível mais alto. Os estudos de caso eram desenvolvidos por um processo interativo, no qual um autor redigia uma seção que seria revista e editada por outro e então passada de volta para o autor original, até que ambos estivessem satisfeitos com sua precisão. Na maioria dos casos, eles se reuniram múltiplas vezes para debater o caso em vários estágios de seu desenvolvimento. Os resultados finais eram documentos abrangentes.

Depois que toda a coleta de dados dentro de uma empresa havia sido feita, Amabile e um pesquisador associado se reuniam com a diretoria da empresa (ou em algumas empresas maiores, com as diretorias das unidades relevantes). Apresentavam-se a esses executivos os dados quantitativos e qualitativos das equipes participantes em sua empresa, sem nenhuma informação que as identificasse ou a quaisquer de seus indivíduos. Amabile indicava os pontos fortes e fracos do ambiente organizacional revelado pelo estudo, e convidava o executivo a participar de um debate sobre os resultados. Em que medida esses resultados combinavam com as opiniões que eles tinham da empresa? Que ideias eles tinham dos padrões de eventos positivos e negativos no seio da organização? Como nas reuniões individuais com as equipes, obtivemos muitos dados úteis nos encontros com as diretorias e com as conversas que tivemos com altos administradores, em várias etapas do estudo.[8] Novas informações eram acrescentadas aos estudos de caso conforme fosse apropriado.

Análises

Como coletamos dados qualitativos e quantitativos, usamos uma variedade de técnicas de análise.

Análises qualitativas (usadas em todos os capítulos)

Ao longo de vários anos, conduzimos análises qualitativas detalhadas das narrativas diárias dos participantes, bem como de outros materiais escritos (estudos de caso e notas). Dois aspectos desses dados merecem ser ressaltados. Primeiro, como os coletamos diariamente de cada participante, ao longo de várias semanas, pudemos observar padrões nos eventos e na vida interior no trabalho no decorrer desse tempo. Segundo, como múltiplas pessoas de uma mesma equipe com frequência mencionavam os mesmos eventos, temos mais confiança naquilo que nossos participantes descreveram.

As análises qualitativas avançaram em sete ondas, cada uma rendendo informações úteis para diferentes propósitos.

Primeira, Teresa Amabile e Steven Kramer leram repetidas vezes as seções narrativas de todos os 11.637 diários (das 26 equipes, 238 participantes), bem como os 26 estudos de caso. Através de um processo interativo, mantivemos extensas anotações e debatemos as ideias que iam surgindo um com o outro. Este processo resultou na nossa descrição do sistema da vida interior no trabalho (Capítulo 2), nas maneiras como ela influencia o desempenho (Capítulo 3), o *loop* do progresso (Capítulo 5) e os elementos essenciais da atmosfera do trabalho (Capítulo 6).[9]

Segunda, fizemos um sistema de código de "indexação" de tudo o que foi mencionado nas 11.637 narrativas. O sistema de codificação desenvolvido para este propósito foi chamado de DENA (Detailed Event Narrative Analysis – Análise Detalhada de Narrativa de Evento).[10] Cinco pesquisadores assistentes foram treinados para usá-lo.[11] O grau de concordância entre os diferentes codificadores independentes nas várias dimensões deste sistema foi em geral bastante bom.[12] O propósito desta codificação detalhada foi catalogar vários aspectos de cada evento específico, relatado em cada narrativa – por exemplo, o que era o evento; quem era a fonte do evento; quem era o alvo do evento; se aquele era um evento concreto que realmente havia acontecido no dia em questão (versus a lembrança de uma ocasião anterior, uma expectativa do futuro, uma opinião a respeito de alguma coisa, ou uma reação a alguma coisa); e que tipo de conteúdo emocional estava ligado ao relato desse evento pelo participante (positiva, negativa, ou neutra).[13] Embora o questionário solicitasse um "evento do dia", a descrição relatava, em média, cerca de cinco eventos específicos inter-relacionados.

Terceira, desenvolvemos um sistema de codificação um tanto mais amplo, com menos dimensões, para capturar os principais tipos de eventos, para estudos de melhores dias/piores dias. Uma concordância aceitável entre codificadores foi estabelecida entre Teresa Amabile e o pesquisador assistente que fez a maior parte da codificação desses estudos.[14] Os estudos melhores dias/piores dias, conforme descritos no Capítulo 4, conduziram à identificação das *três influências-chave* na vida interior no trabalho: o princípio do progresso, o fator catalisador e o fator de nutrição.

Quarta, ambos os autores do livro e vários pesquisadores associados criaram histórias detalhadas, descrevendo a vida interior no trabalho, eventos principais e resultados de desempenho para 14 das 26 equipes, incluindo no mínimo uma equipe de cada uma das sete empresas.[15] Cada história criada foi um trabalho de colaboração, incluindo pelo menos um autor e pelo menos um pesquisador associado. Cada história foi criada por um processo interativo de ambos, lendo todas as narrativas dos diários e outros materiais sobre a equipe, alguém escrevendo a história, enquanto o outro dava feedback, debatendo e revisando – até que ambos estivessem satisfeitos, com a certeza de que a história capturava, com precisão, os eventos, as experiências e o desempenho dos indivíduos e da equipe em geral.

As histórias então foram usadas em uma oficina, com uma semana de duração e participação de ambos os autores e um pesquisador associado.[16] Durante essa oficina, as 14 equipes que tinham histórias detalhadas foram analisadas de acordo com medidas quantitativas diárias e relatos qualitativos de progresso e de vida interior no trabalho. Esse exame resultou na identificação do *loop* do progresso (Capítulo 5). Além disso, na oficina, criamos uma grande matriz das 14 equipes contra todas as medidas de progresso e vida interior no trabalho. Então, identificamos, para cada uma das equipes, os principais eventos positivos e negativos que ressaltavam de suas histórias. Este processo levou à identificação dos sete pares de evento específicos de catalisadores-inibidores e dos quatro pares específicos de nutridores-toxinas (Capítulos 6 e 7). Checamos estas listas contra os resultados dos estudos de melhores dias/piores dias, bem como as análises quantitativas de todas as 26 equipes. Finalmente, os debates nessa oficina nos levaram a identificar as equipes que usaríamos para ilustrar as três influências-chave sobre a vida interior no trabalho (Capítulos 4, 5, 6 e 7).

Quinta, Steven Kramer realizou uma codificação detalhada dos diários das quatro equipes escolhidas para ilustrar o princípio do progresso (Capítulos 4 e 5), do fator catalisador (Capítulo 6), do fator nutridor (Capítulo 7) e do apoio diário ao progresso (Capítulo 8), bem como dos diários de vários líderes de equipes adicionais (Capítulo 9).[17] Esta codificação baseou-se no esquema para estudos dos melhores dias/piores dias, embora tenha sido focada em elementos específicos de catalisadores, inibidores, nutridores e toxinas, identificados na oficina. Também incluíam alguns códigos adicionais (tais como "possível citação de diário para o livro"). Teresa Amabile checou partes dessa codificação, cotejando com sua própria leitura de partes das narrativas diárias das equipes escolhidas e debatendo os desacordos com Kramer até que se chegasse a um consenso.

Sexta, para os estudos de comportamento de líder de equipe, foi criado um esquema de codificação a partir de uma taxonomia de comportamentos de lideranças desenvolvida por pesquisadores anteriores.[18] Usando este esquema, e depois de estabelecermos um nível aceitável de concordância entre codificadores independentes, um pesquisador associado codificou todas as menções de comportamento de líder em todas as 11.637 narrativas diárias. Os resultados obtidos aparecem nos Capítulos 5, 6 e 7.

Sétima, para os estudos nos quais queríamos examinar emoções muito específicas, espontaneamente expressas nas narrativas diárias, treinamos separadamente um conjunto de indivíduos para cuidar dessa codificação.[19] Várias emoções foram codificadas: alegria; amor (afeto, carinho ou orgulho); raiva; medo e tristeza.

Análise quantitativa

Conduzimos análises estatísticas dos dados numéricos coletados dos participantes, tais como os itens numéricos do questionário diário e as avaliações mensais dos colegas de equipe. Também fizemos análises estatísticas dos dados numéricos obtidos das análises qualitativas, tais como a frequência de certo evento codificado.

No corpo principal deste livro, apresentamos apenas dados descritivos. Contudo, a confiabilidade de nossos achados e nossas conclusões se baseia numa variedade de métodos estatísticos.[20] Nós nos apoiamos principalmente em um tipo particular de regressão, chamada *modelo multinível*, porque nossos dados tinham três níveis distintos. Vindos de 26 *equipes* diferentes, com 238 *participantes*, cada uma delas fornecia dados em muitos *dias* diferentes. As regressões levaram tudo isso em conta, assim como também consideraram as várias características individuais nas quais os participantes podiam diferir (por exemplo, sexo, idade, tempo de serviço na empresa, nível de instrução, e – com frequência – personalidade, estilo cognitivo e/ou orientação motivacional).[21] Além disso, algumas dessas regressões buscavam efeitos em múltiplos dias, usando *análises defasadas no tempo*. Por exemplo, usamos regressão multinível defasada no tempo para descobrir que o humor de alguém em um determinado dia previa seu pensamento criativo naquele dia *e* no dia seguinte.[22]

Observem que regressões não podem estabelecer relações de causa e efeito. Mesmo a previsão da medida de um determinado dia (como pensamento criativo) a partir da medida de um dia anterior (como humor), usando uma análise defasada no tempo, pode apenas sugerir causalidade de precedência temporal. É por isso que, ao longo do livro, nos apoiamos em duas outras fontes para reforçar nossas conclusões causais: experimentos fechados feitos por nós mesmos ou por outros pesquisadores e declarações expressas nas narrativas dos diários dos participantes, indicando que alguma coisa resultou em outra.

Principais estudos

Já descrevemos como empregamos análises qualitativas para chegar às descrições do sistema da vida interior no trabalho, do *loop* do progresso e do clima organizacional. Também nos baseamos principalmente em análises qualitativas para descrever os mecanismos pelos quais a vida interior no trabalho influencia o desempenho, e os mecanismos pelos quais os três tipos de eventos influenciam a vida interior no trabalho. Usamos muitas estatísticas descritivas simples ao longo deste livro. Por exemplo, em muitos capítulos, quando citávamos trechos de diários, com frequência fizemos referência a autoavaliações numéricas de percepções, emoções e/ou motivações nos relatos dos participantes.[23]

Nesta seção, descreveremos brevemente cada um dos principais estudos quantitativos que embasavam as nossas conclusões mais importantes.

Pequenos eventos (Capítulo 1)

Ao longo do livro, fizemos comentários sobre o poder surpreendente de muitos eventos aparentemente pequenos, e, até triviais, em influenciar fortemente a vida interior no trabalho. Primeiro, apresentamos os resultados de nossos estudos sobre esses pequenos eventos no Capítulo l, juntamente com uma breve descrição de nosso método. Aqui, oferecemos um pouco mais de detalhes. Imediatamente depois da seção de um relato no questionário diário, pedia-se aos participantes que avaliassem o impacto daquele evento sobre seus *sentimentos com relação ao projeto* naquele dia. Foi a nossa medida do quanto a reação ao evento havia sido "grande" (numa escala de sete pontos, variando de muito negativa a neutra e a muito positiva).[24] Além disso, cerca de duas semanas depois do estudo com a equipe haver terminado, enviamos aos participantes um registro cronológico de todas as suas narrativas diárias. Pedíamos que ao lado da descrição do evento de cada dia, eles avaliassem *o tamanho do impacto que ele tinha tido sobre o projeto de maneira global* (na mesma escala de sete pontos). Agora que o projeto acabou esta foi a nossa medida do quanto o evento tinha sido "grande".[25] Usando essas avaliações, descobrimos que mais de 38% dos pequenos eventos evocavam grande reações.

Criatividade e emoções (Capítulo 3)

Um dos principais estudos que embasavam nossa conclusão de que a vida interior no trabalho influencia o desempenho (Capítulo 3) examinava como as emoções interferem na criatividade.[26] Regressões de modelo multinível usaram três medidas diferentes de emoção para prever duas medidas diferentes de criatividade. As medidas de emoção foram (1) humor geral positivo, um modelo composto de seis avaliações por parte dos participantes no formulário diário; (2) humor geral positivo, conforme avaliado pelos codificadores da descrição do evento pelo participante no formulário diário; e (3) emoções específicas de alegria, amor, raiva, medo e tristeza, conforme classificadas por diferentes codificadores da descrição de evento feita pelo participante. As medidas de criatividade foram (1) pensamento criativo, conforme codificado a partir da descrição do evento (isso é, indicação de que o participante pessoalmente fez uma descoberta, teve uma ideia, solucionou um problema de maneira não rotineira, ou esteve ativamente envolvido em tentar fazê-lo); e (2) criatividade do participante conforme avaliada pelo líder e colegas da equipe no formulário de avaliação individual.

Ambas as medidas de humor geral positivo e a emoção de alegria foram prognósticos positivos de criatividade naquele mesmo dia; as emoções negativas de raiva, medo e tristeza foram prognósticos negativos. Então, fomos procurar seus efeitos nos dias *subsequentes*. Se as emoções indicavam criatividade um ou dois dias depois, isso apoiaria a conclusão de que a vida interior no trabalho influencia a criatividade e que as pessoas não estavam apenas alegres ou frustradas porque tinham solucionado, ou não, um problema. Foi exatamente o que encontramos. Examinando os dias subsequentes, descobrimos que ambas as medidas de humor geral positivo prognosticavam pensamento criativo. E humor geral positivo autoavaliado parecia apontar para pensamento criativo dois dias depois.[27]

Nesse mesmo estudo, análises qualitativas de cada diário contendo um evento de pensamento criativo também revelaram um efeito de causalidade inversa: criatividade gera alegria. Observem que pensamento criativo é um tipo de progresso (ou de desempenho). Tomados juntos, estes resultados oferecem evidências para ambas as influências no *loop* do progresso (Capítulos 3, 4 e 5): um aspecto da vida interior no trabalho (emoção) influencia o desempenho (criatividade) e um aspecto do desempenho (criatividade) influencia um aspecto da vida interior no trabalho (emoção).

Criatividade, percepções e motivação (Capítulo 3)

Dois estudos usando dados da pesquisa apoiam a conclusão de que as percepções das pessoas de seu ambiente profissional estão relacionadas com sua criatividade no trabalho. Em um estudo, nos concentramos no apoio do líder percebido pela equipe. A análise regressiva demonstrou que a percepção desse apoio prognosticava de forma significativa a criatividade por parte dos participantes da equipe, conforme avaliados por seus pares nas avaliações mensais.[28]

O segundo estudo usava percepções de muitos aspectos do ambiente de trabalho para prognosticar criatividade com análise regressiva.[29] As percepções do ambiente tinham origem nas avaliações do formulário diário, bem como as avaliações mais longas e detalhadas do questionário KEYS sobre ambiente profissional feitas três vezes durante nosso estudo da equipe (no princípio, no meio e no fim do estudo). As percepções do ambiente de trabalho variavam do local (como o trabalho em si, a equipe e seu líder) ao ambiente organizacional mais amplo (como encorajamento à criatividade pela diretoria). Medidas de criatividade incluíram autoavaliação e avaliações mensais pelos pares, além de codificação de pensamento criativo das narrativas diárias. Esta série de regressões identificou várias percepções positivas do ambiente como prognósticos positivos de criatividade, e várias percepções negativas como prognósticos negativos.

Também fizemos regressões para examinar motivação intrínseca e criatividade. Criamos uma medida da motivação intrínseca de um dado participante, em um determinado dia, a partir das respostas a vários itens de seu formulário diário, e usamos esta medida para prognosticar pensamento criativo, conforme codificado a partir do comportamento relatado na descrição do evento diário. A regressão mostrou um efeito positivo forte e significativo; havia maior probabilidade de pensamento criativo nos dias em que as pessoas estavam mais intrinsecamente motivadas a executar seu trabalho.

Produtividade e vida interior no trabalho (Capítulo 3)

Em nosso estudo, os indivíduos tinham maior probabilidade de ser produtivos nos dias em que sua vida interior no trabalho estava melhor. Efeitos que também apareciam a nível de equipe. De um modo geral, os grupos eram mais produtivos, realizavam tarefas de maior qualidade e projetos mais bem-sucedidos quando a vida interior no trabalho de seus integrantes fora mais positiva ao longo do processo.

Conduzimos uma outra pesquisa, sobre prognósticos de produtividade a partir de *emoção*, usando regressões idênticas às do estudo de criatividade e emoção descrito anteriormente. A medida de produtividade era um conjunto de vários eventos codificados da narrativa diária (por exemplo, fazer progresso, resolver um problema, usar tempo ou recursos eficientemente). As medidas de emoção foram as mesmas do estudo de criatividade e os resultados foram essencialmente idênticos, exceto pelo fato de que os efeitos foram principalmente limitados aquele mesmo dia. Havia menos efeitos residuais para os dias subsequentes. Para o mesmo dia, os resultados foram fortes: quanto mais positivas eram as emoções, mais alta era a produtividade; quanto mais negativas eram as emoções, mais baixa a produtividade.

Um segundo aspecto da vida interior no trabalho, *percepções do ambiente*, foi analisado como prognóstico de produtividade em uma série de regressões. As percepções do ambiente de trabalho vinham de breves avaliações no formulário diário, bem como de avaliações mais detalhadas do questionário KEYS, aplicado três vezes. A produtividade foi medida mensalmente como qualidade autoavaliada e avaliada por pares, mensalmente como qualidade de trabalho, e diariamente como qualidade de trabalho autoavaliada no formulário diário. Concluímos que muitas dimensões do ambiente de trabalho percebido prognosticavam produtividade. Essas dimensões incluíam apoio do líder e da equipe; desafio percebido; e autonomia percebida ao executar o trabalho. O ambiente organizacional mais amplo também oferecia prognósticos, em que a produtividade é ajudada por climas abertos e colaborativos, e prejudicada por uma atmosfera dominada por problemas políticos e conservadorismo.

O terceiro aspecto da vida interior no trabalho, a motivação, foi analisado igualmente. Da mesma forma como fazemos com a criatividade, usamos vários itens de autoavaliação no formulário diário para criar a medida da motivação intrínseca. Em regressões, esta medida prognosticou positivamente tanto a autoavaliação mensal quanto a autoavaliação diária. O resultado é consistente com a medida de qualidade de trabalho mensal avaliada pelos pares, embora este resultado não seja estatisticamente significante.

Comprometimento com o trabalho e vida interior de trabalho (Capítulo 3)

Usamos uma série de regressões para determinar se os três aspectos da vida interior no trabalho prognosticavam o comprometimento dos participantes, conforme avaliação mensal de seus pares. Como descrevemos nas regressões anteriores, obtivemos medidas de vida interior no trabalho dos questionários diários – das avaliações de escalas numéricas ou de emoções codificadas

das descrições diárias de eventos. Obtivemos medidas adicionais de percepções mais detalhadas do ambiente profissional no questionário KEYS administrado três vezes.

Nossas análises revelaram que humor positivo e emoções positivas específicas demonstravam o comprometimento das pessoas com o trabalho. Além disso, esse comprometimento era mais alto quando os funcionários tinham percepção mais positiva ao ambiente – especificamente, quando percebiam mais liberdade e mais desafio positivo no trabalho; encorajamento de seus líderes; apoio dos colegas de equipe bem como de gerentes e de colegas de fora; e menos impedimentos sob a forma de lutas políticas internas, normas de avaliação rígidas na empresa, ou tendências em direção ao *status quo*. Finalmente, motivação intrínseca diária prognosticava comprometimento com o trabalho.

Coleguismo e vida interior no trabalho (Capítulo 3)

As análises deste estudo foram idênticas às que acabamos de descrever sobre comprometimento com o trabalho. Aqui, contudo, a medida prognosticada foi a contribuição para a coesão da equipe avaliada mensalmente pelos pares. Estas regressões revelaram que cada aspecto da vida interior no trabalho prognostica coleguismo. Os resultados foram semelhantes aos do comprometimento com o trabalho. O coleguismo era maior quando as pessoas vivenciavam mais emoções positivas, maior motivação intrínseca e percepção mais positiva do trabalho, da equipe e da organização.

Melhores dias/piores dias (Capítulos 4, 5, 6 e 7)

Os estudos de melhores dias/piores dias permitiram que descobríssemos as três influências chave na vida interior no trabalho (Capítulo 4): o princípio do progresso, o fator catalisador e o fator de nutrição. Nossos estudos ressaltaram o poder do progresso e dos reveses em influenciar a vida interior no trabalho; o fator número um é o princípio do progresso. O fator catalisador e o fator de nutrição são, respectivamente, segundo e terceiro em exercer influencia (ver figuras 4-1 e 4-2). Análises qualitativas que se seguiram nos permitiram descobrir os elementos específicos do fator catalisador (Capítulo 6) e do fator de nutrição (Capítulo 7).

A lógica por trás dos estudos de melhores dias/piores dias é simples. Como queríamos saber que tipo de eventos contribuíam para uma vida interior no trabalho boa ou ruim, investigamos que acontecimentos diferenciavam mais fortemente os melhores dias dos piores dias de vida interior no trabalho.[30]

Conduzimos oito estudos de melhores dias/piores dias para cada um dos sete aspectos da vida interior no trabalho diária: motivação intrínseca, alegria, amor, raiva, medo, tristeza, estado de humor geral. Os sete primeiros foram todos feitos da mesma maneira, enquanto o oitavo (um segundo estudo sobre o estado de humor geral na vida interior no trabalho) foi realizado de modo diferente, como verificação. Para ilustrar o método dos primeiros sete estudos, usaremos o estado de humor geral. Depois de eliminar participantes que haviam enviado menos de 20 registros diários, ficamos com 221 dos 238 originais. Para os 221 restantes, computamos a média de cada um deles e o desvio padrão no humor diário global, em todos os diários que cada participante enviava. Isso nos deu a linha de base de cada um.[31] Em seguida, computamos uma contagem de pontos padrão para cada um dos dias do diário daquele participante no aspecto particular de sua vida interior no trabalho – neste caso, estado de humor geral.[32] Em outras palavras, criamos para cada pessoa, a cada dia, um número que nos dizia em que medida seu estado de humor geral havia sido bom naquele dia, com relação à sua própria linha de base de humor.

Dessas milhares de contagens de pontos para o humor geral de 221 pessoas, criamos um conjunto das 1.000 contagens de pontos mais positivas (dias de melhor humor), outras 1.000 das contagens mais negativas, (dias de pior humor), e mais 1.000 de contagem média (para propósitos de comparação). Dos 1.000 de cada amostra, escolhemos aleatoriamente 100 dias para serem codificados para eventos. Mas impusemos certas restrições à amostragem aleatória para assegurar que tivéssemos uma boa representação em todos os indivíduos e equipes do estudo. Nossa meta era ter no mínimo 25 das 26 equipes e pelo menos 75 participantes diferentes representados em cada amostra de 100.[33] Todas as 300 narrativas diárias foram então codificadas para todos os eventos, usando o esquema de codificação melhores dias/piores dias que descrevemos anteriormente.

Depois de fazer a codificação, analisamos a frequência e a percentagem dos tipos de eventos em cada amostra (melhores dias, piores dias e dias médios). Como relatamos no Capítulo 4, nos dias de melhor humor, o progresso se destacava como o principal tipo de evento. E nos dias de pior humor, os reveses se destacavam. Além disso, uma comparação entre progresso e reveses produziu o maior diferencial tanto em melhores dias quanto em piores dias, maior do que qualquer outro par de eventos opostos.

Isso se revelou verdadeiro não apenas para o estado de humor geral. Para cada aspecto isolado da vida interior no trabalho sobre o qual fizemos um estudo de melhores dias/piores dias, progresso e reveses eram os principais diferenciadores. Dias médios eram sempre intermediários entre os melhores e os piores dias.

Essas análises de melhores dias/piores dias nos trouxeram duas preocupações. Primeira, a de que certos participantes pudessem ter exagerado na apresentação dos fatos, influenciando, portanto, nossos achados. Segunda, preocupava a possibilidade de que os participantes representados nas amostras dos melhores dias diferissem de alguma forma daqueles nas amostras dos piores dias e dos dias médios. De modo que fizemos um estudo final. Mais uma vez usamos estados de humor geral como meio de verificação contra essas duas possibilidades.[34] Para o estudo, selecionamos ao acaso dois participantes de cada uma das 26 equipes e codificamos os eventos em seu dia de melhor estado de humor geral, de pior estado de humor geral e um dia de estado de humor geral médio. Como fizemos com os sete primeiros estudos, *melhor, pior* e *médio* foram definidos com relação à linha de base do próprio indivíduo. O mesmo esquema de codificação foi usado, e executado por um dos codificadores originais. Os resultados foram virtualmente idênticos aos do estudo de estado de humor geral conduzido pelo método de amostra original, validando-o.

Comparação de dias de progresso e dias de reveses (Capítulo 4)

Outro principal estudo que embasou nossa conclusão sobre o poder do progresso usou dados de todos os 11.637 diários enviados. Empregando o sistema de código de indexação minuciosa de todas as narrativas diárias, assinalamos cada diário como tendo um ou mais relatos de progresso naquele dia, um ou mais relatos de reveses naquele dia, ou nenhum dos dois. Então, usamos estes eventos – progressos e reveses – para prever as várias avaliações de vida interior no trabalho que os participantes haviam feito no questionário daquele dia. O sumário dos resultados da regressão, apresentados na tabela A-5, mostram que progresso e reveses prediziam diversos aspectos de cada elemento da vida interior no trabalho.

TABELA A-5

Comparação relativa a dias sem eventos de progresso ou revés

Elementos da vida interior no trabalho	Como dias se comparam com eventos de progresso	Como dias se comparam com eventos de reveses
Emoções	• Humor geral mais positivo • Mais felicidade • Mais entusiasmo/amor/ orgulho • Menos frustração • Menos medo • Menos tristeza	• Humor geral mais negativo • Menos felicidade • Menos entusiasmo/amor/ orgulho • Mais frustração • Mais medo • Mais tristeza
Motivações	• Mais intrinsecamente motivado (pelo interesse, prazer, desafio e envolvimento no trabalho)	• Menos intrinsecamente motivado (pelo interesse, prazer, desafio e envolvimento no trabalho) • Menos motivado pelo reconhecimento
Percepções	• Mais desafio positivo no trabalho • Mais apoio mútuo no seio da equipe • Mais interações positivas entre a equipe e a liderança • Mais pressão do tempo	• Menos desafio positivo no trabalho • Menos apoio mútuo no seio da equipe • Supervisor dando menos apoio • Menor liberdade no trabalho • Recursos insuficientes disponíveis para o trabalho

Pesquisa dos gestores (Capítulo 5)

Depois de descobrirmos o princípio do progresso, criamos uma pesquisa para determinar se os gestores têm conhecimento do poder do progresso.[35] Visando obter uma ampla variedade de respostas, recrutamos 669 voluntários, entre participantes de vários programas de aperfeiçoamento de gestão executiva e da lista de alunos de uma das melhores instituições de formação em gestão de negócios. Esses voluntários representavam dúzias de empresas diferentes, em uma variedade de diferentes ramos de indústrias e empresas ao redor do mundo, em todos os níveis da administração, desde líderes de equipes a diretores e superintendentes executivos.

A pesquisa *lhes* pedia que classificassem, em ordem de importância, cinco fatores que podiam influenciar motivações e emoções dos funcionários. Quatro desses fatores vinham da sabedoria administrativa convencional: "reconhecimento por bom trabalho (público ou privado)", "incentivos monetários (compensação, benefícios, bônus e outros prêmios)", "apoio interpessoal (respeito, camaradagem, compreensão emocional etc.)" e "metas claras no trabalho (visão, prioridades etc.)". O quinto item, representando o princípio do progresso, era "apoio para fazer progresso no trabalho (ajuda, recursos, tempo etc.)". (Este item aparecia, de fato, em quarto lugar na lista, depois de "apoio interpessoal" e antes de "metas claras".)[36]

Os resultados revelaram que a maioria dos gestores não tinha conhecimento de como o progresso pode afetar fortemente a vida interior no trabalho. Em média, os 669 gestores classificaram "apoio para fazer progresso" em quinto lugar como motivador entre os cinco fatores, e em terceiro como influência sobre a emoção. E classificaram "reconhecimento por um bom trabalho (público ou privado)" como o fator mais importante para motivar funcionários e deixá-los felizes. Somente 35 (5%) dos 669 classificaram "apoio para fazer progresso" como a maneira mais importante pela qual gestores podem motivar funcionários.

Eventos negativos mais fortes do que os positivos (Capítulo 5)

O Capítulo 5 descreve nossa descoberta de que, em geral, eventos negativos parecem ter um impacto mais forte sobre a vida interior no trabalho do que eventos positivos. O primeiro de nossos estudos que revelou este achado envolveu uma série de regressões multinível, empregando a totalidade dos dados, nas quais investigávamos o efeito de dois eventos-chave – progresso e revés – sobre duas emoções-chave – felicidade e frustração. Embora as regressões não possam estabelecer uma causalidade, os resultados mostram uma forte assimetria. Reveses tiveram um efeito mais forte tanto na felicidade quanto na frustração. De fato, o efeito negativo de um revés foi mais do que duas vezes mais forte do que o efeito positivo de um evento de progresso sobre a felicidade, e a capacidade do revés em aumentar a frustração foi três vezes mais forte do que a de um evento de progresso em diminuir a frustração.

O segundo estudo examinou esta polarização negativa em *pequenos eventos*. Aqui, analisamos somente os dias em que pequenos eventos tiveram um forte impacto sobre os sentimentos com relação ao projeto. (Ver nossa abordagem de pequenos eventos apresentada anteriormente neste apêndice.) Apesar de o conjunto de dados ter sido radicalmente reduzido (apenas 1.666 diários na análise, em vez dos 11.637) e de os resultados, portanto, não serem tão estatisticamente significativos, a mesma assimetria apareceu. O efeito de um revés sobre a felicidade foi mais de três vezes mais forte do que o efeito de um progresso,[37] e o efeito de um revés sobre a frustração foi quase duas vezes mais forte que o de um progresso.[38]

O terceiro estudo foi projetado para ver se o impacto do comportamento do líder da equipe sobre a vida interior no trabalho de seus subordinados estava sujeito à polarização negativa. Fizemos uma série de regressões multinível, nas quais previamos cada aspecto da vida interior no trabalho – percepções, emoções e motivações –, decorrentes de comportamentos positivos, neutros e negativos do líder da equipe conforme foram relatados nas narrativas diárias. (Descrevemos a codificação desses comportamentos das lideranças anteriormente neste apêndice, como nossa sexta forma de análise qualitativa.)[39] Comportamentos negativos do líder significativamente prognosticavam mais elementos da vida interior no trabalho do que comportamentos positivos ou neutros; e somente comportamentos negativos do líder de equipe previam significativamente motivação.[40] Os efeitos estavam em todas as direções que se poderia esperar: comportamentos positivos do líder se relacionavam positivamente às percepções e emoções positivas, mas negativamente às percepções e emoções negativas. Comportamentos negativos do líder se relacionavam negativamente com a motivação, assim como com as percepções e emoções positivas, mas positivamente com as percepções e emoções negativas.

Finalmente, constatamos que, quanto mais os participantes classificavam seus sentimentos sobre o acontecimento relatado no questionário diário de forma negativa, mais longa tendia a ser sua narrativa do evento.[41]

Efeitos da pressão do tempo (Capítulo 6)

Inicialmente, examinamos o efeito global da pressão de tempo na criatividade sem nenhuma consideração quanto ao tipo. Usando uma análise de regressão, descobrimos que, de um modo geral, quanto mais as pessoas relatavam pressão de tempo num determinado dia, menos provável era que tivessem pensamento criativo naquele dia.[42] Tal efeito não se devia à simples diminuição do tempo disponível para o trabalho quando essa pressão era alta. De fato, as pessoas, na verdade, passavam mais tempo trabalhando à medida que a pressão de tempo aumentava. O efeito negativo da pressão de tempo sobre a criatividade se transportava para o dia subsequente. [43]

Contudo, conforme relatamos no Capítulo 6, o tipo de pressão de tempo tem importância. Investigamos a questão com maior profundidade ao examinar o tipo de trabalho que as pessoas faziam em dias de alta e em dias de baixa pressão de tempo, o contexto no qual o executavam e se a narrativa diária continha ou não um evento de pensamento criativo. Para isso desenvolvemos um esquema de codificação para categorizar os relatos dos participantes na breve seção "Trabalho feito hoje", no início do questionário diário. Ao desenvolver este esquema de codificação, nossa meta era capturar o número de diferentes atividades que os participantes executavam em um determinado dia, o número de colegas com quem eles a partilhavam, o nível de concentração que haviam tido no dia, o número e o tipo de reuniões a que tinham comparecido e assim por diante. Criamos, então, quatro amostras aleatórias de 100 dias cada, de uma base de dados de 11.637 dias. Essas quatro amostras representavam quatro tipos de dias bem diferentes: (1) dias de muito alta pressão de tempo quando pensamento criativo acontecia (dos quais havia apenas cerca de 100 na base de dados inteira); (2) dias de muito alta pressão de tempo em que o pensamento criativo não acontecia (dos quais havia um grande número de dias para escolher); (3) dias de muito baixa pressão de tempo em que o pensamento criativo acontecia; e (4) dias de muito baixa pressão de tempo em que pensamento criativo não acontecia.[44] Pressão de tempo muito baixa era bastante raro, mas tivemos mais de 100 dias para escolher para cada uma das duas últimas amostras.

Codificamos, então, os 400 relatos diários das quatro amostras (recorrendo a vários múltiplos codificadores para assegurar um grau aceitável de concordância) e verificamos se os códigos finais apresentavam padrões coerentes entre as amostras, bem como diferenças entre elas. Foi deste trabalho que geramos a tipologia de pressão de tempo, em termos de impacto sobre a produtividade criativa. Conforme relatamos no Capítulo 6, a do tipo *"estar no laço"*, alta pressão de tempo, bem comum, mina a criatividade, enquanto a alta pressão de tempo, do tipo *"em missão"*, bastante rara, pode facilitá-la. Contudo, a criatividade tinha maior possibilidade de florescer sob baixa pressão de tempo, do tipo *"em expedição"*. A pressão de tempo incomum, do tipo *"estar em piloto automático"*, é negativa para qualquer tipo de produtividade, criativa ou não.[45]

Comportamento de líderes de equipe (Capítulos 6 e 7)

Fizemos este estudo para pôr em foco as maneiras pelas quais ações específicas de gerentes poderiam influenciar um aspecto da vida interior no trabalho: percepções do apoio oferecido por gerentes. Como os líderes de equipe eram os gerentes mencionados com maior frequência nos diários, nos concentramos neles. Usando relatos sobre todos os tipos de comportamento dos líderes, analisamos a relação entre estes comportamentos e as percepções de apoio para a equipe.[46] Os comportamentos do líder incluíam catalisadores e nutridores. Constatamos que certos catalisadores (ou inibidores) e certos nutridores (ou toxinas) prediziam significativamente a percepção de apoio do líder.

O poder do contexto local (Capítulos 6, 7 e 8)

Para a maioria de nossas 26 equipes, havia uma compatibilidade bastante acentuada entre o ambiente de trabalho local (criado pelo líder da equipe, a equipe e o próprio trabalho) e o ambiente de trabalho mais amplo, organizacional (criado pelo resto da organização e sua administração). Contudo, para seis equipes houve incompatibilidade. Para três delas, o contexto organizacional era muito melhor do que o contexto local. (Nenhuma dessas equipes foi citada neste livro.) Para as outras três, o contexto local era bem melhor do que o organizacional. Duas delas, a equipe Infosuite, da HotelData, e a equipe NewPoly, da Kruger-Bern Chemicals, são apresentadas neste livro.

Através de análises de regressão com as 26 equipes, investigamos se o ambiente local ou o organizacional poderia consistentemente ter uma influência mais poderosa sobre a vida interior no trabalho quando os dois são discordantes. Os resultados são bastante impressionantes. Numa regressão em que tanto medidas compostas do ambiente local quanto do ambiente organizacional foram usadas para predizer humor cotidiano, só o ambiente local teve um efeito significativo. Em outra regressão, onde ambas as medidas compostas foram empregadas para predizer motivação intrínseca cotidiana, mais uma vez só o ambiente local teve efeito significativo.[47] Nossa interpretação é de que isso sugere que, embora o ambiente organizacional influencie a vida interior no trabalho de alguém de modo importante, grande parte desta influência pode ser indireta – filtrada através da experiência mais imediata que a pessoa tem do trabalho cotidiano, da equipe e de seu líder.

Conclusão

Tivemos um objetivo global ao conduzir esta pesquisa. Queríamos compreender a vida interior no trabalho, os eventos que a influenciam e seu impacto nas pessoas bem como no desempenho. Nossa meta ao escrever este livro foi transmitir nossos achados, seu significado e suas implicações práticas a todos vocês. Esperamos ter conseguido.

Notas

INTRODUÇÃO

1. Excerto do "Founders" IPO Letter" (2004, escrito por Larry Page e Sergey Brin, http://investor.google.com/corporate/2004/ipo-founders-letter.html).
2. T. M. Amabile, C. N. Hadley e S. J. Kramer, "Creativity Under the Gun", *Harvard Business Review*, August 2002, 52-61; T. M. Amabile e S. J. Kramer, "Inner Work Life: The Hidden Subtext of Business Performance", *Harvard Business Review*, Maio de 2007, 72-83; T. M. Amabile e S. J. Kramer, "Breakthrough Ideas for 2010: 1: What Really Motivates Workers", *Harvard Business Review*, Janeiro de 2010, 44-45.
3. Damos mais detalhes sobre esta pesquisa no Capítulo 5, no apêndice e em Amabile e Kramer, "What Really Motivates Workers".
4. Ao usar a primeira pessoa do plural para descrever a pesquisa, nos referimos a nós mesmos (Teresa Amabile e Steven Kramer), bem como à equipe de pesquisadores cujos nomes aparecem nos agradecimentos.
5. A primeira vez que descrevemos a vida interior no trabalho e apresentamos alguns destes resultados foi em Amabile e Kramer, "Inner Work Life".
6. Esta frase vem de Jim Collins, mas não é sugerida como a única tarefa importante de gestão no livro *Good to Great: Why Some Companies Make the Leap... And Others Don't* (Nova York: HarperCollins, 2001).

CAPÍTULO 1

1. Embora as informações factuais sejam precisas, todas as informações sobre empresas, equipes e indivíduos que estudamos foram disfarçadas ao longo do livro. Certos detalhes a respeito do tempo, arredores geográficos e aparência dos indivíduos são fictícios. Ver o apêndice para detalhes sobre esse procedimento.
2. Esta e outras citações de membros de equipe foram tiradas dos diários que coletamos em nossa pesquisa, conforme descrição mais detalhada no apêndice. As citações dos diários são

trechos literais das narrativas diárias, exceto que (a) corrigimos erros gramaticais, ortográficos e tipográficos de modo a facilitar a leitura; (b) inserimos [entre parênteses] informações relevantes ou palavras faltando, de modo a facilitar a compreensão; e (c) mudamos todos os nomes, datas e outras informações de identidade de modo a proteger a confidencialidade. Não inserimos, em momento nenhum, pontuação emocional, como pontos de exclamação, que não constasse do original. Reticências entre parênteses (...) indicam que removemos material irrelevante.

3. O estudioso de administração de empresas Jeffrey Pfeffer ofereceu provas e escreveu amplamente sobre a importância da "gestão centrada nas pessoas" para organizações de alto desempenho. Em nível amplo, suas conclusões são consistentes com as nossas, ver J. Pfeffer, *The Human Equation: Building Profits By Putting People First* (Boston: Harvard Business School Press, 1998); J. Pfeffer, "Building Sustainable Organizations: The Human Factor", *Academy of Management Perspectives* 24 (2010): 34-45. Mais recentemente, David Sirota e cols. defenderam argumentos semelhantes, com base em seus próprios dados; ver D. Sirota, L. A. Mischkind e M. I. Meltzer, *The Enthusiastic Employee: How Companies Profit by Giving Workers What They Want* (Upper Saddle River, NJ: Wharton School Publishing, 2005).

4. O estudioso de administração de empresas Robert Sutton, um especialista em comportamento organizacional, demonstrou, em grande parte de sua obra, que ações do dia a dia dos gestores de empresas podem exercer efeitos profundos sobre o bem-estar e a motivação dos funcionários. Suas conclusões sobre gestão e desempenho reforçam muitos dos argumentos que apresentamos ao longo deste livro. Por exemplo, ver R. Sutton, *Good Boss, Bad Boss: How to Be the Best... and Learn from the Worst* (Nova York: Business Plus, 2010).

5. P. T. Kilborn, "Strikers at American Airlines Say The Objective Is Respect", *New York Times*, 21 de novembro, 1993. As citações anteriores do comissário de bordo foram tiradas deste artigo.

6. Citado em Sirota, Mischkind e Meltzer, *The Enthusiastic Employee*, 115.

7. Pesquisa da Aon Hewitt Company, citada em G. A. Kohlrieser, "Engaging Employees Crucial for Their Morale", *The Nation (Thailand)*, 29 de novembro de 2010.

8. Especialistas que se dedicam ao estudo do comportamento organizacional concluíram que, no trabalho, as pessoas geralmente controlam suas demonstrações de sentimentos mais intensos ou suas percepções pessoais a respeito do que está acontecendo ao redor (e.g., J. E. Bono, H. J. Foldes, G. Vinson e J. P. Muros, "Workplace Emotions: The Role of Supervision and Leadership", *Journal of Applied Psychology* 92 [2007]: 1357-1367). O medo foi identificado como o principal motivo para o "silêncio" até sobre questões importantes (J. J. Kish-Gephart, J. R. Detert, L. K. Trevino e A. E. Edmondson. "Silenced by Fear: The Nature, Sources, and Consequences of Fear at Work", *Research in Organizational Behavior*, 29 (2009): 163-193).

9. Ao longo deste livro usamos os termos *motivação* e *impulso*, alternadamente com o mesmo sentido. Definições psicológicas formais distinguem impulsos biológicos (como a fome) de motivação (como o ímpeto de fazer seu próprio trabalho). Neste livro usamos os termos

mais coloquiais, *impulso, determinação, iniciativa,* como equivalentes de motivação. Por exemplo, Daniel H. Pink empregou o termo neste sentido em *Drive: The Surprising Truth About What Motivates Us* (Nova York: Riverhead Books, 2009). Também alternamos o termo coloquial *sentimentos* com *emoções,* e palavras *pensamentos* e *cognições* com *percepções* (embora os psicólogos façam distinções entre cognições e percepções).

CAPÍTULO 2

1. D. Watson e L. A. Clark, "Negative Affectivity: The Disposition to Experience Negative Emotional States", *Psychological Bulletin* 96, (1984): 465-490; T. M. Amabile, K. G. Hill, B. A. Hennessey, e E M. Tighe, "The Work Preference Inventory: Assessing Intrinsic and Extrinsic Motivational Orientation", *Journal of Personality and Social Psychology* 66 (1994): 950-967.
2. Conforme descrevemos no apêndice, a maioria das análises que fizemos tinha controle de personalidade. De maneira geral, a maior parte dos aspectos da personalidade não era de previsores significativos e, quando era, não explicava muito da variância na vida interior no trabalho.
3. T. M. Amabile e S. J. Kramer, "Inner Work Life: The Hidden Subtext of Business Performance", *Harvard Business Review*, maio de 2007, 72-83.
4. O termo cientificamente mais preciso é *afeto*, com a palavra *emoção* reservada para reações fortemente definidas para eventos específicos e *humores* se referindo a estados mais gerais de sentimentos. Usamos o termo *emoção* para nos referirmos a ambos porque acreditamos que seja mais compreensível. Ver A. P. Brief e H. M. Weiss "Organizational Behavior: Affect in Workplace", *Annual Review of Psychology* 53 (2002): 279-307.
5. Ver S. G. Barsade e D. E. Gibson, "Why Does Affect Matter in Organizations?", *Academy of Management Perspectives* 21 (2007): 36-59.
6. D. Goleman, *Emotional Intelligence: Why It Can Matter More Than IQ* (Nova York: Bantam Books, 1997); S. Goleman, R. Boyatzis e A. Mckee, *Primal Leadership: Learning to Lead with Emotional Intelligence* (Boston: Harvard Business School Press, 2002); P. Salovey e J. D. Mayer, "Emotional Intelligence", *Imagination, Cognition, and Personality* 9 (1990): 185-211.
7. A. M. Isen, "Positive Affect and Decision-Making", em M. Lewis e J. Haviland-Jones, eds. *Handbook of Emotions*, 2ª ed. (Nova York: Guilford, 2000), 417-435.
8. De acordo com a literatura, o sistema de racionalização atua mais fortemente em situações ambíguas, incertas ou inesperadas. No trabalho, como as pessoas geralmente esperam que seus supervisores e colegas sejam competentes e solidários, a racionalização atua mais profundamente quando estas expectativas são violadas. Algumas leituras básicas sobre o assunto incluem: E. Goffman, *Frame Analysis* (Cambridge, MA: Harvard University Press, 1974); K. E. Weik, *Sensemaking in Organizations* (Thousand Oaks, CA: Sage Publications, 1995); G. Klein, B. Moon e R. F. Hoffman, "Making Sense of Sensemaking I: Alternative Perspectives", *IEEE Intelligent Systems* 21 (2006): 70-73; G. Klein, B. Moon, e R. F. Hoffman, "Making Sense of Sen-

semaking II: A Macrocognitive Model", *IEEE Intelligent Systems* 21 (2006): 88-92; A. Wrzesniewski, J. E. Dutton e G. Debebe, "Interpersonal Sensemaking and the Meaning of Work", *Research in Organizational Behavior* 25 (2003): 93-135.

9. D. J. Campbell e R. Pritchard, "Motivation Theory in Industrial and Organizational Psychology," in *Handbook of Industrial and Organizational Psychology*, ed. M. D. Dunnette (Chicago: Rand McNally, 1976). 63-130; J. P. Campbell, "Modeling the Performance Prediction Problem in Industrial and Organizational Psychology", in *Handbook of Industrial and Organizational Psychology*, 2ª ed., vol. 1, eds. M. D. Dunnette e L. M. Hough (Palo Alto, CA: Consulting Psychologists Press, 1990), 687-732.

10. Muitos pesquisadores escreveram amplamente sobre as formas da motivação humana (por exemplo, S. E. Cross, P. L. Bacon e M. L. Morris, "The Relational-Interdependent Self-Construal and Relationships", *Journal of Personality and Social Psychology* 78 [2000]:191-208; E. L. Deci e R. M. Ryan, "The 'What' and 'Why' of Goal Pursuits: Human Needs and the Self-Determination of Behavior", *Psychology Inquiry* 11 (2000): 227-268; M. J. Gelfand, V. S. Major, J. L. Raver, L. H. Nishii e K. O'Brien, "Negotiating Relationally: The Dynamics of the Relational Self in Negotiations", *Academy of Management Review* 31 (2006): 427-451; A. M. Grant e J. Shin, "Work Motivation: Directing Energizing and Maintaining Research", *Oxford Handbook of Motivation*, ed. R. M. Ryan (Oxford: Oxford University Press, 2011); F. Herzberg, *The Motivation to Work* (Nova York: Wiley, 1959); e R. M. Ryan e E. L. Deci, "Self-Determination Theory and the Facilitation of Intrinsic Motivation, Social Development and Well-Being", *American Psychologist* 55 (2000): 68-78). Pesquisas recentes mostram que diferentes formas de motivação podem interagir de formas complexas (A. M. Grant, "Does Intrinsic Motivation Fuel the Prosocial Fire? Motivational Synergy in Predicting Persistence, Performance, and Productivity", *Journal of Applied Psychology* 93 (2008): 48-58).

11. K. R. Lakhani e E. Von Hippel,"How Open Source Software Works: 'Free' User-to-User Assistance", *Research Policy* 32 (2003): 923-943.

12. Pesquisadores de psicologia com frequência distinguem entre motivação relacional e motivação altruísta, ou *pró-social*. A primeira é definida como o desejo de se conectar com outras pessoas, e a última como o desejo de proteger e promover o bem-estar de outras pessoas. Uma vez que ambas são centradas em relacionamentos com outras pessoas, nós aqui as combinamos.

13. Ver T. M. Amabile, *Creativity in Context* (Boulder, CO: Westview Press, 1996). Abordaremos esta dinâmica com mais detalhe mais adiante no livro.

14. Em um artigo clássico, Frederick Herzberg apresenta provas demonstrando que, embora funcionários estejam insatisfeitos com salário e benefícios inadequados, eles não são motivados a fazer um excelente trabalho por estes fatores. Em vez disso, são motivados por um trabalho interessante, desafiador, que lhes permita obter realização. Ver F. Herzberg, "One More Time: How Do You Motivate Employees?", *Harvard Business Review*, janeiro – fevereiro de 1968, 53-62.

15. O que é um *evento*? Pesquisas psicológicas recentes resultaram em uma teoria fascinante sobre como as pessoas têm a percepção de que algo é um evento discreto ("o que está acontecendo agora"). A teoria sugere que a "memória de trabalho" do cérebro humano constrói representações de eventos porque elas melhoram a percepção e a capacidade de prever o que vai acontecer a seguir. Ver: J. M. Zacks, N. K. Speer, K. M. Swallow, T. S. Braver e J. R. Reynolds, "Event Perception: A Mind/Brain Perspective", *Psychological Bulletin* 133 (2007): 273-293. Esta pesquisa expande achados anteriores sobre a segmentação cognitiva de comportamento em eventos (por exemplo, D. Newtson, "Attribution and the Unit of Perception of Ongoing Behavior", *Journal of Personality and Social Psychology* 28 (1973): 28-38).
16. Têm crescido as indicações da psicologia e da neurociência de que emoções e pensamentos são indissociavelmente relacionados (por exemplo, E. A. Phelps, "Emotion and Cognition: Insights from Studies of the Human Amygdala", *Annual Review of Psychology* 57 (2006): 27-53).
17. P. J. Lang, M. M. Bradley, J. R. Fitzsimmons, B. N. Cuthbert, J. D. Scott, B. Moulder e V. Nangia, "Emotional Arousal and Activation of the Visual Cortex", *Psychophysiology* 35, (1998): 199-210.
18. Para mais informações sobre as fascinantes interações entre emoções e cognição, ver a obra de Antonio Damasio e Joseph LeDoux (por exemplo, A. Damasio, *Descartes' Error: Emotion, Reason and the Human Brain* (Nova York: Putman, 1994); A. Damasio, *The Feeling of What Happens: Body and Emotion in the Making of Consciousness* (Nova York: Harcourt, Inc., 1999); J. LeDoux, *The Emotional Brain: The Mysterious Underpinnings of Emotional Life* (Nova York: Simon & Schuster, 1996)).
19. Este exemplo hipotético é extraído de Damasio, *Descartes' Error.*

CAPÍTULO 3

1. Esta última citação é geralmente atribuída ao homem de negócios e político Joseph P. Kennedy, Sr. (1888-1969), pai do presidente John F. Kennedy e dos senadores Robert F. Kennedy e Edward M. Kennedy.
2. Por exemplo, N. Anderson, C. K. De Dreu e B. A Nijstad, "The Routinization of Innovation Research: A Constructively Critical Review of the State-of-the-Science", *Journal of Organizational Behavior* 25 (2004): 147-173; F. M. Andrews e G. F. Farris, "Time Pressure and Performance of Scientists and Engineers: A Five-Year Panel Study", *Organizational Behavior and Human Performance 8* (1972): 185-200; R. Eisenberger e J. Cameron, "Detrimental Effects of Reward: Reality or Myth?", *American Psychologist* 51 (1996): 1153-1166; S. Fineman, "On Being Positive: Concerns and Counterpoints", *Academy of Management Review 31* (2006): 270-291; J. M. George, "Review of Kim S. Cameron, Jane E. Dutton, and Robert E. Quinn", eds.: *Positive Organizational Scholarship: Foundations of a New Discipline*", *Administrative Science Quarterly* 49 (2004): 325-

329; e G. Kaufmann, "Expanding the Mood-Creativity Equation", *Creativity Research Journal* 15 (2003): 131-135.
3. J. M. George, J. Zhou, "Dual Tuning in Supportive Context: Joint Contributions of Positive Mood, Negative Mood, and Supervisory Behaviors to Employee Creativity", *Academy of Management Journal* 50, (2007): 605-622.
4. http://news.bbc.co.uk/2/hi/programmes/working_lunch/2985501.stm.
5. Por exemplo, T. M. Amabile, *Creativity in Context* (Boulder, CO: Westview Press, 1996); T. M. Amabile, S. G. Barsade, J. S. Mueller e B. M. Staw, "Affect and Creativity at Work", *Administrative Science Quarterly* 50 (2005): 367-403; T. M. Amabile, R. Conti, H. Coon, J. Lanzeby e M. Herron, "Assessing the Work Environment for Creativity", *Academy of Management Journal* 39 (1996): 1154-1184; J. Andrews e D. C. Smith, "In Search of the Marketing Imagination: Factors Affecting the Creativity of Marketing Programs for Mature Products", *Journal of Marketing Research* 33 (1996): 174-187; K. Byron e S. Khazanchi, "A Meta-Analytic Investigation of the Relationship of State and Trait Anxiety to Performance on Figural and Verbal Creativity Tasks", *Personality and Social Psychology Bulletin* (2011); e K. S. Cameron, J. E. Dutton e R. E. Quinn, eds. *Positive Organizational Scholarship: Foundations of a New Discipline* (San Francisco: Berrett-Koehler, 2003); A.M. Grant, "Does Intrinsic Motivation Fuel the Prosocial Fire? Motivational Synergy in Predicting Persistence, Performance, and Productivity", *Journal of Applied Psychology* 93 (2008): 108-124; J. R. Kelly e J. E. McGrath, "Effects of Time Limits and Task Types on Task Performance and Interaction of Four-Person Groups", *Journal of Personality and Social Psychology* 49 (1985): 395-407; A.K. Kirk e D. F. Brown, "Latent Constructs of Proximal and Distal Motivation Predicting Performance Under Maximum Test Conditions", *Journal of Applied Psychology* 88, (2003) 40-49; B. M. Staw e S. G. Barsade, "Affect and Managerial Performance: A Test of the Sadder-But-Wiser vs. Happier-And-Smarter Hypotheses", *Administrative Science Quarterly* 38 (1993): 304-331; e B. M. Staw, R. I. Sutton e L. H. Pelled, "Employee Positive Emotion and Favorable Outcomes at the Workplace", *Organizational Science* 5 (1994): 51-71.
6. A satisfação profissional é essencialmente uma combinação de percepções e emoções que temos a respeito de nosso trabalho. Esta análise sugere que a satisfação no trabalho conduz a um melhor desempenho, e não vice-versa: M. Riketta, "The Causal Relation Between Job Attitudes and Performance: A Meta-Analysis of Panel Studies", *Journal of Applied Psychology* 93 (2008): 472-481.
7. Staw, Sutton e Pelled, "Employee Positive Emotion and Favorable Outcomes at the Workplace". As medidas de desempenho no segundo período de tempo controlaram as avaliações no primeiro período. Isso significa que emoção no primeiro período prognosticou o desempenho no segundo período, independentemente do desempenho no primeiro período.
8. Na verdade, o cenário da pesquisa é mais matizado e complexo do que uma divisão nítida de dois lados. Simplificamos o debate para facilitar a exposição. Um trabalho que analisava dúzias de estudos concluiu que, de maneira global, humores positivos produzem mais

criatividade do que humores negativos (M. Baas, C. K. W. De Dreu e B. A. Nijstad, "A Meta-Analysis of 25 Years of Mood-Creativity Research: Hedonic Tone, Activation, or Regulatory Focus?" *Psychological Bulletin* 134 (2008): 779-806). Nosso trabalho concluiu que certas formas de pressão e motivação extrínseca podem dar apoio à criatividade sob as condições certas. (Ver T. M. Amabile, "Motivational Synergy: Toward New Conceptualizations of Intrinsic and Extrinsic Motivation in the Workplace", *Human Resource Management Review* 3 (1993): 185-201; e T. M. Amabile, C. N. Hadley e S. J. Kramer, "Creativity Under the Gun", *Harvard Business Review*, agosto de 2002, 52-61).

9. Assim que eles concordaram em participar, pedimos aos participantes que completassem os questionários padrão de avaliação de personalidade, estilo de pensamento, orientação motivacional, nível de escolaridade, tempo de serviço na organização e outras características demográficas. Conforme explicamos no apêndice, levamos em conta estas diferenças individuais em nossas análises estatísticas.

10. Amabile, Barsade, Mueller e Staw, "Affect and Creativity at Work".

11. Teóricos defenderam hipóteses convincentes sobre efeitos de incubação na criatividade (por exemplo, D. K. Simonton, *Origins of Genius; Darwinian Perspectives on Creativity* (Nova York: Oxford University Press, 1999)). Embora nosso estudo seja a primeira demonstração de um efeito de incubação em criatividade organizacional, vários pesquisadores recentemente encontraram efeitos de incubação no aprendizado: R. Stickgold, L. James e A. J. Hobson, "Visual Discrimination Learning Requires Sleep After Training", *Nature Neuroscience* 3 (2000): 1237-1238; R. Stickgold, L. Scott, C. Rittenhouse e A. J. Hobson, "Sleep-Induced Changes in Associative Memory", *Journal of Cognitive Neuroscience* 11 (1999): 182-193; R. Stickgold e M. Walker, "To Sleep, Perchance to Gain Creative Insight?", *Trends in Cognitive Science* 8 (2004): 191-192; U. Wagner, S. Gais, H. Haider, R. Verleger e J. Born, "Sleep Inspires Insight", *Nature* 427 (2004): 352-355; e M. P. Walker, T. Brakefield, J. Seidman, A. Morgan, J. Hobson e R. Stickgold, "Sleep and the Time Course of Motor Skill Learning", *Learning and Memory* 10 (2003): 275-284.

12. B. L. Fredrickson, "What Good Are Positive Emotions?" *Review of General Psychology* 2 (1998): 300-319.

13. Um total de 80% desses dias de pensamento criativo seguiu-se a dias em que o estado de humor geral de Marsha era mais positivo do que a média para ela, e 65% seguiram dias especialmente felizes (i.e. dias em que sua alegria estava mais alta do que o normal para ela). Suas emoções negativas nos dias precedentes a pensamento criativo eram a imagem inversa refletida no espelho. Sua raiva estava 75% abaixo da média dos dias precedentes, seu medo estava abaixo da média em 65% e sua tristeza estava abaixo da média em 60%.

14. Na escala de autoavaliação de perfil de humor, construída a partir de vários itens no questionário diário, o humor de Marsha estava quase um desvio padrão acima de sua média naquele dia.

15. Estes achados se basearam em pesquisas anteriores sobre criatividade organizacional. O trabalho a seguir não apenas relata estudo empírico investigando os efeitos do ambiente de trabalho na criatividade em empresas, mas também passa em revista grande parte das pesquisas anteriores: Amabile et al., "Assessing the Work Environment for Creativity". A fonte a seguir também passa em revista pesquisas empíricas sobre o tópico: M. A. West e A. W. Richter, "Climates and Cultures for Innovation and Creativity at Work", in *Handbook of Organizational Creativity*, eds. J. Zhou e C. Shalley (Nova York: Lawrence Erlbaum Associates, 2008): 211-236.

16. Nossas próprias pesquisas anteriores demonstraram uma forte relação entre desafio positivo percebido e criatividade na tarefa (e.g. Amabile et al., "Assessing the Work Environment for Creativity"). Um estudo de 2006 relatava uma ligação entre empoderamento e criatividade (B. J. Alge, G. A. Gallinger, S. Tangirala e J. L. Oakley, "Information Privacy in Organizations: Empowering Creative and Extrarole Performance", *Journal of Applied Psychology* 91 (2006): 221-232. Em dois estudos, organizações que respeitaram a privacidade das informações pessoais de seus funcionários aumentaram a percepção de empoderamento, que por sua vez, aumentou a criatividade dos funcionários. Um estudo anterior relatava um experimento de laboratório no qual alta autonomia no desempenho de tarefas era uma das três variáveis que, tomadas em conjunto, interagiam para produzir níveis superiores de criatividade dos participantes numa simulação em local de trabalho. (As outras duas variáveis eram feedback positivo transmitido em estilo informal: J. Zhou, "Feedback Valence. Feedback Style, Task Autonomy, and Achievement Orientation: Interactive Effects of Creative Performance", *Journal of Applied Psychology* 83 (1998): 261-276.)

17. Esta pesquisa inclui experimentos controlados, demonstrando que eventos que minam a motivação intrínseca também minam a criatividade, bem como estudos não experimentais demonstrando um relacionamento positivo entre motivação intrínseca e criatividade em diferentes campos. Os experimentos incluem T. M. Amabile, "Effects of External Evaluation on Artistic Creativity", *Journal of Personality and Social Psychology* 37 (1979): 221-233; T. M. Amabile, "Children's Artistic Creativity; Detrimental Effects of Competition in a Field Setting", *Personality and Social Psychology Bulletin* 8 (1982): 573-578; T. M. Amabile e J. Gitomer, "Children's Artistic Creativity: Effects of Choice in Task Materials", *Personality and Social Psychology Bulletin* 10 (1984): 209-215; T. M. Amabile, "Motivation and Creativity: Effects of Motivational Orientation on Creative Writers", *Journal of Personality and Social Psychology* 48 (1985): 393-399; T. M. Amabile, "The Motivation to Be Creative", in S. Isaksen, ed. *Frontiers of Creativity Research: Beyond the Basics* (Buffalo, NY: Bearly Limited, 1987); T. M. Amabile, B. A. Hennessey e B. S. Grossman, "Social Influences on Creativity: The Effects of Contracted-for Reward." *Journal of Personality and Social Psychology* 50 (1985); T. M. Amabile, P. Goldfarb e S. C. Brackfield, "Social Influences on Creativity: Evaluation, Coactions and Surveillance", *Creativity Research Journal* 3 (1990): 6-21; B. A. Hennessey, "The Effect of Extrinsic Constrains on Chil-

dren's Creativity While Using a Computer", *Creativity Research Journal* 2 (1989): 151-168; e B. A. Hennessey, T. M. Amabile e M. Martinage, "Immunizing Children Against the Negative Effects of Reward", *Contemporary Educational Psychology* 14 (1989): 212-227. Os não experimentais incluem: T. M. Amabile, K. G. Hill, B. A. Hennessey e E. M. Tighe, "The Work Preference Inventory: Assessing Intrinsic and Extrinsic Motivational Orientations", *Journal of Personality and Social Psychology* 66 (1994): 950-967; J. Ruscio, D. M. Whitney e T. M. Amabile, "Looking Inside the Fishbowl of Creativity: Verbal and Behavioral Predictors of Creative Performance", *Creativity Research Journal* 11 (1998): 243-263. Em anos recentes, Robert Eisenberger e cols. desafiaram o princípio da motivação intrínseca da criatividade em uma série de estudos. (Vocês poderão encontrar um sumário em R. Eisenberger e L. Shanock, "Rewards, Intrinsic Motivation, and Creativity", *Creativity Research Journal* 15 (2003): 121-130.) Especificamente, eles afirmam que recompensas podem aumentar a motivação intrínseca e a criatividade; nossos experimentos concluíram que recompensas podem ser percebidas como sendo controladoras e podem, portanto, minar a motivação intrínseca e a criatividade. Contudo, constatamos que, sob certas condições específicas, recompensas podem ter efeitos positivos (ver T. M. Amabile, "Motivational Synergy: Toward New Conceptualizations of Intrinsic and Extrinsic Motivation in the Workplace", *Human resource Management Review* 3 (1993): 185-201). Entretanto, acreditamos que tais condições devem ser cuidadosamente controladas e que, em termos mais gerais, o foco na recompensa como motivo para fazer alguma coisa na verdade mina a criatividade.

18. T. M. Amabile, "Motivation and Creativity". Este experimento foi conduzido na Brandeis University, assim como a maioria de nossos experimentos sobre motivação e criatividade. Amabile conduziu os primeiros destes experimentos na Universidade de Stanford.

19. F. X. Frei, R. J. Ely e L. Winig, "Zappos.com 2009: Clothing, Customer Service, and Company Culture", Case 9-610-015 (Boston: Harvard Business School, 2009), 4.

20. J. K. Harter, F. L. Schmidt, J. W. Asplund, E. A. Killham e S. Agrawal, "Causal Impact of Employee Work Perceptions on the Bottom Line of Organizations", *Perspectives on Psychological Science* 5 (2010): 378-389. Neste estudo, embora o desempenho da unidade estratégica de negócios em momentos anteriores no tempo de fato predissesse as percepções dos funcionários em momentos posteriores (demonstrando alguma causalidade inversa), suas percepções em momentos anteriores no tempo eram previsões bem mais fortes de desempenho posterior da unidade estratégica de trabalho (dando suporte à causalidade para o futuro que relatamos aqui).

21. A. Damasio, *The Feeling of What Happens: Body and Emotion in the Making of Consciousness* (San Diego: Harcourt, 1999) 60-71. Pesquisas recentes usando imagens do cérebro de pessoas à medida que elas vivenciavam diferentes emoções mostram padrões distintos de "aproximação" para emoções positivas e "recuo" para emoções negativas. (e. g. A. Bartels e S. Zeki, "The Neural Correlates of Maternal and Romantic Love", *NeuroImage* 21 (2004): 1155-1166;

e F. C. Murphy, I. Nimmo-Smith e A.D. Lawrence, "Functional Neuroanatomy of Emotions: A Meta-Analysis", *Cognitive, Affective & Behavioral Neuroscience* 3 (2003): 207-233). Emoções negativas, como medo e tristeza, podem resultar em atividade cerebral e padrões de pensamento prejudiciais a trabalho criativo produtivo: (a) evitar correr riscos (J. S. Lerner e D. Keltner, "Beyond Valence: Toward a Model of Emotion Specific Influences on Judgment and Choice", *Cognition and Emotion* 14 (2000): 473-493); (b) dificuldade de lembrança e planejamento (N. I. Eisenberger, "Identifying the Neural Correlates Underlying Social Pain: Implications for Developmental Processes", *Human Development* 49 (2006): 273-293); e (c) tomada de decisão racional (E. B. Andrade e D. Ariely, "The Enduring Impact of Transient Emotions and Decision Making", *Organizational Behavior and Human Decision Processes* 109 (2009): 1-8). O efeito negativo sobre tomada de decisões persiste mesmo depois que a emoção negativa se dissipou.

22. Fredrickson apresentou esta teoria "broaden-and-build" em dois trabalhos (Fredrickson, "What Good Are Positive Emotions?"; B. L. Fredrickson, "The Role of Positive Emotions in Positive Psychology: The Broaden and Build Theory of Positive Emotions", *American Psychologist* 56 (2001): 218-226). Outros psicólogos propuseram mecanismos semelhantes. A pesquisa de Alice Isen constatou que emoções positivas levam as pessoas a ver mais conexões entre as coisas, mas que emoções negativas as levam a pensar mais estreitamente. (A. M. Isen e K. A. Daubman, "The Influence of Affect on Categorization", *Journal of Personality and Social Psychology* 47 (1984): 1206-1217; A. M. Isen, P. Niedenthal e N. Cantor, "The Influence of Positive Affect on Social Categorization", *Motivation and Emotion* 16 (1992): 65-78; B. E. Kahn e A. M. Isen, "Variety Seeking among Safe, Enjoyable Products", *Journal of Consumer Research* 20 (1993): 257-270). Isen e cols. teorizaram que estas diferenças se devem a diferentes níveis de dopamina liberados sob emoções positivas e negativas (F. G. Ashby, A. M. Isen e A. U, Turken, "A Neuropsychological Theory of Positive Affect and Its Influence on Cognition", *Psychological Review* 106 (1999) 529-550). Em 1959, Easterbrook propôs que emoções negativas, como a ansiedade e o medo, estreitam a atenção (J. A. Easterbrook, "The Effect of Emotion on Cue Utilization and the Organization of Behavior", *Psychological Review* 66 (1959): 183-201). Em 1994, Derryberry e Tucker postularam a hipótese de que emoções positivas alargam o escopo da atenção (D. Derryberry e D. M. Tucker, "Motivating the Focus of Attention", in P. M. Neidenthal e S. Kitayama, eds., *The Heart's Eye: Emotional Influences in Perception and Attention* (San Diego, CA: Academic Press, 1994), 167-196).

23. B. L. Fredrickson e C. Branigan, "Positive Emotins Broaden the Scope of Attention and Thought-Action Repertoires", *Cognition and Emotion* 19 (2005): 313-332.

24. T. M. Amabile e R. Conti, "Changes in the Work Environment for Creativity During Downsizing", *Academy of Management Journal* 42 (1999): 630-640.

25. J. Welch e S. Welch, *Winning: The Answers Confronting 74 of the Toughest Questions in Business Today* (Nova York: Harper Collins, 2006).

CAPÍTULO 4

1. No Capítulo 3, mostramos que a vida interior no trabalho influencia duas outras dimensões de desempenho: comprometimento e coleguismo. Como estes não são aspectos do progresso diário no trabalho, não são diretamente relevantes para este capítulo.
2. De maneira interessante, em dias de progresso, as pessoas também relatavam mais pressão de tempo. Como debatemos no Capítulo 6, a pressão de tempo se relaciona com a vida interior no trabalho de formas fascinantes e complexas. A partir da análise aqui relatada, é impossível dizer o que causa isso. É possível que quando as pessoas sentem maior pressão do tempo, tenham probabilidade de conseguir trabalhar mais (ou seja, fazer mais progresso).
3. Esta é nossa definição formal de um evento de progresso: *A pessoa ou a equipe fez progresso, concluiu uma tarefa, avançou, foi produtiva, ou conseguiu obter um êxito no trabalho; isso poderia incluir obter um êxito criativo.*
4. Esta é nossa definição formal de revés: *A pessoa ou a equipe teve reveses ou falta de progresso ou de êxitos no trabalho; a pessoa ou a equipe encontraram dificuldades ou obstáculos no trabalho.*
5. A emoção que rotulamos de *amor* é uma combinação de carinho e afetuosidade com orgulho (inclusive orgulho de si mesmo).

CAPÍTULO 5

1. M. Dewhurst, M. Guthridge e E. Mohr, "Motivating People: Getting Beyond the Money", *Mckinsey Quarterly*, novembro de 2009, 1-5.
2. T. M. Amabile e S. J. Kramer, "What Really Motivates Workers", *Harvard Business Review*, janeiro de 2010, 44-45. Os gestores inquiridos representavam todos os níveis, desde líderes de equipe a diretores e altos executivos. Selecionados entre participantes de programas educativos para executivos e dos registros de ex-alunos de uma das melhores escolas de administração, eles representavam dúzias de diferentes empresas, em diferentes ramos de atividades.
3. Desde a publicação do clássico *Built to Last*, em 1994, a compreensão de gestores sobre a importância do progresso nas empresas aumentou. Uma tese central deste livro é que altos executivos têm que estimular o progresso (mudança contínua através de novas estratégias, novos métodos e assim por diante), ao mesmo tempo em que preservam a ideologia central na qual a firma foi estabelecida. J. C. Collins e J. I. Porras, *Built to Last: Successful Habits of Visionary Companies* (Nova York: HarperCollins, 1994).
4. S. D. Dobrev e W. P. Barnett, "Organizational Roles and Transition to Entrepreneurship", *Academy of Management Journal* 48 (2005): 433-449; N. Wasserman, "Founder-CEO Succession and the Paradox of Entrepreneurial Success", *Organization Science* 14 (2003): 149-172; N. Wasserman, *Founding Dilemmas* (Princeton, Nova Jersey, Princeton University Press, no prelo).
5. http://techcrunch.com/2011/03/03/jack-dorsey-twitter-punched-stomach/.

6. Vários teóricos da psicologia descreveram o papel da autoeficácia e conceitos relacionados. Todos sugerem que é uma faceta central da motivação humana (e.g. A. Bandura, *Self-Efficacy: The Exercice of Control* (Nova York: Freeman, 1997); E. L. Deci e R. M. Ryan, *Intrinsic Motivation and Self-Determination in Human Behavior* (Nova York: Plenum Press, 1985); M. E. Gist, "Self-Efficicacy: Implications for Organizational Behavior and Human Resource Management", *Academy of Management Review* 12 (1987): 472-485).
7. G. Fitch, "Effects of Self-Esteem, Perceived Performance, and Choice on Causal Attributions", *Journal of Personality and Social Psychology* 16, (1970): 311-315; S. Streufert and S. C. Streufert, "Effects of Conceptual Structure, Failure, and Success on Attribution of Causality and Interpersonal Attitudes", *Journal of Personality and Social Psychology* 11 (1969): 138-147.
8. L. F. Lavallee e J. D. Campbell, "Impact of Personal Goals on Self-Regulations Processes Elicited by Daily Negative Events", *Journal of Personality and Social Psychology* 69 (1995): 341-352.
9. Pesquisas com pessoas sofrendo de depressão demonstram que com frequência elas se engajam em autofocalização crônica (e.g. R. E. Ingram e T. S. Smith, "Depression and Internal Versus External Locus of Attention", *Cognitive Therapy and Research* 8 (1984); 139-152; T. W. Smith e J. Greenberg, "Depression and Self-Focused Attention", *Motivation and Emotion* 5 (1981): 323-331; T. W. Smith, R. E. Ingram e D. L. Roth, "Self-Focused Attention and Depression: Self-Evaluation, Affect, and Life Stress", *Motivation and Emotion* 9 (1985): 381-389). Outras pesquisas mostram uma ligação entre depressão e discrepâncias entre a visão de pessoas de seu "self ideal" e seu "self real" (e.g. E. T. Higgins, R. Klein e T. Strauman, "Self-Concept Discrepancy Theory: A Psychological Model for Distinguishing among Different Aspects of Depression and Anxiety", *Social Cognition* 3 (1985): 51-76; R. Laxer, "Self-Concept Changes of Depressed Patientes in General Hospital Treatment", *Journal of Consulting Psychology* 28 (1964): 214-219; M. Nadich, M. Gargan e L. Michael, "Denial, Anxiety, Locus of Control and the Discrepancy Between Aspirations and Achievements as Components of Depression", *Journal of Abnormal Psychology* 84 (1975): 1-9). Em psicologia social, a teoria de autorregulação propõe que episódios depressivos não crônicos resultam quando um evento confronta alguém com a dificuldade (ou aparente impossibilidade) de alcançar uma meta que é importante para sua identidade ou para seu sentido de valor próprio. (T. Pyszczynski e J. Greenberg, "Self-Regulatory Perseveration and the Depressive Self-Focusing Style: A Self-Awareness Theory of Reactive Depression", *Psychological Bulletin* 102 (1987): 122-128.)
10. Pyszczynski e Greenberg. "Self-Regulatory Perseveration and the Depressive Self-Focusing Style".
11. C. S. Carver e M. F. Scheier, " Origins and Functions of Positive and Negative Affect: A Control Process View", *Psychological Review* 97 (1990): 19-35; E. Diener, "Subjective Well-Being", *Psychological Bulletin* 95 (1984): 542-575.
12. Em nosso estudo, houve uma significativa correlação estatística entre o número de palavras na narrativa do "evento do dia" e a avaliação dos participantes de como o evento havia

afetado seus sentimentos com relação ao projeto (–,22); quanto mais negativos os sentimentos, mais os participantes escreviam sobre o evento.

13. A. Bandura e D. Cervone, "Self-Evaluative and Self-Efficacy Mechanisms Governing the Motivational Effects of Goal Systems, *Journal of Personality and Social Psychology* 45 (1983): 1017-1028; M. E. Gist, "Self-Efficacy"; C. Harris, K. Daniels e R. B. Briner, "A Daily Diary Study of Goals and Affective Well-Being at Work", *Journal of Occupational and Organizational Psychology* 76 (2003): 401-410.

14. B. L. Chaikin, "The Effects of Four Outcome Schedules on Persistence, Liking for the Task, and Attributions for Causality", *Journal of Personality* 3 (1971): 512-526.

15. J. A. Conger e R. N. Kanungo, "The Empowerment Process: Integrating Theory and Practice", *Academy of Management Review* 13 (1988): 471-482.

16. Os pesquisadores Richard Hackman e Gregory Oldham identificaram três elementos essenciais de significado do trabalho: variedade de habilidades ("o nível em que o emprego exige uma variedade de diferentes atividades para desempenhar o trabalho"), identidade de tarefa ("o nível em que um emprego exige que se execute uma parte completa e identificável do trabalho, isto é, realizar uma tarefa do princípio ao fim com um resultado visível"), e significância do trabalho ("o nível em que uma atitude tem um impacto substancial sobre a vida de outras pessoas, quer estas pessoas estejam dentro da empresa ou no mundo em geral"); ver J. R. Hackman e G. R. Oldham, *Work Redesign* (Reading, MA: Addison-Wesley, 1980): 78-79.

17. http://en.wikipedia.org/wiki/John_Sculley.

18. W. F. Cascio, "Changes in Workers, Work, and Organizations", in *Handbook of Psychology* 12, *Industrial and Organizational Psychology*, eds. W. Borman, R. Klimoski e D. Ilgen (Nova York: Wiley, 2003): 401-422.

19. De modo ideal, as opiniões da empresa e dos funcionários individualmente sobre "contribuição" terão um forte componente ético. Muitos administradores de empresas que caíram em desgraça, como por exemplo a Enron, provavelmente pensavam que estivessem gerindo para o progresso, e é muito provável que seus funcionários tenham se sentido muito satisfeitos ao ver o dinheiro entrando mês após mês. Embora estes indivíduos possam ter estado criando (temporariamente) valor monetário para si mesmos e para os acionistas, suas ações afinal destruíram o valor.

20. Em si mesmo, o significado do trabalho pode ter poderosos efeitos psicológicos. Essencialmente, as pessoas têm mais probabilidade de vivenciar bem-estar pessoal quando seu trabalho lhes é mais significativo. Várias fontes fornecem evidências, inclusive: K. A, Arnold, N. Turner, J. Barling, E. K. Kelloway e M. C. Mckee, "Transformational Leadership and Psychological Well-Being: the Mediating Role of Meaningful Work", *Journal of Occupational Health Psychology* 12 (2007): 193-203; R. F. Baumeister e K. D. Vohs, "The Pursuit of Meaningfulness in Life", in C. R. Snyder e S. J. Lopez, eds. *The Handbook of Positive Psychology* (Nova York: Oxford University Press, 2002): 608-618; S. Cartwright e N. Holmes, "The Meaning of Work: The Challenge of Regaining Employee Engagement and Reducing Cynicism", *Human Resource*

Management Review 16 (2006): 199-208; A. M. Grant, "The Significance of Task Significance: Job Performance Effects, Relational Mechanisms, and Boundary Conditions", *Journal of Applied Psychology* 93 (2008): 108-124; e J. R. Hackman, *Leading Teams: Setting the Stage for Great Performances* (Boston: Harvard Business School Press, 2002).

21. N. Wiener, *Cybernetics or Control and Communication in the Animal and the Machine* (Cambridge, MA/Paris: MIT Press/Hermann et Cie, 1948); B. Arthur, "Positive Feedbacks in the Economy", *Scientific American*, fevereiro de 1990, 80.

22. Em todas as 26 equipes e milhares de narrativas diárias que analisamos, vimos tanto o ciclo virtuoso quanto o ciclo vicioso ocorrendo repetidamente. Capítulos subsequentes descrevem alguns desses ciclos, através das histórias das empresas, equipes e indivíduos que estudamos. É através destas histórias, mais do que narrativas diárias individuais que o ciclo inteiro do *loop* do progresso realmente se revela.

CAPÍTULO 6

1. Observem a implicação: uma das três influências-chave na vida interior no trabalho, os catalisadores (o fator catalisador), influencia outra, o progresso (o princípio do progresso).

2. Vários pesquisadores já apontaram a importância de metas claras para um desempenho eficaz. De maneira geral, esta pesquisa enfatiza que as metas devem ser claras, significativas e desafiadoras, mas alcançáveis. (Ver E. A. Locke, e G. P. Latham, *A Theory of Goal-Setting and Task Performance* (Englewood Cliffs, NJ: Prentice-Hall, 1990).) Para uma visão global da importância de "direção convincente" para desempenho de equipe, ver: J. R. Hackman, *Leading Teams: Setting the Stage for Great Performances* (Boston: Harvard Business School Press, 2002). Um estudo anterior sugeriu que metas pouco claras representam o maior obstáculo para o desempenho da equipe (H. J. Thamhain e D. L. Wilemon, "Building High Performance Engineering Project Teams", *IEEE Transactions on Engineering Management* 34 (1987): 130-137). Outro estudo concluiu que as experiências particulares de medo no trabalho por parte dos gestores eram de maneira geral associadas à incerteza (K. Mignonac e O. HerrBach, "Linking Work Events, Affective States, and Attitudes: An Empirical Study of Managers' Emotions", *Journal of Business and Psichology* 19 (2004): 221-224). Finalmente, a clareza das metas pode ser importante para a criação de segurança psicológica no seio de uma equipe de trabalho (A. C. Edmondson e J. P. Mogelof, "Explaining Psychological Safety in Innovation Teams: Organizational Culture, Team Dynamics, or Personality?", in *Creativity and Innovation in Organizational Teams*, eds. L. L. Thompson e H. S. Choi (Nova York: Lawrence Erlbaum Associates, 2006)). De modo muito simples, sem metas claras, é impossível determinar prioridades, trabalhar eficazmente ou efetivamente como indivíduos, equipes ou organizações (H. H. Stevenson e J. L. Cruikshank, *Do Lunch or Be Lunch: The Power of Predictability in Creating Your Future* (Boston: Harvard Business School Press, 1998)).

3. Vários estudos demonstraram que diminuir a autonomia reduz a motivação intrínseca. Para mais informações sobre estas pesquisas ver: E. L. Deci e R. M. Ryan, *Intrinsic Motivation and Self-Determination in Human Behavior* (Nova York: Plenum Press, 1985); A. M. Grant e J. Shin, "Work Motivation: Directing, Energizing and Mantaining Research", in *Oxford Handbook of Motivation*, ed. R. M. Ryan (Oxford: Oxford University Press, 2011); R. M. Ryan e E. L. Deci, "Self-Determination Theory and the Facilitation of Intrinsic Motivation, Social Development, and Well-Being", *American Psychologist* 55 (2000): 68-78. Pesquisas também demonstraram que a autonomia aumenta a criatividade (T. M. Amabile e J. Gitomer, "Children's Artistic Creativity: Effects of Choice in Task Materials", *Personality and Social Psychology Bulletin* 10 (1984): 209-215).
4. Um número considerável de pesquisas demonstrou a importância da disponibilidade de recursos para o alto desempenho (e.g. M. Tushman e R. Nelson, "Technology, Organizations and Innovation: An Introcuction", *Administrative Science Quarterly* 35 (1990): 1-8; B. Wernerfelt, "A Resource-Based View of the Firm", *Strategic Management Journal* 5 (1984): 171-180). Contudo, embora um desempenho eficaz exija suficiência de recursos, é possível que se tenham recursos demais de certos tipos. Por exemplo, ter gente demais numa equipe pode resultar em problemas de motivação, os indivíduos fazem menos esforço do que fariam se houvesse menos gente (B. Latane, K. Williams e S. Harkins, "Many Hands Make Light the Work: The Cause and Consequences of Social Loafing", *Journal of Personality and Social Psychology* 37 (1979): 822-832). Além disso, embora seja importante que se tenha gente suficiente para a boa execução de um projeto, ter gente demais pode resultar em problemas de coordenação (Hackman, *Leading Teams*, 116-122). Alguns estudiosos sugeriram que excesso de todos os tipos de recursos pode resultar em aversão ao risco, passividade e menor inovação (e.g. D. Levinthal e J. March, "The Myopia of Learning", *Strategic Management Journal* 14 (1993): 95-112).
5. Jeffrey Pfeffer, professor de comportamento organizacional na Stanford University's Graduate School of Business descreveu os efeitos negativos da reestruturação com redução de custos (downsizing) sobre pessoas e empresas em um artigo de 2010, "Lay Off the Layoffs" (*Newsweek*, 15 de fevereiro de 2010, 32-37).
6. Mais pesquisas sugerem que a pressão do tempo mina formas complexas de trabalho do que o contrário (e.g. T. M. Amabile, R. Conti, H. Coon, J. Lazenby e M. Herron, "Assessing the Work Environment for Creativity", *Academy of Management Journal* 39 (1996): 1154-1184; J. Andrews e D. C. Smith, "In Search of the Marketing Imagination: Factors Affecting the Creativity of Marketing Programs for Mature Products", *Journal of Marketing Research* 33 (1996): 174-187). Contudo, algumas pesquisas revelaram um relacionamento positivo (e.g. F. M. Andrews e G. F. Farris, "Time Pressure and the Performance of Scientists and Engineers: A Five-Year Panel Study", *Organizational Behavior and Human Performance* 8 (1972): 185-200). Um estudo recente encontrou até um relacionamento curvilinear, com o mais alto nível de criatividade em um nível moderado de pressão de tempo – mas somente para certas pessoas,

sob certas circunstâncias (M. Baer e G. Oldham, "The Curvilinear Relation between Experienced Creative Time Pressure and Creativity: Moderating Effects of Openness to Experience and Support for Creativity", *Journal of Applied Psychology* 91 (2006): 963-970).

7. Pesquisas sugerem que os postos de trabalho se tornaram cada vez mais interdependentes e que as organizações cada vez mais usam equipes como unidades básicas de trabalho (D. R. Ilgen e E. D. Pulakos, *The Changing Nature of Performance: Implications for Staffing, Motivation, and Development* (San Francisco: Jossey-Bass, 1999). Além disso, provas encontradas em pesquisas mostram que a ajuda no seio das equipes é benéfica não só para a equipe, mas para a organização em termos mais amplos. Por exemplo, ver S. E. Anderson e L. J. Williams, "Interpersonal Job, and Individual Factors Related to Helping Processes at Work", *Journal of Applied Psychology* 81 (1996): 282-296; W. C. Borman e S. J, Motowidlo, "Expanding The Criterion Domain to Include Elements of Contextual Performance", in *Personnel Selection in Organizations*, eds. N. Schmitt e W. C. Borman (San Francisco: Jossey-Bass, 1993), 71-98; D. W. Organ, *Organizational Citizenship Behavior: The "Good Soldier" Syndrome* (Lexington, MA: Lexington Books, 1988); L. Van Dyne, L. L. Cummings e J. McLean Parks, "Extra Role Behaviors: In Pursuit of Construct and Definitional Clarity (a Bridge over Muddied Waters)", in *Research in Organizational Behavior*, vol. 17, eds. L. L. Cummings e B. M. Staw (Greenwich, CT: JAI Press, 1995): 215-285. Em geral, prestar ajuda é vitalmente importante nas organizações (S. J. Motowidlo, "Some Basic Issues Related to Contextual Performance and Organizational Citizenship Behavior in Human Resource Management", *Human Resource Management Review* 10 (2000): 115-126). Um estudo recente de empregos de serviços profissionais demonstrou que *buscar ajuda* também pode ser importante, especialmente ao preparar o cenário para momentos de criatividade de grupo (A. B. Hargadon e B. A. Bechky, "When Collections of Creatives Become Creative Collectives: A Field Study of Problem Solving at Work", *Organization Science* 17 (2006): 484-500). Este estudo também revelou a importância de uma cultura organizacional que encoraje e premie tanto procurar quanto prestar ajuda.

8. A psicóloga Carol Dweck e seus colegas de trabalho realizaram mais de três décadas de pesquisa demonstrando que o desempenho se beneficia quando as pessoas consideram a habilidade algo que elas podem desenvolver ao longo do tempo, em vez de alguma coisa inerentemente fixa. Nesta pesquisa, erros e reveses são veículos essenciais para o aprendizado (C. S. Dweck, *Mindset: The New Psychology of Success* (Nova York: Random House, 2006)).

9. Existe um volume considerável de pesquisa e teorias sugerindo que grupos e organizações terão desempenhos mais eficazes e mais criativos quando a cultura é de segurança psicológica. (Por exemplo, A. Edmondson, "Psychological Safety and Learning Behaviors in Work Teams", *Administrative Science Quarterly* 44 (1999): 350-383; W. A. Kahn, "Psychological Conditions of Personal Engagement and Disengagement at Work", *Academy of Management Journal* 33 (1990): 692-724.)

10. Um resumo de pesquisa sobre a importância do fluxo de ideias para a criatividade e a inovação em organizações pode ser encontrado em T. M. Amabile, *Creativity in Context* (Boulder,

CO: Westview Press, 1996). R. Keith Sawyer resume grande parte da pesquisa, relacionando fluxo de ideias colaborativo para desempenho criativo de grupos (R. K. Sawyer, *Group Genius: the Creative Power of Collaboration* (Nova York: Basic Books, 2007)). Diversos acadêmicos têm ficado fascinados pelo fenômeno da colaboração criativa (e.g., V. John-Steiner, *Creative Collaboration* (Nova York: Oxford University Press, 2000)). Uma visão mais geral da eficácia de colaboração em trabalho de grupo pode ser encontrada em R. A. Guzzo e M. W. Dickson, "Teams in Organizations: Recent Research on Performance and Effectiveness", *Annual Review of Psychology* 47 (1996): 307-338.

11. Embora estudiosos organizacionais façam distinções entre clima e cultura, várias definições dos dois construtos se sobrepõem. Quase todas incluem valores, normas e procedimentos percebidos. (Ver: J. R. Rentsch, "Climate and Culture: Interaction and Qualitative Differences in Organizational Meanings", *Journal of Applied Psychology* 75 (1990): 668-681; M. L. Tushman e C. O'Reilly, "Management Problem Solving: A Congruence Approach", in *Managing Strategic Innovation and Change: A Collection of Readings*, eds. M. L. Tushman e P. Anderson (Nova York: Oxford University Press, 2004): 194-205.)

12. E. H. Shein, "The Role of the Founder in Creating Organizational Culture", *Organizational Dynamics* 12 (verão, 1983): 13-28.

13. Descobrimos estas três forças centrais do clima a partir de todos os diários, entrevistas e observações que fizemos em todas as sete empresas e 26 equipes participantes de nosso estudo. Estas mesmas forças de clima geram os eventos interpessoais do fator de nutrição – nutridores e toxinas – que abordamos no Capítulo 7.

14. Na história de Arthur Conan Doyle, "Estrela de Prata", Sherlock Holmes acha revelador que um cachorro não tivesse latido na noite de um crime. (Ele deduziu que alguém conhecido do animal devia ter cometido o crime, uma vez que o cachorro teria latido para um estranho.) A relativa ausência de inibidores nos diários da equipe Vision nos levou a suspeitar que inibidores raramente perturbavam o trabalho da equipe. Quando nos reunimos com a equipe depois de encerrado nosso estudo e lhes pedimos que descrevessem suas condições de trabalho, nossas suspeitas foram confirmadas.

15. Jim Collins, *Good to Great: Why Some Companies Make the Leap... And Others Don't* (Nova York: HarperCollins, 2001).

16. O humor autoavaliado de Dave nesse dia estava a um quarto do desvio padrão acima de sua média.

17. M. Moskowitz, R. Levering e C. Tkaczyk, "100 Best Companies to Work For", *Fortune*, 13 de Janeiro de 2010, 75-88. A W. L. Gore também recebeu prêmios por suas subsidiárias ao redor do mundo. A Gore repetidamente esteve no topo das listas de Melhores Locais de Trabalho dos Estados Unidos, Reino Unido, França, Suécia, Itália e Alemanha. De acordo com o *website* da W. L. Gore, "Associados (não funcionários) são contratados para áreas gerais de trabalho. Com a orientação de seus patronos (não patrões) e uma compreensão crescente das oportunidades e dos objetivos da equipe, eles se dedicam a projetos que combinam com suas habilida-

des e talentos. Tudo isso tem lugar em um ambiente que combina liberdade com cooperação, e autonomia com sinergia" (http://www.gore.com/en_xx/aboutus/culture/index.html). De acordo com as mais recentes informações disponíveis, a Gore tem tido lucro todos os anos desde a sua fundação, em 1958 (A. Harrington, "Who's Afraid of a New Product?", *Fortune*, 10 de novembro de 2003, 189-192).

18. O humor de Sophie, em 26 de abril, estava quase dois desvios padrão abaixo de sua média.
19. A motivação intrínseca de Ben naquele dia estava um desvio padrão abaixo de sua média.

CAPÍTULO 7

1. Existem três fontes básicas de provas. Primeira, no estudo melhores dias/piores dias, relatado no Capítulo 4, o fator de nutrição foi um dos principais diferenciadores entre os melhores e os piores dias de vida interior no trabalho. Definimos nutridores (ou apoio interpessoal) como o relato de alguém (na narrativa diária) sobre ter recebido apoio orientado para encorajamento, consolo, e/ou sobre ter oferecido outras formas de ajuda socioemocional naquele dia. *Ajuda socioemocional* significa simplesmente que as emoções ou opiniões do empregado foram validadas de alguma forma (mesmo se apenas pelo fato de ser realmente ouvido), ou que alguma forma de conforto e encorajamento foram dadas – seja com relação ao trabalho, seja com relação a uma questão pessoal. Às vezes, podia significar apenas se divertir com os colegas de trabalho ou apreciar a presença deles. A segunda fonte de provas é um achado sobre colaboração no estudo melhores dias/piores dias. Embora não seja um diferenciador tão forte quanto os três chave, a colaboração (o simples fato de trabalhar com alguém mais) era mais frequente nos melhores do que nos piores dias. A terceira fonte de provas vem das análises que fizemos do estado de humor das pessoas, conforme relatado nas questões de escala numérica do questionário diário. Em uma análise inicial, constatamos que os estados de humor eram significativamente mais positivos nos dias em que as pessoas relatavam colaboração. Contudo, para reduzir a possibilidade de que esse resultado se devesse apenas a um maior progresso quando os esforços de um empregado eram combinados com os de outro, eliminamos da análise todos os dias em que as pessoas relatavam colaboração e progresso. Ainda assim, constatamos que os estados de humor eram significativamente mais positivos em dias em que havia colaboração, sugerindo que há algo no simples fato de estar com outra pessoa que pode ser encorajador, animador.
2. Algumas pesquisas sugerem que, quando as pessoas falam sobre seu trabalho com entrevistadores, elas se concentram mais no significado de suas ligações com os colegas do que no significado do trabalho em si. Ver L. E. Sandelands e C. J. Boudens, "Feeling at Work", in *Emotion in Organizations*, ed. S. Fineman (Londres: Sage, 2000): 46-63.
3. Aqueles que dão nutridores a seus colegas e subordinados não apenas se beneficiam da vida interior no trabalho dos outros, mas podem também beneficiar a organização e suas próprias carreiras. Em um estudo, funcionários que tendiam a fazer com que seus colegas se sentis-

sem energizados (ou motivados) recebiam melhores avaliações de desempenho, progrediam mais rapidamente na carreira e inspiravam mais inovação do que aqueles que eram "desenergizadores" (R. Cross e A. Parker, *The Hidden Power of Social Networks: Understanding How Work Really Gets Done in Organizations* (Boston: Harvard Business School Press, 2004)).

4. Um estudo recente constatou que profissionais de serviços humanos trabalhando em ambientes emocionalmente difíceis, como hospitais pediátricos, centros de tratamento de drogados ou um hospital especializado em saúde mental, não só se sentiam melhor emocionalmente, mas também relatavam ser capazes de ser mais eficientes em lidar com as exigências de seu trabalho quando as emoções negativas que eles confidenciavam a seus colegas de trabalho eram validadas (C. N. Hadley, "The Social Processing of Positive and Negative Emotions in Work Groups" (PhD diss., Harvard University, 2005)).

5. Pesquisadores encontraram importantes associações tanto entre respeito e vida interior no trabalho quanto com o desempenho. Em um dos trabalhos, os pesquisadores combinaram os resultados de 183 estudos e descobriram que ser tratado com cortesia, dignidade e respeito resulta em mais alta satisfação no trabalho, mais alto comprometimento com a organização, maior cidadania organizacional, e mais alto desempenho; ver J. A. Colquitt, D. E. Conlon, M. J. Wesson, O. L. H. Porter e K. Y. Ng, "Justice at the Millennium: A Meta-Analitic Review of Organizational Behavior Research", *Journal of Applied Psychology* 86 (2011): 425-445. Maior respeito também resulta em níveis mais baixos de exaustão emocional; ver L. Ramarajan, S. G. Barsade e O. R. Burack, "The Influence of Organizational Respect on Emotional Exhaustion in Human Services", *Journal of Positive Psychology* 3 (2008): 4-18. Interações respeitosas entre líderes e subordinados foram relacionadas à maior satisfação, comprometimento, clareza de papel e competência percebida; ver C. R. Gerstner e D. V. Day, "Meta-Analytic Review of Leader-Member Exchange Theory: Correlates and Construct Issues", *Journal of Applied Psychology* 82 (1997): 827-844. Incivilidade ou falta de respeito têm sido relacionados à menor satisfação e pior saúde mental; ver S. Lim, L. M. Cortina e V. J. Magley, "Personal Workgroup Incivility: Impact on Work and Health Outcomes", *Journal of Applied Psychology* 93 (2008): 95-107.

6. Manifestar confiança em subordinados juntamente com alta expectativa de desempenho leva a um sentido mais forte de empoderamento e à mais alta motivação; ver W. Burke, "Leadership as Empowering Others", in *Executive Power*, ed. S. Srivastra (San Francisco: Jossey-Bass, 1986), 51-77; e J. A. Conger, "Leadership: The Art of Empowering Others", *Academy of Management Executive* 32 (1989): 17-24. O estabelecimento de metas inspiradoras e/ou significativas também leva a um sentido de empoderamento e a uma maior motivação dos funcionários; ver W. Bennis e B. Nanus, *Leaders: The Strategics for Taking Charge* (Nova York: Harper & Row, 1985) e J. A. Conger e R. N. Kanungo, *Charismatic Leadership in Organizations* (Thousand Oaks, CA: Sage Publications, 1998).

7. Quando líderes demonstram interesse ou manifestam apoio, os subalternos ficam ao mesmo tempo mais satisfeitos e mais motivados; ver T. A. Judge, R. F. Piccolo e R. Ilies, "The Forgot-

ten Ones? The Validity of Consideration and Initiating Structure in Leadership Research", *Journal of Applied Psychology* 89 (2004): 36-51. O apoio de supervisores se revelou ser um antecedente de apoio organizacional, que por sua vez está relacionado a altos níveis de comprometimento, satisfação no emprego, humor positivo e baixos níveis de tensão e rotatividade; ver L. Rhoades e R. Eisenberger "Perceived Organizational Support: A Review of the Literature", *Journal of Applied Psychology* 87 (2002): 698-714.

8. Fomentar o espírito de equipe é uma das maneiras mais eficazes de aumentar a satisfação no emprego e melhorar atitudes do trabalho; ver G. A. Neuman, J. E. Edwards e N. S. Raju, "Organizational Development Interventions: A Meta-Analysis of Their Effects on Satisfaction and Other Attitudes", *Personnel Psychology* 42 (1989): 461-489. A afiliação também influencia a vida interior no trabalho ao criar um sentido de confiança. A percepção de confiança está associada à maior satisfação e comprometimento com o trabalho; ver K. T. Dirks e D. L. Ferrin, "The Role of Trust in Organizational Settings", *Organization Science* 12 (2001): 450-467.

9. Nossa pesquisa de 669 administradores de empresas, relatada no Capítulo 5, sugere exatamente isso; ver T. M. Amabile e S. J. Kramer, "What Really Motivates Workers", *Harvard Business Review*, janeiro de 2010, 44-45.

10. K. A. Jehn, "A Multimethod Examination of the Benefits and Detriments of Intragroup Conflict", *Administrative Science Quarterly* 40 (1995): 256-282; K. A. Jehn, "A Qualitative Analysis of Conflict Types and Dimensions in Organizational Groups", *Administrative Science Quarterly* 42 (1997): 530-557.

11. De maneira nada surpreendente, pesquisadores constataram que o conflito no seio de uma equipe pode minar o desempenho, e que a maneira como o conflito é tratado faz uma diferença considerável no desempenho da equipe a longo prazo (K. J. Behfar, R. S. Peterson, E. A. Mannix e W. M. K. Trochim, "The Critical Role of Conflict Resolution in Teams: A Close Look at the Links Between Conflict Type, Conflict Management Strategies, and Team Outcomes", *Journal of Applied Psychology* 93 (2008): 170-188).

12. Naquele dia, o humor geral de Barbara estava um desvio padrão abaixo da média.

13. A medida de avaliação do estilo de solução de problema em que Barbara e Roy diferiram tanto foi o Kirton Adaptation-Innovation Inventory (KAI). Com relação ao resto da equipe, Barbara era uma extrema "inovadora" no KAI e Roy era um extremo "adaptador". De acordo com a teoria de adaptação-inovação, o estilo de solução de problemas independe do potencial criativo; isto é, pessoas com quaisquer dos dois estilos podem produzir resultados muito criativos. Além disso, ter pessoas de estilos diferentes em uma equipe pode ser uma vantagem, se as diferenças forem bem administradas. Se não forem, o resultado é um conflito interpessoal prejudicial; ver M. J. Kirton, "Adaptors and Innovators: A Description and Measure", *Journal of Applied Psychology* 61 (1976): 622-629; M. J. Kirton, "Adaptors and Innovators in Organizations", *Human Relations* 33 (1980): 213-224.

14. De acordo com a teoria de adaptação-inovação, diferenças de estilo na solução de problemas entre dois membros de uma equipe podem ser administradas de várias maneiras. Um

facilitador, por exemplo, pode ajudar os indivíduos e seus colegas de equipe a compreenderem e apreciarem as diferenças. Além disso, um ou mais funcionários cujo estilo é intermediário podem agir como "pontes" entre os dois, mediando a comunicação. Na equipe Focus, Donald poderia ter desempenhado este papel, porque seu estilo era intermediário entre o de Roy e o de Barbara. Infelizmente, como ele era muito novo na empresa, não estava preparado para atuar como "ponte". Se diferenças notáveis entre membros de equipe não são mediadas eficazmente, um conflito interpessoal destrutivo pode tirar o trabalho da equipe dos trilhos; ver Kirton, "Adaptors and Innovators" e "Adaptors and Innovators in Organizations".

15. Por exemplo, no dia 17 de março, a motivação intrínseca de Dustin estava mais do que um desvio padrão abaixo de sua média e seu estado global de humor estava mais do que um desvio padrão abaixo de sua média.
16. A "amabilidade" é uma das cinco dimensões da personalidade avaliadas pelo teste que usamos (P. T. Costa e R. R. McCrae, *NEO-PI-R: Professional Manual* (Odessa, FL: Psychological Assesment Resources, 1992)). A *amabilidade* inclui a crença de uma pessoa na sinceridade e nas boas intenções de outras, franqueza de expressão, interesse ativo pelo bem-estar dos outros, resposta modulada a conflito interpessoal, tendência de ser humilde com relação a seus êxitos, e atitude de simpatia pelos outros.
17. Reconquistar a confiança é bem mais difícil do que estabelecê-la. Além disso, exige não só reconstruir expectativas positivas, mas, antes disso, apagar expectativas negativas; ver P. H. Kim, D. L. Ferrin, C. D. Cooper e K. T. Dirks, "Removing the Shadow of Suspicion: The Effects of Apology vs Denial for Repairing Ability vs Integrity-Based Trust Violations", *Journal of Applied Psychology* 89 (2004): 104-118.
18. Das 26 equipes em nosso estudo, cinco tinham colíderes.
19. Este foi um padrão comum em nossas 26 equipes.
20. C.-Y. Chen, J. Sanchez-Burkes e F. Lee, "Connecting the Dots Within: Creative Performance and Identity Integration", *Psychological Science* 19 (2008): 1178-1184.
21. A pontuação do humor de Helen naquele dia foi quase dois desvios padrão acima de sua média.
22. As informações sobre o comportamento de liderança de Shackleton foram extraídas de M. Morrell e S. C. Capparell, *Shackleton's Way: Leadership Lessons from the Great Antarctic Explorer* (Nova York: Viking, 2001); D. Perkins, M. Holtman, P. Kessler e C. McCarthy, *Leading at the Edge: Leadership Lessons from the Extraordinary Saga of Shackleton's Antarctic Expedition* (Nova York: Amacom, 2000); N. Koehn, "Leadership in Crisis: Ernest Shackleton and the Epic Voyage of *Endurance*", Case 9-803-127 (Boston: Harvard Business School, 2002).
23. Vocês poderão conhecer melhor esta fascinante história de sobrevivência através de um episódio da série da PBS Television *Nova*, "Shackleton's Voyage of Endurance".
24. Shackleton intuitivamente usou o princípio do progresso e o fator catalisador além do fator de nutrição. Sobretudo, ele compreendeu a importância do progresso em tarefas significativas. Na longa caminhada em direção à terra, o grupo partiu arrastando sobre o gelo dois

botes salva-vidas cheios de provisões. Caminhavam durante a noite, quando o gelo ficava mais duro e dormiam durante o dia quando era mais quente. O progresso deles foi tão difícil e lento que um dos membros da tripulação sugeriu que apenas esperassem até que o gelo flutuasse em direção à costa. A resposta de Shackleton foi para tentar avançar: "Será muito melhor para os homens sentir que, apesar de o progresso ser lento, eles estão a caminho da terra, do que apenas sentar e esperar que uma tardia correnteza noroeste nos tire deste cruel deserto de gelo" (Perkins et al., *Leading at the Edge*). Embora finalmente eles tivessem sido obrigados a abandonar a marcha, Shackleton continuou a liderar sua equipe rumo ao resgate.

25. R. K. Greenleaf, *The Power of Servant Leadership: Essays* (San Francisco: Berrett-Koehler, 1998); M. J. Neubert, D. S. Carlson, J. A. Roberts, K. M. Kacmar e L. B. Chonko, "Regulatory Focus as a Mediator of The Influence of Initiating Structure and Servant Leadership on Employee Behavior", *Journal of Applied Psychology* 93 (2008): 1220-1233; F. Jaramillo, D. B. Grisaffe, L. B. Chonko e J. A. Roberts, "Examining the Impact of Servant Leadership on Sales Force Performance", *Journal of Personal Selling & Sales Management* 29 (2009): 257-275.

26. P. F. Drucker, *The Essential Drucker: The Best of Sixty Years of Peter Drucker's Essential Writings on Management* (Nova York: HarperCollins, 2005): 81.

CAPÍTULO 8

1. De todas as 26 equipes de nosso estudo, a equipe NewPoly se classificou na posição mais alta no quesito de percepções de realizar um trabalho positivamente desafiador.

2. Pelo menos em teoria, todos os líderes de equipe em nosso estudo deveriam ter estado engajados com a equipe e com o projeto, todos os dias. Selecionamos equipes usando vários critérios (ver apêndice). Um desses critérios era de que o líder teria que estar dedicado em tempo integral ao projeto da equipe.

3. Entre líderes exemplares se incluem vários que apresentamos neste livro: Mark Hamilton, chefe da divisão que estudamos na O'Reilly; Dave, líder da equipe Vision da O'Reilly; Ruth e Harry, os líderes da Infosuite; e Graham, líder da NewPoly.

4. A. Gawande, *The Checklist Manifesto: How to Get Things Right* (Nova York: Metropolitan Books, 2009).

5. Sem uma abordagem disciplinada para extrair conclusões e tomar decisões, todos os seres humanos estão sujeitos a tendências de polarização e erros cognitivos. Para uma boa passada em revista de como essas polarizações e erros podem afetar gestores, ver M. Bazerman e D. Moore, *Judgment in Managerial Decision Making*, 7th ed. (Nova York: John Wiley and Sons, Inc., 2008).

6. A motivação intrínseca de Ruth naquele dia estava 1,62 desvio padrão acima de sua média.

7. Alguns desses benefícios se estendem para além da vida interior no trabalho. Rob Cross e cols. documentaram que pessoas que fazem seus colegas se sentirem mais "energizados" (ou

motivados) tendem a receber avaliações de desempenho mais favoráveis, a progredir mais rapidamente na carreira e a dar ensejo a mais inovação do que aqueles que são "desenergizadores" (R. Cross e A. Parker, *The Hidden Power of Social Networks: Understanding How Work Really Gets Done in Organizations* (Boston: Harvard Business School Press, 2004)).
8. Embora o humor de Marsha estivesse 2.13 desvios padrão abaixo de sua média no dia 20 de maio, passou a 0,43 desvios padrão acima de sua média no dia 21 de maio.

CAPÍTULO 9

1. W. George e A. N. McLean, "Anne Mulcahy: Leading Xerox Through the Perfect Storm", Case-9-405-050 (Boston: Harvard Business School, 2005): 11.
2. Ibid., 10.
3. Em nosso estudo de líderes de equipe, usamos análise qualitativa idêntica à usada para estudar as influências sobre a vida interior no trabalho. Concentramo-nos em pelo menos um líder de cada uma das sete empresas no estudo. No total, analisaremos os diários completos de 13 líderes, cobrindo 10 equipes diferentes.
4. Em nossa pergunta aberta sobre o que, se é que havia alguma coisa, eles haviam obtido do estudo, 33% dos participantes responderam que ganharam autoconhecimento.

APÊNDICE

1. Estamos profundamente gratos à assistente de pesquisa Yana Litovsky por sua inestimável assistência na redação deste apêndice. Além disso, ela colaborou conosco para disfarçar as informações, pôs em prática esses disfarces e realizou e/ou sumarizou muitas das análises aqui apresentadas.
2. Debatemos algumas das vantagens e desvantagens de nosso método de pesquisa em T. M. Amabile e S. J. Kramer, "Meeting the Challenges of a Person-Centric Work Psychology", *Industrial and Organizational Psychology* 4 (2011): 116-121.
3. Descrevemos e analisamos este trabalho de colaboração incomum e frutífero em T. M. Amabile, C. Patterson, S. J. Mueller, T. Wojcik, P. Odomirok, M. Marsh e S. Kramer, "Academic Practitioner Collaboration in Management Research: A Case of Cross-Profession Collaboration", *Academy of Management Journal* 44 (2001): 418-431.
4. Vários excelentes pesquisadores associados estiveram envolvidos em contatos com participantes e coletagem de dados, inclusive Susan Archambault, Melanie Paquette, Jeremiah Weinstock e Dean Whitney.
5. Tiramos nossa inspiração para este método de pesquisas anteriores que tinham como meta compreender a experiência psicológica em tempo real. (Ver M. Csikszentmihalyi e I. S. Csikszentmihalyi, eds. *Optimal Experience: Psychological Studies of Flow in Consciousness* (Cambridge: Cambridge University Press, 1998); e M. Csikszentmihalyi e R. Larson, "Validity and Reliabi-

lity of the Experience Sampling Method", *Journal of Nervous and Mental Disorders* 175 (1987): 526-536).

6. Levamos em consideração o período de férias e os dias de licença médica informados por cada participante. A falta de resposta nesses dias não foi contada na taxa de resposta.

7. Contactamos os membros das equipes individualmente para lhes pedir permissão para usar quaisquer citações específicas de seus diários que desejássemos incluir na apresentação do grupo.

8. Em ponto nenhum durante o estudo, divulgamos para os administradores ou executivos qualquer informação identificadora sobre indivíduos ou equipes que combinassem com dados específicos. Na única empresa em que tínhamos uma única equipe participante, não realizamos a reunião final com a administração, porque teria sido impossível disfarçar a identidade dos participantes.

9. Somos muito gratos à nossa amiga e colega Barbara Feinberg, que nos deu uma ajuda de valor inestimável para dar corpo ao conceito de vida interior no trabalho e sua associação com trabalho e progresso.

10. T. M. Amabile, J. S. Mueller e S. M. Archambault, "Coding Manual for the DENA Coding Scheme (Detailed Event Narrative Analysis)" *working paper* 03-071, Harvard Business School, Boston, 2003; e T. M. Amabile, J. S. Mueller e S. M. Archambault, "DENA Coding Scheme (Detailed Event Narrative Analysis)" *working paper* 03-080, Harvard Business School, Boston, 2003.

11. Nossa amiga e colega Jennifer Mueller foi especialmente prestativa ao nos ajudar a desenvolver o esquema de codificação do DENA, ao treinar os pesquisadores associados a usá-lo e ao checar sua confiabilidade ao longo dos muitos meses de codificação (que se estenderam por mais de um ano). Os codificadores foram treinados com amostras de narrativas dos diários até alcançarem um grau aceitável de concordância. Então, eles trabalharam independentemente, codificando subconjuntos separados das 11.637 narrativas diárias. Ao longo dos meses de codificação, sua confiabilidade era periodicamente rechecada para assegurar que fossem mantidos os altos níveis. Somos gratos às principais codificadoras do DENA, Susan Archambault, Talia Grosser, Jennifer Mueller, Debbie Siegel e Rasheea Williams.

12. Na maior parte das dimensões do esquema de codificação, a confiabilidade entre codificadores excedeu o nível 0,70 (valores de concordância do índice Kappa de Cohen).

13. Ao longo deste livro, nossos relatos de achados sobre "eventos" são limitados a acontecimentos concretos, ocorridos no dia em questão. Contudo, achados sobre percepções e emoções não são restritos a eventos concretos.

14. Mais uma vez, a confiabilidade entre codificadores é considerada como sendo superior a 0,70. Somos muito gratos a Elizabeth Schatzel por ter realizado a maior parte dessa codificação. A assistente de pesquisa Yana Litovsky também ajudou.

15. Escolhemos essas 14 equipes (pelo menos uma de cada uma das sete empresas) para representar toda a variedade de experiências da vida interior no trabalho, eventos de trabalho

e resultados que vimos entre todas as 26 equipes. Depois de satisfazer este critério, escolhemos as equipes cujos membros escreviam descrições de evento claras e ricas.

16. A pesquisadora associada Yana Litovsky foi imensamente prestativa ao preparar os dados de histórico para essa oficina e colaborar em sua realização.
17. As equipes foram Infosuite, Vision, Equip, Focus e NewPoly.
18. Este foi o Managerial Practices Survey (MPS) de Yukl, Wall e Lepsinger (G. A. Yukl, S. Wall e R. Lepsinger, "Preliminary Report on Validation of the Managerial Practices Survey, in *Measures of Leadership*, eds. K. E. Clark e M. B. Clark (Greensboro, NC: Center for Creative Leadership, 1990): 223-237. Expandimos as 14 categorias originais do MPS ao criar três formas de cada: positiva, negativa e neutra. Também criamos uma décima quinta categoria, "Outra", para comportamentos de líder de equipe que não se encaixavam bem em nenhuma das categorias existentes de MPS. Somos profundamente gratos a nossa colega Elizabeth Schatzel por ter realizado o trabalho inicial de localizar o MPS, determinar sua adequação ao nosso estudo e codificar os comportamentos de líderes. O estudo de comportamento de líder para o qual esta codificação foi originalmente realizada é relatado em T. M. Amabile, E. A. Schatzel, G. B. Moneta e S. T. Kramer, "Leader Behaviors and the Work Environment for Creativity: Perceived Leader Support, *Leadership Quarterly* 15 (2004): 5-32.
19. Somos profundamente gratos a nosso colega Sigal Barsade por ter desenvolvido esse esquema de codificação e por supervisionar o treinamento dos codificadores e a execução da codificação. Os codificadores foram treinados com amostras das narrativas diárias até alcançarem um grau aceitável de concordância. Então, trabalharam independentemente, codificando subconjuntos separados das 11.637 narrativas diárias.
20. Somos gratos a um grande número de colaboradores e pesquisadores associados pela ajuda que nos deram ao conduzir análises estatísticas e sumarizar estas análises. Em particular, gostaríamos de destacar Jennifer Mueller, Giovanni Moneta, Elizabeth Schatzel e Yana Litovsky. O *staff* do Centro de Computação e Pesquisa, na Harvard Business School, nos prestou uma assistência de valor inestimável em muitas análises. Em particular, agradecemos a DeYett Law, Debbie Strumsky, Bill Simpson e Toni Wegner.
21. O tipo específico de regressão conduzido dependeu de se a variável de resultado (prevista) era contínua ou dicotômica (sim/não). Nos modelos multinível, o primeiro nível era resposta individual diária ou mensal, o segundo nível era participante, e o terceiro era equipe. Usamos modelos mistos, com efeitos aleatórios, para indivíduos, e efeitos fixos para equipes (S. W. Raudenbush e A. S. Bryk, *Hierarchical Linear Models: Applications and Data Analysis Methods* (Thousand Oaks, CA: Sage Publications, 2002)). Usamos SAS software versão 9.1, PROC MIXED para análises (Cary, NC: SAS Institute, 2003). As regressões levaram em conta que havíamos repetido medidas entre responsivos individuais, e também feito controle de autocorrelação – a tendência de os dados de um dia se correlacionarem com os dados do dia anterior.

22. Uma nota sobre os dados dessas análises defasadas no tempo: como nossos dados só eram coletados de segunda a sexta-feira, com interrupções ocasionais para períodos de férias, feriados, faltas por motivo de doença e outros dias não responsivos, usamos a *observação anterior* para um dado participante, mesmo se não fosse do dia anterior no calendário. Ainda assim, uma vez que a maioria desses dias foram, de fato, consecutivos, levamos em consideração a autocorrelação.
23. Com frequência, usamos notas para atribuir valores numéricos a essas medidas de vida interior no trabalho. Contudo, as omitimos porque acreditamos que sua inclusão detalhada seria tediosa até para o leitor mais diligente.
24. Usando a escala de 7 pontos, consideramos *grandes* os extremos – as duas avaliações mais baixas e as duas mais altas. As três avaliações médias eram consideradas *pequenas*.
25. Verificamos esta medida da seguinte maneira. Depois da narrativa sobre o evento do dia, incluímos, no formulário de questionário diário, a mesma escala numérica, pedindo aos participantes que avaliassem o impacto que *esperavam* que o acontecimento tivesse sobre o projeto de maneira global. Feita no mesmo dia, esta avaliação teve um coeficiente de correlação muito alto (0,66) com a avaliação que usamos – a avaliação retrospectiva do *impacto* real, realizada várias semanas (por vezes, meses) mais tarde, depois que o estudo havia sido concluído.
26. T. M. Amabile, S. G. Barsade, J. S. Mueller e B. M. Staw, "Affect and Creativity at Work", *Administrative Science Quarterly* 50 (2005): 367-403.
27. Este último efeito foi apenas marginalmente significativo ($p < .10$).
28. Amabile et al., "Leaders Behaviors and the Work Environment for Creativity".
29. Nestas e na maioria das regressões descritas abaixo, foram incluídos controles para sexo, idade, tempo de serviço na empresa, nível de instrução, estilo cognitivo (KAI), personalidade (NEO – escala de abertura), orientações da motivação intrínseca (escala de motivação intrínseca WPI) e tamanho da equipe.
30. Esta lógica é defendida por Boyatzis em seu tratado de análise qualitativa (R. E. Boyatzis, *Transforming Qualitative Information; Thematic Analysis and Code Development* (Thousand Oaks, CA: Sage Publications, 1998)). Ele defende que códigos devem ser desenvolvidos a partir de exemplos que aparecem nas amostras de todos os dados qualitativos de um dado estudo, como um esforço para ser teoricamente abrangente. Depois, para identificar os eventos mais importantes para um dado resultado, o pesquisador pode comparar as frequências dos códigos em amostras extremas daquele resultado em particular. Este procedimento foi seguido.
31. Pudemos fazer estas computações numéricas porque todos os sete aspectos da vida interior no trabalho tinham avaliações numéricas. A motivação intrínseca e o estado de humor geral vinham das avaliações que o empregado tinha feito no formulário de questionário diário. As emoções específicas vinham de avaliações numéricas da emoção expressa na narrativa diária, feita por avaliadores independentes.
32. O escore padronizado era um escore-z.

33. O estudo de motivação intrínseca, que foi o primeiro que fizemos, diferiu no tamanho das amostras. Tivemos 300 em cada amostra, em vez de 100. Ao vermos como a codificação consumia um tempo enorme, decidimos reduzir o tamanho da amostra para 100.
34. Somos gratos a nossa colega Ramana Nanda e a outros membros do seminário da Sloan School of Management OSG do MIT por nos sugerirem este estudo.
35. T. M. Amabile e S. J. Kramer, "What Really Motivates Workers", *Harvard Business School Review,* janeiro de 2010, 44-45.
36. Fizemos a pergunta de quatro maneiras: fatores que podem influenciar a motivação do empregado; ferramentas que os gestores podem usar para lhes influenciar a motivação; fatores que podem influenciar as emoções dos funcionários; e ferramentas que os gestores podem usar para lhes influenciar as emoções. Contrabalançamos a ordem de fazer a pergunta dessas quatro maneiras. Revelou-se que a ordem era irrelevante para os resultados. Além disso, os resultados eram os mesmos, independentemente se a pergunta fosse sobre fatores que influenciam funcionários ou sobre ferramentas que gestores podem usar para influenciar funcionários.
37. O efeito do progresso não foi estatisticamente significativo com um nível de 0,05, mas foi significativo com um nível de 0,10.
38. O efeito do progresso não foi estatisticamente significativo. O efeito do revés não foi significativo ao nível de 0,05, mas foi significativo ao nível de 0,10.
39. Baseamos este sistema de codificação no Managerial Practices Survey (MPS) de Yukl, Wall e Lepsinger ("Preliminary Report on Validation of the Managerial Practices Survey"). Expandimos as 14 categorias originais da MPS ao criar três formas para cada uma: positiva, negativa e neutra. Também criamos uma décima quinta categoria, "Outra", para comportamentos do líder de equipe que não se encaixassem em nenhuma das categorias existentes da MPS.
40. Uma combinação de comportamentos negativos do líder de equipe significativamente predizia 16 aspectos da vida interior no trabalho, inclusive percepções, emoções e motivação intrínseca. Uma combinação de comportamentos positivos do líder de equipe significativamente predizia apenas nove aspectos da vida interior no trabalho, inclusive percepções e emoções, mas não motivação. De modo semelhante, uma combinação de comportamentos neutros de líder significativamente predizia apenas nove aspectos da vida interior no trabalho, inclusive percepções e emoções, mas não motivação.
41. Correlacionamos a contagem de palavras do relato do evento com as avaliações do participante na escala de sete pontos para a pergunta (que vinha logo a seguir à descrição do evento) sobre o efeito daquele acontecimento sobre seus sentimentos em relação ao projeto naquele dia. A correlação foi -22, significativa no nível de 0,01.
42. T. M. Amabile, J. S. Mueller, W. B. Simpson, C. M. Hadley, S. J. Krammer e L. Fleming, "Time Pressure and Creativity in Organizations: A Longitudinal Field Study", *working paper* 02-073, *Harvard Business School,* Boston, 2002.

43. Os efeitos defasados pareceram substanciais. Por exemplo, aumento de um desvio padrão na pressão de tempo em um dado dia reduzia a probabilidade de um evento de pensamento criativo no dia seguinte em 19%.
44. Definimos pressão do tempo "muito alta" como 6 ou 7 na escala de 7 pontos; "muito baixa" era de 1 ou 2 na escala de 7 pontos.
45. T. M. Amabile, C. N. Hadley e S. J. Krammer, "Creativity Under the Gun", *Harvard Business Review,* agosto de 2002, 52-61.
46. Amabile et al., "Leader Behaviors and the Work Environment for Creativity".
47. Nessas análises, todas as medidas do ambiente vieram do método KEYS que foi administrado três vezes no princípio, no meio e no fim da participação de cada equipe no estudo. As respostas das três ocasiões foram agregadas. O ambiente local foi uma combinação de três escalas KEYS: Encorajamento de Supervisores, Apoios de Grupo de Trabalho e Desafio (desafio positivo no trabalho). O ambiente organizacional foi uma combinação de duas escalas KEYS: Encorajamento Organizacional e Impedimentos Organizacionais (pontuação revertida). As medidas do humor e da motivação intrínseca foram escalas criadas a partir de múltiplos itens do questionário diário.

Agradecimentos

Este livro trata de fazer progresso e gozar de uma boa vida interior no trabalho. Somos gratos a muita gente que nutriu a nossa vida interior no trabalho ao mesmo tempo que nos ajudou a fazer progresso em nossa pesquisa e a escrever o livro. Só podemos agradecer aos principais colaboradores, e os participantes de nossa pesquisa estão no topo dessa lista. Sem as empresas que nos convidaram a entrar e as centenas de funcionários que tão generosamente nos deram seu tempo, preenchendo o formulário diário ao longo de semanas e meses (para não mencionar os outros questionários e as reuniões conosco), as descobertas descritas neste livro teriam sido impossíveis. Como prometemos confidencialidade, não citaremos nomes. Mas vocês sabem quem são; saibam também que estamos profundamente gratos.

A pesquisa e o livro não teriam sido possíveis sem o encorajamento dos reitores da Harvard Business School (HBS) Kim Clark e Jay Light e o apoio generoso da Divisão de Pesquisa e Desenvolvimento do Corpo Docente da HBS ao longo dos vários anos deste programa de pesquisa. O pessoal dos Serviços de Computação e Pesquisa da HBS e a Baker Research Services ajudaram tremendamente com design de pesquisas, construção de base de dados, criação de programa de codificação, coleta de dados de empresa e análise estatística – em particular Katherine Codega, Sarah Eriksen, Robyn Heller, DeYett Law, Bill Simpson, Debbie Strumsky, Jessica Tobiason, Toni Wegner e Sarah Woolverton. Os docentes assistentes de Teresa na HBS, especialmente Nicole Dutton e Joyce Majewski, foram especialmente prestativos na organização da literatura consultada. Normand Peladeau, da Provalis Research, que criou o programa QDA Miner que usamos em grande parte de nossa análise qualitativa, foi generosamente responsivo às nossas sugestões.

Temos uma dívida de gratidão com os colegas e pesquisadores associados que trabalharam conosco na pesquisa. Jennifer Mueller começou como assistente doutoranda (doctoral RA) por um verão e então se tornou uma valiosa colega e coautora durante os vários anos deste programa. Connie Hadley também começou como estudante de doutorado e evoluiu para os papéis de coautora e colaboradora de muitos anos. Bem no princípio deste programa, contamos com os sábios conselhos, o recrutamento, a assistência na coleta de dados e o encorajamento incansável de vários profissionais que começaram como conhecidos e se tornaram amigos íntimos – alguns até coautores – ao longo de nossos anos de reuniões da "Equipe IRG": Candis Cook, Mel Marsh, Lynn Miller, Paul Odomirok, Chelley Patterson, John Reiners e Tom Wojcik. Também fomos afortunados em poder contar com o brilhante coleguismo de coautores do corpo docente Sigal Barsade, Giovanni Moneta e Barry Staw. E tivemos uma sucessão de incríveis pesquisadores associados, alguns dos quais se tornaram valiosos colaboradores em estudos publicados, estudos de caso, ou ambos. Agradecemos não só seu trabalho dedicado, mas também suas criativas contribuições para esta pesquisa. Em ordem cronológica eles foram: Dean Whitney, Jeremiah Weinstock, Melanie Paquette, Susan Archambault, Debbie Siegel, Rasheea Williams, Talia Grosser, Danielle Hootnick, Elizabeth Schatzel, Reut Livne-Tarandach, Yana Litovsky e Julianna Pillemer.

Ao realizar a pesquisa e escrever este livro, contamos com os enormes benefícios e sugestões de colegas e amigos notáveis. É possível que ele não se dê conta, mas Richard Hackman deu início a este programa com algumas das perguntas desafiadoras que fez em um seminário de Teresa, há alguns anos. Seus conselhos para o ano de planejamento desta pesquisa foram extremamente úteis, do mesmo modo como os conselhos de John Pratt, Bob Rosenthal, e Arthur Schleifer. À medida que lutávamos para explorar os dados e dividi-los em partes interpretáveis, recebemos orientação especializada dos colegas Jay Brinegar, Amy Edmondson, Robin Ely, Dorothy Leonard, Leslie Perlow e Scott Snook. À medida que extraímos resultados e interpretamos seu significado, o revigorante dar e receber de várias reuniões acadêmicas ajudaram a aperfeiçoar nossos métodos e conclusões: o grupo de pesquisa ARG HBS, o Grupo QUIET, e o seminário Enterpreneurial Management; a série de almoços da Harvard Social Psychology; a conferência NBER "New Ideas About New Ideas"; e seminários no MIT, em Stanford, Yale, University of Chicago, University of Minnesota, London Business School, University of Michigan, University of California (Berkeley), Rutgers University, Washington University em St. Louis e Boston College. Também aprendemos muito ao testar nossas ideias com grupos de executivos e funcionários da área de negócios, na HBS e ao redor do mundo.

À medida que elaboramos vários manuscritos, recebemos retorno e sugestões de valor inestimável de Andy Brown, Candis Cook, Connie Hadley, Josea Kramer, Michele Rigolizzo, Carolyn Amabile Ross, Richard Seaman, Walter Swap, Marjorie Williams e de participantes do Book Seminar, na HBS. Além dessa ajuda específica, fomos estimulados por um círculo bem mais amplo de amigos e familiares, que nos encorajaram durante os dias difíceis da pesquisa e da redação.

Barbara Feinberg passou muitos dias conversando conosco à medida que nossas ideias para este livro tomavam forma, estimulando, nos escrevendo lembretes que sintetizavam e desafiavam estas ideias, lendo esboços, sugerindo aperfeiçoamentos. Somos imensamente gratos a ela por seu *insight*, encorajamento e amizade. Também estendemos nossa gratidão calorosa a Connie Hale, escritora e guru, cujos talentos como editora nos orientou durante a revisão final.

Finalmente, somos gratos ao pessoal da Harvard Business Review Press. Allison Peter, editora sênior de produção deste livro, que não só reuniu tudo com mão firme e segura, mas também recrutou o talento de nossa extraordinária editora e revisora Monica Jainschigg. Sobretudo, somos profundamente gratos à editora Melinda Merino. Ela começou a conversar conosco durante os anos em que a coleta de dados ainda estava em curso, depois de receber uma dica do que considerou um estudo promissor. Melinda, muito obrigado por seu interesse consistente, suas ideias provocadoras e seu apoio inabalável.

Impressão e Acabamento:
GRÁFICA STAMPPA LTDA.
Rua João Santana, 44 - Ramos - RJ